KB163607

우리는 가상 세계로 간다

피라미드부터
마인크래프트까지
인류가 만든 사회

# 우리는
# 가상 세계로
# 간다

허먼 나룰라 지음
정수영 옮김

## VIRTUAL SOCIETY

The Metaverse and the New Frontiers of
Human Experience

흐름출판

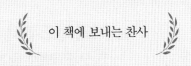

이 책에 보내는 찬사

"미래를 예측하는 가장 좋은 방법이 미래를 만드는 것이라면, 허먼 나룰라는 탁월한 예측력을 지니고 있다. 메타버스가 단순히 가상 경험을 변화시키는 데 그치지 않고 실제로 우리 삶의 질을 풍요롭게 할 수 있음을 보여주는 흥미롭고 도발적인 제안을 하는 책이다. 이 책을 통해 그는 인류와 기술의 미래에 지적 리더로 자리매김했다."

— 애덤 그랜트, 『싱크 어게인』 저자

"이 책은 메타버스라는 새로운 종류의 가상 세계가 창조를 통한 성취를 향한 인간의 오랜 탐구의 심오한 다음 단계라는 매우 설득력 있는 주장을 펼친다."

— 크리스 앤더슨, TED 책임자

"과거에 대한 고려 없이 미래에 대한 원대한 비전만 제시하는 기술자들과 달리 허먼 나룰라는 인류 역사와 심리학의 관점을 함께 엮어 그 안에 디지털 기술의 새로운 발전을 위치시켰다."

— 유르겐 렌, 막스 플랑크 과학사 연구소장

"우리는 어디에서 왔는가? 우리는 무엇인가? 우리는 어디로 가는가? 미래에 대한 예측 이상으로 허먼 나룰라의 비전은 가장 오래되고 중요한 질문에 대한 새롭고 설득력 있는 해답을 제시한다."
— 베넷 밀러, 아카데미상 후보 「머니볼」「카포테」「폭스캐처」의 감독

"광대하다. 허먼 나룰라는 심지어 메타버스가 현실 세계보다 우월할 수 있으며, 미트스페이스(현실 세계를 가리키는 오래된 사이버 펑크 용어)에서 대부분의 직업이 제공하지 못하는 목적의식과 성취감을 제공할 수 있다고 주장합니다. 현실 세계의 문제에 대한 그의 진단은 설득력이 있습니다."
— 『월스트리트 저널』

"이 책의 주장은 설득력 있으며 훌륭하다."
— 아리아나 허핑턴, Thrive Global CEO

"이 책은 일반적인 관점을 뛰어넘어 우리의 미래가 어디로 향하고 있는지 보여준다." — 마크 앤드리슨, 앤드리슨 호로비츠의 공동 창립자

구본권

한겨레 사람과디지털연구소장, 『로봇시대, 인간의 일』 저자

고대인들은 왜 거대한 피라미드를 건설하고, 농경과 신석기 이전인 구석기 시대에 괴베클리 테페처럼 웅장한 건축물을 만든 것일까? 보이지 않는 세계를 상상하고 믿었기 때문이다.

이스라엘 역사학자 유발 하라리는 인류가 허구를 만들어내고 믿을 줄 아는 능력 덕분에 지구 생태계에서 가장 뛰어난 존재가 될 수 있었다고 『사피엔스』에서 이야기한다. 종교, 국가, 사회, 이념, 화폐 등 인간을 인간답게 만들어주고 목숨마저 내놓게 만드는 것들은 사실 허구다. 사람만이 허구를 만들어내고 믿을 수 있다.

헤드업 디스플레이와 아바타를 통해 기술적으로 메타버스를 구현하려는 경쟁이 한풀 꺾인 시기에 『우리는 가상 세계로 간다』는 메타버스의 본질을 깊이 있게 고찰하는 책이다.

가상 현실 기기나 반응 속도 같은 기술적 관점으로 바라본다면 메타버스의 세계는 제대로 그려지지 않는다. 메타버스는 허먼 나룰라의 말처럼, 허구를 만들어내고 그 안에서 살아온 인류에게 자연스러운 환경이라는 관점으로 볼 때 비로소 이해될 수 있다. 메타버스 구현에서 기술적 설명이 아니라 비기술적 접근과 인문학적 해석이 훨씬 중요하다는 것을 생생하게 입증해 내는 책이다.

'메타버스'는 미래 키워드와 마케팅 용어로, 성급하고 해상도 낮게 제시되었다. 저자 허먼 나룰라는 이 책에서 인류의 미래가 왜 메타버스로 향하는지를 오랜 역사와 비기술적 논의를 통해 풍부하고 설득력 있게 그려낸다. 인류가 얼마나 허구와 가상 세계 속에서 존재해왔고 살고 있는지를 역사와 문화를 통해 조명하는 것은 메타버스를 이해하는 중요한 관점이다. 메타버스 전문가로서 가상 현실이 실질적으로 구현되기 위해서 넘어야 하는 복잡성의 문제 등 핵심적 과제를 다루는 내용 또한 매우 유용하다.

김상균
경희대학교 경영대학원 교수, 『메타버스』 저자

1519년, 마젤란은 세계 일주를 떠난다. 그를 포함해 265명이 시작한 여정에서 무사히 돌아온 이는 18명에 불과했다. 포르투갈

인 마젤란은 세계 일주를 마치지 못한 채 필리핀에서 생을 마감했다. 당시 그의 나이는 40세였다. 그의 여정은 단순한 탐험을 넘어 인간의 용기, 호기심, 그리고 불굴의 의지를 보여주는 상징이 되었다.

나는 인류의 본질을 탐험가로 본다. 세상, 지식, 타인, 그리고 자기 내면을 탐험하며 희로애락을 경험하는 과정이 삶이다. 우리의 탐험은 이제 우리가 믿고 있었던, 당연시했던 물리적 현실의 한계를 넘어서기 시작했다.

메타버스는 물리적 현실을 모방한 모조품이 아니다. 물리적 현실에 갇혀있는 인간의 정신세계를 확장하기 위한 탐험의 땅이다. 유럽인은 마젤란을 통해 지구의 8분의 1인 유럽을 넘어서서, 나머지 8분의 7을 보게 되었다. 메타버스를 통해 인류는 어디까지 탐험하며 확장할 수 있을까?

이 책의 저자 허먼 나룰라는 메타버스를 통해 새로운 직업, 경제 체계, 국가의 탄생을 바라보고 있다. 마지막 9장에서는 인류가 새로운 종으로, 그것도 하나가 아닌 여러 갈래의 분화된 종으로 진화하리라 예견한다. 나룰라는 마젤란과 닮았다. 물리적 현실을 넘어 나머지 현실을 우리에게 보여주고자 한다. 나룰라가 그려낸 나머지 현실의 크기는 얼마나 될까? 무한하다. 메타버스는 인류의 관념, 의지, 철학을 기반으로 끝없이 팽창하고, 분화하기 때문이다. 그리고 메타버스 속 팽창과 분화를 통해, 인류가 물리적 현실을 초월한 새로운 가치, 의미, 인간다움을 마주하리라 기대한다.

우주는 먼지로 채워진 공간이다. 인간은 우주의 일부이다. 그러니 인간도 먼지이다. 인간은 꿈을 꾸는 먼지이다. 먼지에서 시작한 인류는 메타버스를 통해 스스로 빅뱅한다. 그래서 그 먼지는 또 다른 우주가 된다. 우리는 먼지에서 시작해서 새로운 우주가 된다. 새로운 우주로 탐험을 떠나는 21세기 마젤란에게 나룰라의 책을 나침반으로 권하고 싶다.

김지현

SK경영경제연구소 부사장

거진 30년간 IT 업계에 종사하면서 수많은 기술의 부침을 목격했다. 1990년대의 삐삐와 시티폰부터 PC 통신과 PDA 그리고 2000년대의 MP3 플레이어와 PMP Portable Media Player 그리고 블랙베리나 HPC와 같은 기기에 이르기까지 다양한 신기술로 무장한 제품들, 서비스들을 사용하며 IT로 인한 우리 사회, 산업 변화가 거대한 변화와 혁신의 쓰나미가 된다는 것을 깨달았다. 웹, 모바일 그리고 전기차와 AI(챗GPT)가 만들어낸 우리 일상과 사업 변화를 생각해보면 IT가 태풍의 눈과 같은 존재라는 것을 알 수 있다. 그런 내가 최근 주목하는 기술이 메타버스이다. 웹, 모바일에 이은 3번째 플랫폼이자, 현실과 온라인에 이은 3번째 가상 세계를 말하는 메타버스는 앞으로 웹, 모바일보다 더 큰 가상 경제계를 탄생시키고 우리 삶에도 커다란 변화를 가져다줄 것으로 예상하고 있다.

그런 내게 허먼 나룰라의 철학, 역사, 사회 그리고 사업과 기술적 관점에서 메타버스를 해석하고 가상 경제의 가능성을 정리한 이 책은 깊은 성찰을 가져다주었다. 신석기 시대의 동물 그림이 그려진 돌 유적과 피라미드, 고대의 올림포스 신전과 17세기 미국에서 벌어진 마녀사냥의 역사 속에서 더 나아가 게임과 스타워즈 영화에 비춰진 가상 세계의 존재와 의미를 정의하고, 인류가 처음 존재했을 때부터 이미 메타버스는 현실이었고 우리의 본성이었음을 해석해 준다. 새로운 기술이 등장하면 미래는 기술이 주도하는 것 같지만 사실 사용자의 선택적 사용과 우리 사회, 문화의 수용이 함께 만들어간다. 저자도 그 점을 정확하게 지적하고 있다. 저자는 말한다. "새로운 기술이 등장했을 때 문화는 예측할 수 없는 방향으로 기술과 결합하지만, 우리는 늘 이런 문화의 특성을 간과한다."

2016년 구글 딥마인드사의 바둑 인공 지능인 알파고는 이세돌 9단과의 대국에서 4승 1패로 승리했고, 이후 한 번도 진 적이 없다. AI가 자율주행차와 챗GPT와 같은 생성형 AI에 적용되어 인류에게 새로운 가능성을 보여주리라 누가 상상했겠는가? 2007년 소개된 스마트폰으로 인해 우리가 길거리에서 택시를 잡지 않고, 음식점의 전화번호가 적힌 책자 없이 야식을 주문하고, 식사할 때마다 음식 사진을 촬영해 사람들과 공유하리라고 누가 상상이나 했겠는가?

메타버스를 VR, AR, 온라인 게임, 디지털 트윈 등의 기술적 용어로 정의하고 인식하는 것은 단편적인 것임을 이 책을 통해 깨달았다. 그런 것들은 한마디로 메타버스를 피상적으로 무엇인지만 고찰한 것이다. 메타버스를 가슴으로 그리고 목적의식을 가지고 이해해야 메타버스가 만들어내는 미래 사회를 제대로 전망할 수 있고, 그 과정에서 새로운 사회적 가치와 사용자 경험에 대해 깨달을 수 있다. 한마디로 메타버스를 'What'이 아닌 'Why'의 관점에서 해석해야 한다. 바람직한 미래를 제대로 인식하고 개척하려면 미래를 인식하는 틀이 건전해야 한다.

인류는 고대부터 현대 사회까지 늘 꿈을 꾸며 살아왔다. 동굴 벽화를 그리면서 현실 너머 신화를 그리고, 사막 한가운데 실용성이라고는 전혀 없는 거대 피라미드를 엄청난 노동으로 건설하면서 내세의 삶을 준비했다. 인류 역사 속의 마녀, 유령, 도깨비 그리고 제례 의식과 점은 모두 현실 세계가 아닌 가상 세계를 꿈꾸고 믿었기에 존재할 수 있었던 것이다. 그렇게 메타버스의 원형은 역사상 어느 대륙이든, 어느 사회든 늘 존재해왔다. 가상 세계는 그저 환상 속 허상으로만 존재했던 것이 아니라 사람들의 마음에 단단히 자리 잡아 가치 판단의 기준이 되기도 하고, 사회 구조와 구성원의 화합, 사회 운영에 실질적 영향을 주기도 했다. 로마인은 제례 의식을 제대로 하지 않으면 전쟁도 거부하고, 점 괘가 좋지 않으면 무역마저 중단하기도 했다.

이 책은 메타버스 사업 현장에서 기술 기업을 경영하는 저자가 기술 이전에 인문학적, 사회적, 역사적 측면에서 메타버스를 정의하고 해석한 것이다. 인류가 늘 꿈꾸고 상상하며 문명을 발전시켜왔는데 메타버스는 그런 상상의 가상 세계를 온전한 실체로 만들어 현실과 연결해 이를 더욱 증강하는 계기를 만들어줄 것이라고 말하고 있다.

그런 메타버스, 가상 경제와 현실과 융합되는 새로운 가상 세계가 만들어낼 미래를 어떻게 준비하고 비즈니스 기회를 이 책을 통해 찾아보자. 여러분의 지평을 넓혀줄 것이다.

# 머리말

· · · · · ·


언젠가 인간은 육체가 없어도 이 책을 읽을 수 있을 것이다.

　그 일은 21세기가 끝나기 전에 현실이 되고, 빠르면 2040년쯤 가능할지도 모른다. 놀라지 말고 들어보자. 흔히 뇌는 정보를 처리하는 기계라고 한다. 그러니 이 기계를 가상 세계 하나를 시뮬레이션할 수 있는 고성능 컴퓨터에 연결하려는 시도는 어쩌면 자연스러운, 혹은 당연한 순서다. 이미 기술적으로는 양자 측정학 **quantum metrology**(물질의 기본 단위인 양자를 이용한 정밀한 측정 기술 – 옮긴이)의 발달로 신경 세포 다발의 '소곤거림' 같은 미세한 전자기 신호까지 포착하는 센서를 개발할 수 있게 되었다. 또 강도와 전도성이 높고 인체에 적합한 탄소 나노 튜브의 개발로 머지않아 '신경 레이스'neural lace(뇌에 이식해 뇌와 컴퓨터를 직접 연결하는 얇은 그물 모양 장치 – 옮긴이)로 컴퓨터와 뇌 단위 신경을 직접 연결할 수 있을 것이다. 구체적인 모습은 달라질 수 있겠지만 언젠가 뇌와 컴퓨터가 직접 연결되고 컴퓨터가 현실보다 더 정교한 가상 세계를 시뮬레이션할 수 있다면, 그때 우리는 자유로운 정신의 삶을 살면서 과거를 돌아보고 인간 육체의 한계에 따라 살던 시절을 아련하게 추억할 수도 있다.

미래에 몸 없이도 책을 읽을 사람은 '포스트휴먼'이라고도 하는 인간이라 부르기도 모호한 존재로서, 지금은 이해할 수조차 없는 방식으로 정보를 획득하고 처리할 것이다. 만약 당신이 디지털 현실 안에서 이 글을 눈으로 읽지 않고 뇌로 직접 인식한다면 어떤 느낌일까? 어쩌면 책장을 넘기면서 차례대로 읽는 게 아니라 책 전체를 즉시, 종합적으로 이해할지도 모른다. 포스트휴먼이 된 당신의 뇌가 수백 가지 개념을 폭발적인 속도로 구조화하고 입력하기 때문이다. 이렇게 몸이 없는 독자는 아직 인간에게 개발된 적 없는 새로운 감각으로 이 책의 내용을 단번에 흡수하거나 육체적 감각의 한계를 넘어선 지각력으로 청각과 후각, 촉각이 함께 작용하는 공감각의 시에 감동할지도 모른다. 역사서나 공상 과학SF 소설, 판타지 소설에서 상상하며 읽던 모험 이야기가 포스트휴먼 사회에서는 실제 몸으로 겪을 수 있는 체화된 현실이 된다. 아직 상상조차 하기 어려운 수천 가지 세계 속에서 다채로운 삶을 병행할 수 있다.

기술과 제품, 서비스가 발전하고 진화할수록 우리는 물리적인 몸의 한계를 초월해 새로운 삶의 가능성을 탐색할 수 있다. 상상에만 존재하던 세계에 실제 거주할 수 있고, 그 세계에서 현실 세계와 활발하게 소통할 수 있다. 이런 가능성을 현실화하는 데는 새로운 물리 법칙도 필요 없고 인간이 가장 잘하는 개선과 업그레이드면 충분하다. 인간은 도구를 발명해 삶을 더 풍족하게 만들고 지구 환경을 바꿔왔다. 도구와 함께 발달해온 신화와 이야기, 제례 의식 같은 문화 기술은 신기술이 발명될 때마다 그 기술에 의미와 형태를 부여했다. 인간은 생존을 위해 주변 환경을 바꿔왔고, 상상력을 발휘하고 손을 사용해 우리가 속한 세계를 확장하고 새로운 세계를 개척해왔다. 이처럼 상상을 손과 결합하는 특성은 인간의 본능이며, 언젠가 '손'이라는 형태가 없어져도 이 본능은 계속 이어질 것이다.

미래 가상 세계라니, 불안한 기분부터 들 수 있다. 어쩌면 인간의 지금 모습은 온데간데없이 뇌만 유리병 속에서 꿈틀대는 상상에 몸서리를 칠 수도 있고, 기술 변화 속도에 현기증을 느낄 수도 있다. 인류가 사이버 공간으로 떠나는 순간 지구가 쓰레기 더미로 전락하지 않을지 걱정할 수도 있다. 어쩌면 기계에 연결된 삶은 인간성을 잃어버린 삶이라고 생각할 수도 있다.

나는 이 책을 읽는 독자에게 걱정은 잠시 내려두고 조금 다른 관점으로 보기를 권한다. 인간은 늘 오늘보다 더 나은 내일을 추구했고, 일상보다 더 행복하고 풍요로운 상상 속 세계를 꿈꿔왔다. 이처럼 미래를 생생하게 떠올리고 믿는 능력이 바로 문화 기술이며, 우리는 이 문화 기술로 현실을 개선하고 삶을 더 살 만하게 일궜다. 지난 수천 년 동안 사후 세계를 나타낸 예술도 종교적 표현일 뿐만 아니라 추상적인 세계를 구체화하고 이상향을 눈에 보이는 현실로 만들려는 인간 본능의 자연스러운 표출이다. 우리는 항상 실제보다 더 많이 보고 느끼고 이해하려 애썼고, 이를 위해 생물적, 지리적 한계를 뛰어넘어 정신세계에 가까워지려 노력해왔다.

정신세계에 가까워지는데 꼭 뇌를 컴퓨터에 직접 연결해야만 하는 것은 아니다. 물론 이런 뇌·컴퓨터 인터페이스BCI 발달이 이 과정의 대미를 장식하겠지만, 우선은 현실을 디지털로 시뮬레이션하게 될 것이다. 시뮬레이션을 이용해 사용자끼리 아바타로 상호 작용하는 디지털 공간이 바로 가상 세계다. 가상 세계는 그동안 비디오 게임과 엔터테인먼트의 전유물이었으나 이제는 더 큰 의미를 지니는 곳으로 진화하고 있다. 다양한 가상 세계로 이루어진 '메타버스'가 시작되고 있으며, 메타버스는 인터넷이 불러온 지각 변동만큼의 새로운 경제적, 사회적 기회를 열어 우리 문화 구석구석에 영향을 줄 것이다. 메타버스와 가상 세계를 일시적인 유행이나 더 화려한 비디오 게임쯤으로 생각하는 사람도 많다. 이런 생각은 인간이 왜 다른 세계를 창조하는지, 그리고 어디서 행복을 찾는지 제대로 이해하지 못한 편협한 시각 탓이다.

메타버스가 무엇인지 지금 제대로 정의하지 못하면 일관성 없고 문제도 많은 메타버스들이 탄생할 것이다. 결국, 자본이 엉뚱하게 흐르고, 규제는 쓸모없고, 사회 구성원에게는 변화의 해로운 면만 유달리 커 보일 것이다. 이 책은 이런 실패를 예방하고자 썼다. 이어서 가상 사회로의 변화를 이해하는 틀을 제시하려한다. 인터넷 초기 역사를 타산지석 삼아 이 변화를 잘 만든다면 인류는 지금까지 겪은 적 없는 새로운 차원의 자유를 경험할 것이다.

앞으로 불과 몇십 년이면 우리가 픽셀로 건설해 아바타로 채우는 가상 세계가 우리 삶에 중요한 의미를 지니고, 가상 세계 안에서의 새로운 가치도 전에 없이 다양한 사람이 함께 정의할 것이다. 가상 세계의 현실감이 높아질수록 가상 세계와 현실 세계를 구별하기 어려워지겠지만, 그 순간은 인류에게 심판의 날이 아니라 아득한 옛날부터 꿈꾸던 상상이 현실이 되는 순간일 것이다. 따라서 가상 사회는 기술 도피주의가 아니다. 가상 사회의 등장은 행복과 정신적 성장의 기회를 개척하고, 개인의 요구에 경제와 교육 체계를 맞추고, 공동의 관심사와 경험을 토대로 새로운 공동체를 일구는 시대, 지금 현실 세계보다 더 인간적인 시대를 여는 신호탄이다.

이 책에 담고자 한 미래상이 바로 가상 세계가 견인할 새로운 사회이자 개인의 권한이 커지는 정의롭고 공정한 사회이다. 이른바 포스트휴먼 기술이 발전할수록 우리는 과거 인간을 규정하던 삶의 방식을 바꾸고 인간의 의미를 재정의할 탄탄한 가상 사회를 건설할 수 있다. 만일 10년어치 지식을 2시간으로 압축하는 최첨단 시뮬레이션 기술로 가상 세계에서 반나절 만에 한 분야의 문외한에서 달인이 될 수 있다면 어떨까? 또 참가자 모두가 주인공이 되는 초대형 축제는 어떤 경험일까? 수천, 수백만 명의 큰 규모이지만 마치 친구 집에 놀러 간 듯 참가자 한 명 한 명이 모두 주목받을 수 있다. 축제 참여자들은 함께 놀고 경험을 공유함으로써 지금껏 현실에서 공존하기 어려웠던 소속감과 가장 중요한 개인이 된 기분을 동시에 느낄 수 있다.

나와 같은 업계 종사자들은 이처럼 유용하고 보람 있는 사용자 경험을 주축으로 가상 세계를 구축해갈 것이다. 사용자는 이 가상 세계 안에서 지인을 만나고, 친구를 사귀고, 지식을 얻고, 흥미진진한 모험을 떠나고, 시민으로서 사회에 참여한다. 이런 가상 세계 경험을 통해 우리는 새로운 도전을 해보고 창의성을 표현하고 끊임없이 기쁨과 보람, 사회 발전의 동력을 찾을 수 있다. 가상 세계 구현에 쓰일 첨단 컴퓨터공학 기술은 마치 행복을 찍어내는 기계처럼 의미 있는 경험을 빠르고 정밀하게 생성할 것이다.

비단 심리적인 만족뿐만이 아니다. 머지않아 사람들은 가상 세계 안에서 현실 세계보다 보람 있고 벌이까지 좋은 직업에 종사해 소득까지 얻을 수 있을 것이다. 가상 세계 안의 경제적 기회가 커지면서 현실 사회도 영향을 받을 것이다. 따라서 '현실 세계' 하나에 집중되어 있던 우리 문화와 경제, 사회도 10년, 혹은 20년 이내에 여러 세계로 분산된다.

가상 세계의 모습이 현실과 구별이 어려울 만큼 실감 나더라도 가상 세계가 유용한 이유가 '실재감' 때문은 아니다. 메타버스를 구성하는 가상 세계가 가치 있는 이유는 가상 세계와 현실 세계 사이에 부와 새로운 아이디어, 정체성, 영향력이 순환해 지금보다 사회 맥락이 확장되기 때문이다. 가상과 현실을 아우르는 세계의 확장, 그리고 세계 간 가치의 이동이 미래 디지털 메타버스이다.

이 책은 가상 세계와 디지털 메타버스가 왜 중요한지, 왜 우리에게 선택이 아닌 필수인지, 왜 앞으로 더 나은 사회를 만드는 초석이 될지 망라한 안내서이다. 이 책에서 메타버스가 개인과 사회에 어떻게 이바지할지, 어떻게 하면 메타버스의 긍정적 효과를 극대화할 수 있을지 지금까지 정리한 생각을 독자와 나누고 함께 고민하고자 한다. 그 과정에서 메타버스의 사업적·기술적 맥락만이 아닌 인문학적 맥락을 살펴볼 것이다. 독자가 이 책을 읽고 가상 세계를 상상하는 인간의 능력이 인류의 과거부터 현재, 미래에 어떤 영향을 주는지 종합적으로 이해할 수 있다면 이 책을 집필한 목적을 달성한 셈이다. 이 책이 투자자와 창업자에게도 유용하기를 바라지만 과학자와 규제 담당자, 콘텐츠 개발자, 그리고 미디어에서 그렇게 떠들어대는 메타버스가 실제 삶과 무슨 상관인지 의구심이 드는 일반 독자에게도 도움이 되면 좋겠다.

따라서 이 책은 역사에 바탕을 둔 실용적인 안내서를 추구한다. 장마다 메타버스를 어떻게 정의할지, 메타버스의 유용성을 어떻게 측정할지, 메타버스 개념은 유사 개념들과 어떤 관계인지 구체적으로 풀어보려 한다. 인류 역사에서 인간은 왜 끊임없이 가상 세계를 만들었을까? 이런 가상 세계가 디지털로 구현되면 어떤 모습으로 진화할까? 메타버스가 개인과 사회에 왜 중요한가? 전반부에서는 위의 질문을 하나씩 짚어보며 메타버스가 단순히 미래형 인터넷이 아니라 인간 경험의 미래라는 주장을 펼치고자 한다. 또 인류학자와 사회학자의 연구 결과를 들어 가상 세계가 과거부터 인간에게 유용했다는 사실을 설명하겠다.

후반부에는 디지털 메타버스를 좀 더 구체적으로 살펴보고자 한다. 미래 메타버스가 행복하고 공정하고 유용하고 효율적인 곳이 되려면 어떻게 만들어야 하는지 개발 설명서를 제안하겠다. 가상 세계에서 사회·심리·경제적 가치가 어떤 관계를 맺는지 살

퍼보고 메타버스 개발에 적합한 조직 구조와 관리·감독, 규제 방안을 제안하겠다. 그럼으로써 바람직한 메타버스의 조건을 정의하고, 그 조건에 맞는 바람직한 메타버스 구현 방법을 제안하겠다.

이런 미래 비전과 예측은 업계에 종사해온 실무 경험에 뿌리를 두고 있다. 나는 지난 10년 동안 컴퓨터 과학자이자 창업자로서 복잡한 가상 세계와 메타버스 인프라를 개발해왔기에 우리 사회가 가상 사회로 옮겨가는 과정에 어떤 기술적, 조직적 어려움이 도사리는지 구체적으로 떠올릴 수 있다. 무엇보다 그동안 메타버스 관련 산업에 종사하는 뛰어난 창업자와 투자자, 개발자와 교류하며 고민을 나누는 과정에서 그들에게 지난 10년간 배운 지혜를 이 책에 담았다.

어린 시절 나는 현실 세계에서 접할 수 없는 경험과 지식을 디지털 게임에서 얻었다. 내게 디지털 게임은 탐험과 경이의 세계였다. 그래서 현실에서 도피해 게임의 세계로 숨는다는 고정 관념에 공감하기 어렵다. 나는 게임 속에서 늘 어딘가를 탐험하거나 다양한 삶을 살아 보고 싶어 했다. 게임에 몰입한 후 전혀 다른 사람이 되었다고 느낄 만큼 훌쩍 성장하기도 했다. C. S. 루이스의 『나니아 연대기』를 읽고 아이들이 옷장으로 들어가 마법의 세계를 모험하고 한층 시야가 넓어진 모습으로 돌아오는 장면에 매료되어 옷장을 보는 족족 들어가 다른 세계로 향하는 입구를 찾기도 했다. (아쉽게도 별 성과는 없었다.)

세월이 흘러 가상 세계를 개발하는 직업에 종사하는 행운까지 거머쥔 지금은 가상 세계가 우리 삶을 더 풍성하게 바꾸리라는 믿음이 더욱 강해졌다. 단, 시간을 들여 이 세계를 충분히 이해하고 미래 계획을 신중하게 세워야 한다. 가상 세계는 그저 잠시 현실을 잊고 즐겁게 노는 곳이 아니다. 처음 이 일을 시작할 때는 군대의 작전 기획에 시뮬레이션이 중요하게 쓰일 것이라고 전혀 예상하지 못했다. 실제 군에서 쓰는 가상 군사 훈련 환경을 개발하고 나니 인간이 하는 일이라면 무엇이든 이러한 시뮬레이션 환경이 굉장히 유용하리라는 생각이 들었다.

이 글을 읽는 독자도 메타버스가 대체 무슨 쓸모가 있는지 회의적인 입장일지 모른다. 최근 각종 전문가가 가상 현실VR과 증강 현실AR, 인공 지능AI, 암호 화폐, 그리고 당연히 메타버스까지 여러 기술 혁신을 대충 엮어 허무맹랑한 예측을 해왔으니 피로감을 느낄 만하다. 이제 사회는 당연한 듯이 설익은 기술과 아직 존재하지 않는 제품을 예측하고 유용성을 주장하고 투자한다. 그 과정에서 전문가들은 비판적인 검증 없이 특정한 예측을 받아들인다. 그러면 묘하게도 그 예측은 기정사실이 되어 어떤 프로젝트가 투자를 유치하거나 개발까지 이어지는 판단 근거가 된다.

큰 틀에서는 전문가들의 예측이 적중하기는 하지만, 세부사항은 거의 틀린다. 2000년대 초반 닷컴 버블 시기에 업계만 제대로 택했을 뿐 수익 창출 방법은 완전히 잘못 짚었던 수많은 기업이 거품이 붕괴하자 줄줄이 사라졌던 일을 생각해 보자. 새로운 기술을 가장 소리 높여 홍보하는 사람들이 그 기술이 왜 필요하고 어떤 방향으로 가야 하는지 제대로 설명하지 못할 때 가장 큰 피해는 일반 사용자가 본다. 모호하고 실체가 없는 미래상은 냉소와 적대감을 키울 뿐이다. 이것이 메타버스의 현 상태이다.

미디어와 창업자, 투자자들은 가상 세계를 주로 비디오 게임과 유통, 엔터테인먼트 시장이라는 관점으로 이해하고 소통해왔다. 메타버스가 가장 큰 미래 먹거리라고 굳게 믿으면서도 메타버스가 무엇인지, 왜 미래 먹거리인지는 얼버무리며 우왕좌왕하고 있다. 이들이 내놓는 미래 비전은 주로 인기 SF 작품, 이를테면 영화 「매트릭스」 시리즈나 닐 스티븐슨과 윌리엄 깁슨의 소설 줄거리를 베낀 듯하다. 그러다가 메타버스가 정확히 무엇이냐는 질문을 받으면 이들은 사용자가 쇼핑이나 놀이, 만남, 배움, 사랑 등 다양한 상호 작용을 실제 몸으로 겪을 수 있는 3차원 고화질 디지털 환경이라고 피상적으로 답한다.

좋게 말해도 한심할 정도로 빈약한 그림이다. 가상 세계와 메타버스의 '왜'는 없이 '무엇'만 담겨 깊이가 없고 진부하다. 이 그림에는 목적은 없고 대상만 있다. 체험형 디지털 공간이라고 앞다투어 홍보하지만 그런 공간이 애초에 왜 필요한지는 말을 아낀다. 이런 개념상의 허점이 있으면 실제 메타버스 사업을 시작하거나 관리하는 데는 물론이고 변화를 제대로 이해하는데도 어려움이 생긴다. 가상 세계가 우리 개인과 사회에 주는 이득이 무엇일지 제대로 논의가 이루어지지 않는다면 메타버스는 터무니없는 뜬구름에 그칠 것이다.

이처럼 무엇이든 메타버스가 될 수 있지만 정작 메타버스가 무엇인지 모르는 넓고 얄팍한 개념 정의 탓에 우리는 미래를 제대로 인식하지도 만들어가지도 못하고 있다. 바람직한 미래를 개척하려면 미래를 인식하는 틀이 건전해야 한다. 기업 이익만이 아닌 사회 가치를 생각한 포괄적인 메타버스 개념을 정의해야 한다. 맹목적으로 만들지 말고 왜 만드는지, 왜 그럴 만한 가치가 있는지 이해해야 한다. 메타버스의 **존재 이유**를 이해하고 메타버스의 목적과 가능성을 명확하게 정리할 수 있어야 메타버스를 허울 좋은 그림이 아닌 인류에게 진정 유용한 독립적인 세계로 만들어갈 수 있다.

이 책에서 나는 메타버스의 **존재 이유**를 가장 중요하게 다루었다. 미래에 메타버스가 우리 사회와 개인의 삶에 어떤 역할을 할지 강조하기 위해서이다. 내가 꿈꾸는 메타버스는 인류 사회에 막대한 사회적, 심리적, 경제적 가치를 창출하는 곳이다. 메타버스에 세워질 가상 사회는 현실의 삶을 대체하는 것이 아니라 더 낫게 할 것이다. 문자의 발명과 컴퓨터 보급처럼 메타버스도 인류 역사의 전환점으로써, 우리 삶과 사회에 이바지하는 문화 기술을 만들려는 인간 본성의 자연스러운 표출이다.

새로운 기술이 등장했을 때 문화는 예측할 수 없는 방향으로 기술과 결합하지만, 우리는 늘 이런 문화의 특성을 간과한다. 만약 인터넷 초기로 돌아가 20년 후면 사람들이 조악한 JPEG 이미지를 수백만 달러에 거래하고 끼니마다 음식 사진을 찍고 익명의 개발자가 블록체인 같은 기술을 개발한다고 투자자들에게 이야기한다면 아무도 믿지 않을 것이다. 혁신적인 기술의 발전 속도는 우리 마음대로 통제할 수 없다. 그러니 이 기술이 어떤 형태로 발전할지 추측하기보다 우리 삶에 왜 중요한지에 관심을 모아야 한다. 메타버스를 제대로 이해할 지적이고 포괄적인 틀이 없다면, 그리고 투자와 규제, 인프라를 담당할 핵심 관계자들에게 책임감과 적극성이 없다면 메타버스를 구축하는 과정이 시행착오와 낭비로 험난해진다. 이런 실패를 피해야 한다.

메타버스의 미래가 어디로 향하는지 엿보고 싶은 독자에게 이 책을 권한다. 내가 처음 이 분야에서 창업할 때 간절했던 안내와 조언을 담았다. 독자가 메타버스의 정체와 목적이 무엇인지 생각을 정리하는 데 이 책 내용이 도움이 되었으면 한다. 나는 디지털 메타버스가 인류 역사의 분기점이 되는 가장 큰 사건이라고 믿는다. 우리 인간이 메타버스 시대를 맞아 동시에 서로 다른 여러 세계를 살 수 있는 능력을 얻게 된다면 우리는 우리의 조상과 완전히 다른 존재가 될 것이다. 그에 따라 인간 사회도 다양한 방향으로 분화할 것이다. 메타버스 시대가 오면 우리는 인간의 본질이 무엇인지부터 다시 정의해야 할 것이다. 전 인류가 가상 세계에 거주하고 가상 세계에서 생산 활동을 하면 지금까지 하나의 세계에만 존재하던 인간은 여러 세계에 존재하는 메타버스 형 인간으로 진화할 것이다.

이런 포스트휴먼의 미래는 과거에 뿌리를 두고 있다. 메타버스는 IT 투자자들의 환심을 사려는 화려한 신기술이 아니라 인류가 처음 존재했을 때부터 지녔던 본성, 현실에 없는 세계를 창조하는 본성의 가장 최신판이다. 지난 수천 년 동안 인간은 누가 시키지 않아도 스스로 현실에 없는 다른 세계를 만들어왔고, 그 세계를 현실의 삶에서 중요하게 취급했다. 그리고 그 세계를 발판으로 다시 현실에 사회적, 심리적 가치를 창출해왔다. 앞에서 미래에는 이 책을 몸 없이 뇌로 직접 흡수할 수 있다고 소개했다. 그 이유를 이해하려면 먼저 시간을 거슬러 피라미드나 스톤헨지보다 더 오래전, 인류의 기원으로 가야 한다.

# 1장

· · ·

# 메타버스의 기원

지금의 튀르키에 아나톨리아 남동쪽 바위투성이 평원에는 지름 30미터 규모의 돌 유적이 우뚝 서 있다. 5.5미터에 육박하는 T자 모양 석회석 기둥이 돌담 언덕 자락을 따라 서 있고, 곳곳에 동물 그림이 공들여 새겨 있다. 고고학자들이 240개가 넘는 구조물을 발굴했어도 이제 겨우 한 꺼풀 벗겨진 광대한 신석기 시대 유적 괴베클리 테페Göbekli Tepe이다. 아직은 거대한 돌무더기에서 과거의 흔적을 간신히 해독할 뿐이지만, 이 유적에는 미래를 향한 귀중한 교훈이 담겨 있다.

1만여 년 전 괴베클리 테페 건설이 한창일 때, 내가 지금 원고를 쓰고 있는 영국 남서부는 대륙을 온통 뒤덮었던 얼음판이 겨우 걷힌 상태였다. 북슬북슬한 매머드의 마지막 후손이 돌아다니고 농사가 보급되기 전이었다. 그런데도 선사시대 아나톨리아 사람들은 스톤헨지보다 적어도 6000년 앞서 거대한 구조물을 짓고 탁월한 솜씨로 조각했다.

왜 지었을까? 그 시대 기준으로는 이런 거대한 돌 구조물이 별 쓸모없어 보인다. 혹시 실용성만으로 설명할 수 없는 이유가 있는지, 그 이유가 다른 세계에 대한 믿음은 아니었는지 궁금하기도 하다.

우리가 아는 한 괴베클리 테페에 담긴 영적인 세계는 (짐작대로 종교적인 이유로 세웠다면) 현실이 아니지만, 그 세계를 담은 구조물을 현실에 만드는 데는 1천 년 동안 엄청난 양의 바위를 날라야 했다. 당시 수렵·채집 사회로서는 막대한 투자였을 것이다. 이 정도 큰 규모의 건설 프로젝트를 즉흥적으로 시작했을 리 없다. 더구나 척박한 신석기 시대 아나톨리아는 심심풀이로 건축 상상력을 펼칠 만한 곳이 아니었다. 그러니 1만 년도 더 전에 이곳 사람들이 돌로 표현한 세계는 현실 세계 이상으로 중요했을 것이다.

괴베클리 테페를 우리와 별 상관없는 먼 과거의 산물로 느낄 수도 있다. 그러나 이 유적에 나타난 가장 인간다운 본성은 우리에게도 고스란히 살아 있다. 최초의 기념물을 만드는 데 필요했던 건 돌이 아닌 독창성이었다. 괴베클리 테페는 집단의 염원을 담은 창작물이자 삶과 죽음의 기운, 모두의 상상력을 모은 가상 세계였다. 1만 년 동안 인간은 굳은 의지 하나로 상상을 현실화 하는 방법을 터득해왔다.

인간은 끊임없이 다른 세계를 만들어왔다. 동물의 왕국이나 다름없는 현실 세계부터 상상력으로 만들어낸 고고한 가상 세계까지, 인류는 태초부터 온갖 기발한 방법으로 여러 세계에 동시에 존재해왔다. 그리고 수천 년 동안 첨단 장비도 없이 언어와 상상 력만으로 이러한 세계를 만들어왔다. 때로는 거대한 구조물을 세 우기도 하지만 구조물 없이 말만으로도 가상 세계를 만들어 집단 의 믿음으로 이어 간다.

먼지 쌓인 돌만 봐서는 엉성해 보이지만 돌에 새긴 조각을 자 세히 뜯어보면 전갈과 으르렁대는 맹수, 기하학적인 무늬, 날갯 짓하는 독수리와 머리 없는 인간 등 온갖 의미가 넘친다. 돌에 이 토록 정교하게 새길 정도이니 당시 사람들이 그림의 내용을 얼마 나 굳게 믿었는지 짐작할 수 있다. 신앙이 곧 일상이고 일상이 곧 신앙이었을 것이다.

괴베클리 테페가 가상 세계와 일상의 상호 작용이듯, 이 책에 서 다룰 가상 세계도 일상과 무관한 박제가 아니라 우리 사회가 어엿한 실재라고 인식하는 세계로서 현실 세계의 부와 권력, 정 체성의 원천이 될 수 있다. 수만 년 전 인류의 조상이나 지금 우리나 가상 세계를 만드는 이유는 더 행복한 삶을 위해서다. 다만 우리는 진입로가 거대한 돌이 아닌 디지털 게이트웨이일 뿐이다.

우리가 의식하지 못해도 가상 세계를 만드는 능력은 우리의 행동에 영향을 미친다. 이 능력이 인류의 미래에 어떤 영향을 미칠지 살펴보고, 미래의 가상 사회가 어째서 생소한 현상이 아닌 오랜 전통의 계승인지 설명할 것이다. 그러나 미래로 시선을 옮기기 전에 잠시 더 과거에 머물며 가상 세계가 무엇인지, 가상 세계 건설이 어떤 의미인지 살펴보자.

## 말이 세계가 될 때

현실을 모형화하는 능력이야말로 추상적 사고의 핵심이다. 우리가 생존하고 제 역할을 하기 위해서는 계획을 세우고 판단을 내릴 때마다 현실을 단순화하고 여러 결과를 예측할 수 있어야 한다. 이런 모형화를 통해 현실과 분리되면서도 소통하는 생각의 세계를 만들고 발전시킬 수 있다. 모형화 과정이 우리가 하는 말과 생각의 기본이기 때문에 우리는 이 과정이 얼마나 중요한지 별로 되돌아보지 않는다.

"언어의 한계가 세계의 한계다"라고 루트비히 비트겐슈타인이 『논리-철학 논고』에 썼듯, 우리가 생각의 세계를 말로 표현할 때

이 세계는 타인과 공유할 수 있는 사회적 모형이 되어간다. 그러니 어떤 의미에서는 말로 세계를 만들 수 있다는 뜻도 된다. 예를 들어 평화로운 세상이라는 의도로 '더 나은 세상을 상상하다'라고 말한다면 평화라는 이상을 실현한 가상 세계를 상상한다는 뜻이다. 마음에 떠올린 가상 세계의 모습을 바탕으로 현실 세계에 같은 가치를 이룬다는 뜻이다.

이렇게 생각과 말로 세계를 만드는 개인의 능력이 모이면 대대손손 이어지는 풍성하고 세밀한 가상 세계를 창조할 수 있으며, 세계의 주요 종교가 사회에 도움이 되기도 하고 고통과 상처를 남기기도 했듯이 위대한 업적을 남길 수도 있고 끔찍한 만행을 저지를 수도 있다. 가상 세계를 만드는 이유는 도저히 이해할 수 없는 일을 이해하거나 행동을 정당화하거나 삶에 활력을 얻거나 위험하고 혼란스러운 삶을 명료하게 정리하기 위해서다. 그렇기 때문에 가상 세계를 믿는 사람이 늘어날수록 세계가 확장되고 활기를 띤다.

이런 행위를 굳이 하는 이유는 다른 세계를 만들고 믿는 과정이 즐거워서만이 아니라 가상 세계를 만드는 일이 사회가 원활하게 돌아가는 데 꼭 필요하기 때문이다. 사회는 가상 세계를 이용해 공동의 목표를 정하고 사람과 사람 사이의 복잡한 역학 관계를 풀고 개인의 탐욕과 야망을 적절히 견제해 공동의 목표를 향할 구성원의 역량을 모은다. 문화를 공유하지 않는 세상, 공동의 경험을 만들어낼 틀이 없는 세상은 생존의 삭막한 현실만 남는다.

인류학자 클로드 레비스트로스에 따르면 "신화는 언어"이다. "신화는 고도로 추상화된 언어이다. 신화를 만들고 전파하는 수단은 언어지만 우리가 신화에 의미를 부여하는 순간 그 의미는 홀로 '독립'해 그 자체로써 생명력을 갖게 된다." 이런 신화의 세계는 따로 '독립'해서 사회적으로 만든 현실socially constructed realities, 즉 참여자 모두가 그 존재와 의미를 믿기로 합의하는 다른 세계가 된다. 이런 상호 합의가 이루어질 때 가상의 세계가 생명을 얻는다.

이런 세계는 우리가 도피하고 싶은 대안 현실이 아니라 **더 풍요로운** 현실로서 지금보다 사회가 확장되고 더 나아질 수 있는 조건을 갖춘 장소다. 이런 가상 세계와 그 안에서 일어나는 사건이 있기에 우리 경제와 문화, 일상생활이 풍성해질 수 있다. 예를 들어 예술 작품과 문화는 다른 세계를 향한 집단 믿음의 결실이다. 시스티나 성당 천장화는 현실 세계에서도 귀한 작품이자 어떤 의미에서는 가상 세계로 통하는 문이며, 괴베클리 테페의 돌도 마찬가지다.

금융 시장 역시 대상에 사회 전체가 어떤 의미를 부여하는가에 따라 개인의 재산과 평판이 왔다 갔다 하므로 현실 세계의 가치를 창출하는 가상 세계라 할 수 있다. 프로 스포츠도 가치를 창출하는 가상 세계이다. 열혈 팬들이 팀을 위해 얼마나 헌신하는 지를 보면 그 사실을 실감할 수 있다. 그토록 열심히 응원하는 고향 팀의 경기 결과가 당장 생활에 영향을 주지 않는데도 팬들은 팀 성적에 살고 팀 성적에 죽는다. 관심이 높은 스포츠 경기는 결과에 따라 현실을 잠시 바꾸는 효과가 있어 사회 문제를 푸는 실마리가 되기도 한다. 월드컵에서 약소국이 강대국을 이기면 승리의 여운이 마음 깊이 남아 상처를 치유하고 자긍심과 자신감을 북돋는다. 스포츠의 사회 결속 작용이다.

이것이 가상 세계의 힘이다. 어쩌다 태어나 속하게 된 현실 세계의 결과보다 스스로 선택한 가상 세계의 결과가 오히려 더 중요한 의미를 지닐 수 있다. 가상 세계에서 발생한 가치는 다시 현실 세계에 통할 수 있다. 실용성은 없어도 다른 이유로 희귀하거나 특별한 가치를 지닌 물건의 가격만 봐도 알 수 있다. 예수의 형상이 남아 있다는 '토리노의 수의'가 상상할 수 없는 가치를 지니는 이유는 천값이 비싸서가 아니라 사회가 그 천에 다른 세계를 향한 믿음이라는 특별한 가치를 부여했기 때문이다. 어떤 의미에서는 토리노의 수의가 요즘 이해하기 어려워하는 디지털 아트 같은 **가상 오브제**이다. 가상 세계 안에서만 통하는 대체 불가한 표지(토큰)로서 가치를 지니기 때문이다.

물론 토리노의 수의를 NFT<sup>non-fungible token</sup>에 비교하다니 비약이 심해 보일 수도 있다. 그러나 따지고 보면 어제의 성물과 내일의 **가상 오브제**, 종교적 상상력으로 입장할 수 있는 세계와 와이파이로 입장할 수 있는 세계는 생각보다 비슷할 수 있다.

메타버스의 원형은 역사상 어느 대륙이든, 어느 사회든 항상 존재해 왔고 대체로 비슷한 특징을 지닌다. 우선 현실의 인간 사회가 있고, 실재한다고 믿는 사건·정체성·규칙·사물이 존재하는 가상 세계가 존재하며, 두 세계 간 지속적인 가치 전달로 개인과 사회의 부와 만족감, 의미를 증진하는 과정이 있다.

이런 가상 세계는 그저 재미난 이야기가 아니라 믿는 사람에게는 원인이 있으면 결과가 있고 실제 사건이 벌어지는 실제 공간이며, 시간이 갈수록 만든 사람들의 마음에 단단히 자리 잡아 현실 세계만큼 생생하고 중요해진다. 또 가상 세계의 가치가 사회 구조, 구성원의 화합, 정체성 인식, 감동적인 경험, 제례 의식의 형태로 현실 세계에 전달된다. 이렇게 가상 세계는 참여자들이 지적, 감정적으로 투자해야 하고 그 결과 보상을 받을 수 있는 중요한 곳이 된다.

역사에도 비슷한 사례가 수없이 등장한다. 어느 시대, 어느 지역이든 수많은 사람이 지니, 엘프, 마녀, 유령, 도깨비 같은 신비한 존재의 세계를 믿고 생활과 사회 구조까지 이 믿음을 중심으로 꾸려 왔다. 고대 로마인은 신의 뜻을 깨닫기 위해 동물 내장으로 점을 치거나 신을 모시려 제물을 바치고 조각상을 만들었다. 로마인은 제례 의식을 제대로 하지 못하면 전쟁도 거부했으며,

점괘가 좋지 않으면 바로 짐을 싸 돌아간 뒤 상황이 바뀌기를 기다렸다. 불길한 징후가 나타나면 무역마저 중단했다.

J.F. 비얼레인은 여러 문명의 신화가 얼마나 유사한지 살펴본 『세계의 유사신화』에서 "신화는 어느 시대 어느 인간에게든 항상 있다. 어느 곳, 어느 집단의 신화든 전개 양상, 줄거리, 심지어 세부 요소까지도 비슷한 면이 있다"라고 주장했다. 고대와 현대 여러 메타버스, 서로 교류가 전혀 없던 동시대 사회의 메타버스가 놀랍도록 비슷한 것을 보면 가상 세계 건설은 인간의 근원적인 능력인 듯하다. 인류학자 찰스 라플린Charles Laughlin과 정신과 의사 유진 다퀼리Eugene d'Aquili는 1970년대 연구에서 우리 뇌에 신화와 제사 의식으로 집단을 단합하고 교훈을 전하고 대립을 해결하는 '인지적 명령' 영역이 있다고 발표했다. 그 후 다퀼리와 신경과학자 앤드류 뉴버그는 fMRI 영상을 바탕으로 우리가 종교적 경험을 할 때 인간의 신경학적 기본 욕구가 충족된다고 제시했다.

『원시 신화의 인간 심리』Myth in Primitive Psychology에서 인류학자 브로니슬라프 말리노프스키는 신화를 다음과 같이 설명했다. "어느 특별한 이야기가 있다. (…) 이 이야기는 심심풀이도, 지어낸 이야기도, 심지어 실화도 아니면서 현세의 삶과 운명, 활동을 관장하는 원시적이고 위대한, 더 의미 있는 현실이다." 비록 파푸아뉴기니 트로브리안드 군도의 멜라네시아 부족 신화에 관한 설명이었지만, 이 해석은 현대 사회에도 잘 맞는다. 집단의 상상력으로 만든 세계를 믿는 것도 인간의 본성이고 그 세계에 의미를 부여하고 현실에 적용하려는 성향도 인간의 본성이다. 이 우물에서 물을 긷지 말라, 밤중에 저 숲에 들어가지 말라 등 예부터 전해지는 설화에는 귀중하고 유용한 교훈이 담겨 있다. 가상 세계의 기능은 오염된 물과 늑대의 습격을 막아주는 데서 그치지 않는다. 불, 언어, 농업처럼 가상 세계 건설도 인간의 가장 중요한 도구라 할 수 있다.

가상 세계는 과거에도 지금도 단순한 놀이터가 아니며, 가상 세계를 상상하고 만들어 그 안에서 임무를 수행하는 활동도 놀이가 아니다. 고대부터 지금까지 가상 세계는 가장 인간적인 성과물이자 사회에 상당한 내적, 외적 가치를 생성하는 문화 기술 단위이다. 이를 새롭게 디지털로 구현한 모습은 고대부터 현대까지 이어져 오는 수많은 메타버스 중 가장 최신판일 뿐이다. 미래의 디지털 가상 세계는 괴베클리 테페를 직접 계승했다고 볼 수도 있다.

## 피라미드를 만든 이유

괴베클리 테페에서 수백 킬로미터 떨어진 이집트 기자에는 4000여 년 전에 캐내고 운반해 쌓은 돌이 끝없이 쌓여 있다. 상상의 세계를 실감 나게 만들 수 있는 인간 본연의 능력을 고대 이집트 제4왕조가 새로운 차원으로 끌어올린 결과이다. 신이 파라오의 모습으로 살아 움직이고 죽은 자의 세계가 산 자의 세계보다 훨씬 중요한 이집트 문명은 수백 년 동안 노동자와 기술자를 투입해 사막 한복판에 거대한 피라미드를 건설했다. 현세에서 마지막 숨을 거둔 뒤 내세에서 죽은 자들을 다스릴 위대한 왕의 영혼에 걸맞은 웅장한 무덤이었다. 피라미드는 인간의 기준으로만 죽었을 뿐 내세에 멀쩡히 살아 있는 왕들이 불편함 없이 살도록 모든 기능을 갖춘 정식 왕궁이었다.

고대 이집트인은 평생 이런 사후 세계의 의무와 약속을 마주하며 살았다. 『고대 이집트의 죽음과 사후 세계』Death and the Afterlife in Ancient Egypt에서 존 H. 테일러John H. Taylor는 당시 이집트 사회가 현세를 희생하면서까지 내세를 더 앞세운 모습을 소개했다. 가장 부유한 사람들조차도 갈대나 나무 등 오래가지 않는 재료로 지은 집에 살면서 무덤은 튼튼한 돌로 지었다. 무덤은 다음 세상의 영원한 안식처였기 때문이다.

오늘날 피라미드는 고대 이집트 문명의 유산이면서 이 문명의 동력이었던 가상 세계의 유산이지만, 실용성만 따진다면 고대인들이 시간과 자원, 기운을 쓸 데가 그렇게 없었나 싶다. 물론 지정학적으로는 사막 한가운데에 실용성이라고는 전혀 없는 거대한 피라미드를 잔뜩 세우면 군사력을 과시할 수 있었다. 그렇다

해도 고대 이집트인이 기자의 대大피라미드를 건설할 시간에 그 능력을 다른 기술 개발에 썼다면 삶의 질이 나아졌을 것이다.

이렇게 덧없는 다른 세계를 믿었던 옛 사회의 신앙을 우리보다 미개한 사람들이 따르던 종교나 미신이라고 치부하기 쉽다. 생산성을 앞세운 요즘 시각으로는 피라미드를 아름답지만 쓸모없다거나 감탄할 만하지만 배울 점은 없는 프로젝트였다고 생각할 수도 있다. 지극히 편협하고 미숙한 시각이다. 생산성만을 사회적 가치의 척도로 삼을 수 없다. '물건'만으로 가치를 따지기 어려운 상상의 세계를 구상할 때는 **생산성** 대 **비생산성**의 이분법이 삐걱거리기 시작한다. 우리가 세상을 생산성과 실용성의 관점으로만 보려고 고집한다면 과거를 제대로 이해하지도, 더 나은 미래를 만들지도 못한다.

깊이 들여다보면 내세에 대한 고대 이집트인의 집착은 종교나 신화의 맥락 밖에서도 이해할 수 있고, 오히려 사회로서는 매우 합리적인 선택이었다고 볼 수 있다. 내세를 믿음으로써 사회 구성원이 한마음으로 뭉칠 뿐만 아니라 이 믿음으로부터 뚜렷한 사회·문화·경제적 가치를 창출하기 때문이다. 이런 가치 창출 관점은 오늘날의 눈으로도 어렵잖게 이해할 수 있다. 피라미드가 여전히 아름다운 문화유산으로서 가치를 발휘한다는 사실에 이의를 제기할 수 있을까? 시간이 지나도 피라미드를 두고 시시하고 쓸모없는 유물이라고 할 사람은 없을 것이다.

고대 이집트인이 피라미드를 만들 때 그랬듯 메타버스도 우리 사회의 시간과 역량을 쏟아부어야 하는 큰 문화적, 기술적 과업이 될 것이다. 그만큼 '진짜' 세계를 등지고 메타버스로 불리는 디지털 세계에 빠져든다고 걱정하는 사람도 많다. 그러나 나는 디지털 세계에서도 피라미드처럼 더 큰 가치를 창출해 현실 세계로 가져올 수 있으리라 믿는다. 이 가치는 과거와 달리 가상 세계의 창조자나 의사 결정권자가 독식하지 않고 사회 전체가 공유할 것이다.

가치 창출과 분배 면에서 디지털 가상 세계가 이전의 가상 세계를 어떻게 앞지를지 이해하려면 우선 인류가 수천 년 동안 가상 세계를 어떻게 활용했는지 살펴봐야 한다. 여러분도 한두 가지 사례쯤은 바로 떠올릴 수 있을 것이다. 우선 주요 종교마다 창조 신화가 있어 인간은 자기가 속한 세계를 이해하고 설명할 수 있었다. 사회 지도자는 자신의 행동과 결정이 옳든 그르든 가상 세계를 근거로 합리화해왔다. 사회는 구성원에게 문화적 가치와 교훈을 전달하고 인식의 틀을 심어줬다. 예를 들어 스포츠 팀을 응원하는 짜릿함으로 지루한 일상에 활기를 찾을 수 있다. 스포츠 팀의 열성 팬이 팀 유니폼이나 경기 관람권을 사면 개인의 경험이 더 풍성해지고 사회는 스포츠 가상 세계의 가치 창출로 경제 가치를 얻는다.

놀이와 재미도 결코 가볍게 볼 수 없는 가상 세계의 큰 가치이다. 최초의 가상 세계는 끝없이 이어지는 추운 밤이나 어둠 없이 이어지는 백야를 견디며 사회 집단이 서로 위로하고 단합하기 위해 지어낸 신화나 민담이었다. 이야기는 화자와 청자, 저자와 독자, 예술가와 관객으로 나뉠 수밖에 없지만 앞으로 인간의 독창성으로 세울 가상 세계는 만드는 자와 소비하는 자의 경계가 흐려져 모두 함께 줄거리를 만들어가는 곳이 될 것이다. 참여자 모두가 주인공이 될 기회를 얻을 때 이야기는 어엿한 세계가 된다.

현실과 혼동할 만큼 실감 나고 매혹적인 세계를 만드는 이유는 인간이 실용적인 창의성이나 문제 해결을 추구하는 **독창성**의 동물이기 때문이다. 이렇게 만든 세계의 규칙은 한 번 정하면 새로운 요소를 더할 때마다 원래 있던 규칙 안에서 작용해야 한다. 아무리 재미있고 극적인 내용이라도 기존 틀을 마냥 무시할 수는 없다. 원래 속한 세계의 규칙을 따라야 조화롭게 공존할 수 있다.

신화나 이야기는 한 번 만들어지면 고정되지만, 가상 세계는 역동적인 창조 과정이므로 현실 세계에 '반응'할 수도 있다. 가상 세계에서 벌어지는 일이 생생하면 현실 세계에 영향을 주기도 한다. 가상 세계 참여자들은 그 세계의 반경을 정하거나 넓혀가고, 자기 말과 행동으로써 의미와 질서를 만들 수 있다. 『불의 정령에 관한 전설』Legends of the Fire Spirits의 저자 로버트 레블링Robert Lebling 은 아랍 문화에서 **진**jinn, 혹은 지니라는 정령이 어떤 역할을 하는지, 진이 속한 마법 세계의 규칙과 범위는 어떻게 정해졌는지 설명했다. "진도 우리처럼 마법 세계에서 자손을 낳고 남성과 여성이 있어 함께 가족을 이룬다. 이들도 자유 의지가 있어 자기 일을 스스로 정한다. 신을 믿는 진도 있고 믿지 않는 진도 있다. 변절하여 악령이나 악귀가 되기도 하지만 대다수는 종교를 믿고 같은 종족 틈에서 지극히 평범한 '보통'의 삶을 살아간다." 진의 존재를 믿는 사람들은 진에 인간의 속성을 입힘으로써 진의 세계를 친근하고 더불어 살 수 있는 모습으로 만든다.

서구 문화에 뿌리를 둔 가상 세계도 마찬가지로 구성원이 함께 만들어간다. 기독교의 천국이야말로 인간의 기술로는 닿을 수 없고 신자들이 죽은 뒤 가길 소망하는 전형적인 가상 세계라 할 수 있다. 수백 년 동안 로마 가톨릭교회는 특정 신자를 사후에 성인으로 추대함으로써 천국의 구성원 명단을 관리해왔고, 이 명단에 든 독실한 영혼은 천국 거주자로 인증받았다. 파도바의 성 안토니오에게 잃어버린 물건을 찾아주길 기도해본 사람은 알겠지만 어떤 성인은 현세의 문제를 굽어살피고 돕는 역할을 맡는다.

이런 인간의 기발함으로 인하여 가상 세계가 점점 커지고 유용해진다. 비얼레인은 『세계의 유사신화』에서 심리학자이자 철학자 피에르 자네Pierre Janet의 생각을 다음과 같이 인용한다. "신이 직접 말해주지 않았다면 종교도 존속하지 않았을 것이다." 현실 세계와 상호 작용하지 않는 가상 세계는 쓸모가 없다는 뜻도 된다. 신자들이 성인에게 인간사를 보살피는 역할을 주면 지상과 천국의 교류 기회가 늘고, 교류가 활발할수록 두 세계가 견고해진다. 또 성인에게 역할을 줌으로써 가상 세계의 사건을 인정하고 현실 세계를 바꾸는 효과가 있다. 그렇게 천국의 가치가 땅으로 전달된다.

가톨릭교회의 성인 명단은 참여자 모두가 공감할 수 있는 등장인물과 사건으로서 대중이 함께 크라우드소싱 방식으로 역사를 기록하는 역할도 한다. 본래 가상 세계는 창작자의 손을 떠나 영원한 생명을 얻고 널리 공감할 수 있는 독자적인 역사를 쓸 때 더 의미 있게 다가오기 마련이다. 월드컵 우승은 과거의 모든 월드컵 우승팀이 있기에 더욱 빛난다. 어제의 결과가 있기에 오늘의 결과가 존재하고, 이런 연속성 덕택에 신뢰가 두터워진다. 언제 무슨 일이 일어났는지 훤히 알 수 있는 공개 기록이 있기 때문에 그 세계와 안에 담긴 정보에 믿음이 쌓인다. 분산 장부 혹은 블록체인의 세계에서 참여자들이 특정 거래 순서나 소유권에 동의해야 하는 원리와 별반 다르지 않다(블록체인과 메타버스에 관해서는 7장과 8장에 더 상세히 다룬다).

이처럼 인간은 기발한 독창성으로 자기가 속한 가상 세계의 반경을 넓혀간다. 가상 세계를 넓히는 일은 왜 중요하며, 무슨 목적으로 이런 행동을 하는가? 진이 모자를 쓰고 말고가 우리 사회에 어떤 의미가 있는가? 가상 세계를 이토록 세밀하게 정의하는 일이 창작자와 그가 속한 세계에 왜 유익한가?

집 짓는 일이나 농사처럼 가상 세계 건설도 인류의 생존과 번영에 꼭 필요한 일이다. 이야기가 믿음을 먹고 살아나 우리가 만들고 탐색하고 숨을 불어넣을 수 있는 세계가 되는 순간, 가상 세계는 놀이와 재미의 가치를 초월해 구성원들에게 심리적인 도움이 된다. 창의성을 발휘해 가상 세계 건설에 활발하게 참여할수록 깊은 성취감을 느낄 수 있기 때문이다.

이렇게 볼 때 가상 세계는 인간이 삶에 질서를 부여하고 더 나은 삶을 살기 위해 만든 문화기술이자 사회가 굴러갈 수 있는 또 하나의 무대이다. 스포츠 세계의 승패는 국가 관계에 영향을 끼치는 외교 활동이 되며, 여기서 명성을 얻으면 타인의 본보기가 되기도 한다. 우리는 '다른 세계'를 이용해 평범한 물건이나 사건에 의미를 부여함으로써 일상의 심리적 가치를 높인다. 우리가 '가상 세계에서 놀고' '가상의 점수를 얻는' 데에 사회적 의미를 부여하는 이유는 마음 깊은 곳의 욕구 때문이며, 우리는 이 욕구를 충족함으로써 정신적, 감정적 만족감을 느낀다. 고대 이집트인들이 피라미드를 지은 이유도 이와 비슷하다. 그들은 가상 세계에 공을 들여 현실에서 더 나은 삶을 누렸다.

오래전부터 신화학자들은 신화가 있기에 인간의 삶에 체계와 의미가 생기고, 이 의미는 신화가 독자적인 세계로 진화할 때 더 풍성해진다고 주장해왔다. 더 많은 사람이 믿을수록 가상 세계는 더 많은 사람에게 만족감을 줄 수 있다. 반대로, 고작 몇 명이 참여해서는 가상 세계의 효력이 없다. 전 세계인이 즐기는 인기 스포츠 종목을 내가 친구 9명과 즐기려 새로 고안한 종목과 비교해 보자. 내가 고안한 종목도 9명이 홀딱 빠져 자나 깨나 하려들 수도 있다. 그러나 참여자 수가 고작 10명에 그친다면 사회적 기능이 별로 없는 특이한 취미쯤으로 끝날 것이다. 가상 세계가 오래, 널리 가치를 발휘하려면 참여자 수가 한 사회를 구성할 만큼 커야 한다. 참여자 수가 사회를 이룰 만한 최소치를 넘을 때 가상 세계의 심리적 가치가 보편적 사회 가치로 변한다.

사회학자 에밀 뒤르켐은 제의적 의례에 동참하는 집단의 행복감을 뜻하는 집단 열광collective effervescence이라는 개념을 정의하고 일상을 신성과 세속으로 나누었다. 세속은 매일 반복하는 일과와 늘 접하는 사람들, 깨어있는 시간 내내 묶여 있으면서 특별히 신나거나 기쁘지 않은 노동과 책임이다. 다시 말해 세속은 지루하다. 신성은 정반대로서 삶과 분리되어 있고 때로 금기의 영역이기도 하다. 신성한 세계에 진입하기 위해 여러 사람이 모여 기념하고 의식을 치를 때, 함께 믿고 따른다는 느낌이 집단 열광으로 이어진다. 참여자 모두가 단합하고 성장하며 함께 행복해진다. 월드컵이나 미국 슈퍼볼 결승 경기 중에 트위터만 접속해도 사람들이 모두 하나 되어 함께 몰입하는 모습을 볼 수 있다.

제례의 기능은 이 가상 현실을 만든 사회에 실질적인 도움이 되기도 한다. 예부터 우리는 제례 의식을 통해 가상 세계에 입장할 수 있었고, 이런 제례 의식에 참여함으로써 인류학자 빅터 터너가 소개한 **코뮤니타스**communitas, 즉 일상을 지배하는 위계를 둘러싼 인간애와 유대감을 공유한다. 이 위계가 뒤집히면 어떻게 되는가? 터너는 2년 반 동안 잠비아 은뎀부 사회의 제례 의식을 관찰한 뒤 공저한『제의 절차, 구조와 반 구조』The Ritual Process: Structure and Anti-Structure 머리말에서 다음과 같이 서술했다. "인간은 살아 숨 쉬고 새로운 것을 창조하기 위해 (…) 생각과 감정과 의지를 자유롭게 펼칠 수 있는 의례와 축제, 극, 나중에는 영화 같은 시공간의 경계 영역liminal area을 만들어야 했다. 이런 경계 영역에서 때로는 환상에 가까운 모형이 탄생했고, 그중 일부는 결국 한 사회의 일상을 지배하는 정치와 법제를 대체할 만큼의 힘과 설득력을 얻기도 한다."

만약 우리가 정령의 존재를 믿기로 합의한다면 기존과 다른 지배 구조와 우선순위를 제시하는 '반 구조'反, anti-structure를 만드는 것이다. 반 구조에서는 현실 세계와 다른 인식, 다른 사고방식을 장려하며, 뒤죽박죽으로 말이 안 되고 장난스럽고 관습을 거스르는 생각이 허용된다. 따라서 제례 의식에 참여하는 사람들은 구조에서 반 구조로 넘어갈 때 평소와 다르게 생각하고 인식하고 창조할 자유를 얻는다. 일탈의 결과물은 제의가 끝난 후 현실 세계에 다시 적용할 수 있다.

괴베클리 테페는 이런 구조 변화를 분명하게 보여주는 가장 오래된 사례이다. 아직은 이런 거대한 돌 구조물을 세운 정확한 이유를 모르지만, 학자들은 종교적인 성격을 띤 구조물이라고 추측한다. 그러나 피라미드와 마찬가지로 인류의 조상이 공들여 만든 이 가상 현실의 진정한 가치는 종교나 미신의 맥락 밖에 있다. 괴베클리 테페 발굴에 참여한 고고학자들은 2008년 『스미스소니언』에 괴베클리 테페의 거대한 구조물을 만들기 위해서는 오랜 기간 많은 인원이 협동해야 했고, 따라서 인류가 수렵 생활을 접고 한곳에 정착해 발달한 사회를 이루게 된 '신석기 혁명'이 더욱 앞당겨졌을 거라고 발표했다. 처음에는 신비한 영적인 세계와 소통하기 위해 건설하기 시작했을지라도 결과적으로 현실 세계에 새로운 문명이 발달하게 되었다.

## 메타버스의 성립 조건

괴베클리 테페 건설이 신석기 문명 발달에 끼친 영향에서 가상 세계의 가장 중요한 사회적 기능을 알 수 있다. 바로 한 세계에서 다른 세계로의 가치 이동이다. 이해를 돕기 위해 제례 의식을 살펴보자. 제례 의식은 보통 참여자들이 함께 동물의 고기 또는 다른 희생 제물을 잡을 때 절정에 이른다. 고기를 함께 잡고 먹는 행위는 단순히 영양을 섭취하기 위한 식사와는 차원이 다른 가치를 지닌다. 가상 세계를 믿는 모든 사람이 그 고기에 부여한 의미 때문이다. 고기를 먹는 행위는 두 세계를 잇는 다리가 되고, 다리를 건너 한 세계에서 다른 세계로 가치가 이동한다.

가상 세계가 단순한 이야기에 그치지 않으니 참여자들은 가상 세계 속 존재에도 각자 뜻에 따라 행동하는 독립성을 준다. 그러니 신과 진 역시 각자에게 중요한 가치가 있고, 우리와 다른 마음을 품을 수도 있다. 로버트 레블링에 따르면 이란에서는 "진이 복수할 수도 있다는 생각에 행동거지를 더 조심한다. (…) 아기가 별다른 이유 없이 갑자기 울거나 겁먹은 듯이 행동하면 아기 진을 다치게 해서 엄마 진에게 벌을 받기 때문이라고 믿는다. 이때 아기 엄마가 옆에 있다면 아기가 있었던 자리에 젖을 몇 방울 흘려두어야 한다. 그러면 엄마 진은 넉넉한 인심에 마음이 누그러져 인간 아기에게 내린 벌을 거두게 된다." 가상 세계가 커지고 그 세계를 믿는 사람이 늘어나면서 가상 세계 속 존재가 사회에 영향을 준다. 그렇게 가상 세계를 창조하는 행위는 가상 세계와 소통을 이어가는 행위이기도 하다.

이렇게 두 세계 간의 소통이 이어질 때 가상 세계에서 현실 세계로 가치가 이동하고, 가치 이동의 범위도 제례 의식과 경험에서 시작해 점차 넓어진다. 괴베클리 테페에서는 두 세계가 소통했을 때 먼저 제의적 기능을 띠었을 거석을 세웠다. 그러나 수렵인이 거대한 구조물을 짓기 위해서는 이동 생활을 청산하고 정착해야 했다. 정착을 위해 마을을 지으니 새로운 사회 구조가 생겨났다.

가상 세계는 전혀 예상하지 못한 방향으로 현실 세계를 바꿔놓는다. 예상할 수 있는 건 믿음과 시간만 충분하면 가상 세계는 **반드시** 현실 세계를 변화시킨다는 사실뿐이다. 어쩌면 우리는 현실을 바꾸기 위해 가상 세계를 창조한다고도 볼 수 있다. 과거부터 지금까지는 이 과정을 인식하지 못했지만, 미래 디지털 세계에서는 분명한 의도를 가지고 의미와 경험이 풍부한 가상 세계를 만들 것이다. 가상 세계가 현실 세계와 소통할 때 변화를 만들고 새 가치를 창출할 것이다. 여러 가상 세계와 현실 세계에 상호 가치 교환이 발생하는 가상 세계의 집합이 곧 메타버스가 된다.

메타버스는 한마디로 대화이며, 서로 가치를 교환할 수 있는 여러 세계가 모인 구조이다(더 상세한 정의는 5장에서 제시하고자 한다). 여러 세계 간 가치 교환에는 첨단 기술도 디지털 시뮬레이션도 필요 없다. 제의로서 동물을 잡아 나눠 먹는 행위처럼 공동체 전체가 다른 세계의 가치를 인정하고 동의하면 된다. 이런 합의가 있으면 다른 세계가 우리 세계에 변화를 가져올 수 있다.

인간사에서 마법과 기적, 신적인 존재는 늘 등장하는 보편적인 주제이자 사회적으로 만든 현실로서 어떤 대상의 존재와 중요성을 널리 믿으면 그 대상이 실재하게 된다. 아이슬란드와 페로 제도에는 대대로 인간을 닮은 엘프를 훌두포크**Huldufólk**, 혹은 '숨어 있는 사람들'이라고 부른다. 훌두포크는 자기가 인간에게 모습을 보이고 싶을 때만 나타나며 풍요를 선물할 수도 있고 굶주림을 안길 수도 있다. 크리스마스 즈음에는 시끌벅적한 잔치 열기를 좋아한다. 그들의 세계는 우리에게도 친숙하다.

훌두포크의 세계는 아이슬란드가 순진하고 무지하던 시절의 옛이야기가 아니라 현대 아이슬란드에도 생생하게 살아 있다. 여러 설문 조사에서도 아이슬란드인 상당수가 적어도 훌두포크의 존재 가능성을 인정한다는 결과가 꾸준히 나오고, 언론에서는 이런 설문 조사에 드러난 것보다 훌두포크를 굳게 믿는 사람 수가 훨씬 많다고 보도하기도 한다. 일례로 2013년에는 수도 레이캬비크시 교외에서 아울프타네스 반도까지 이어지는 도로 공사가 중단된 적도 있다. 공사 중인 도로가 엘프 서식지를 관통한다는 이유로 엘프 보호 단체가 공사 중단 소송을 걸었기 때문이다. 영국 일간지 『인디펜던트』는 이 사건을 보도하며 "훌두포크가 아이슬란드의 공사 계획에 너무 자주 관여한 탓에 도로해양부는 언론의 엘프 관련 문의에 대응하는 답변서까지 준비했을 정도다"라고 설명했다.

훌두포크의 세계는 비록 가상의 세계이지만 현대에 도로 건설도 막을 수 있을 만큼 아이슬란드 사회에 중요한 자리를 차지한다. 훌두포크 신앙이 쓸데없이 발전을 방해할 뿐이라고 고개를 가로젓는 사람도 있지만, 앞서 예를 든 도로는 그대로 두었다면 동물 서식지를 여러 군데 관통했을 것이다. 민속학자이자 작가 브린디스 비요르그빈스도티르Bryndís Björgvinsdóttir는 2020년 「조지 타운대 국제문제 저널」Georgetown Journal of International Affairs에서 오늘 날 아이슬란드에 "엘프 신앙이 표출되는 곳은 늘 인간이 자연을 훼손하는 건설 프로젝트 지역이다. 절대 침범할 수 없는 신성한 곳이라는 믿음이 있기에 자연과 환경, 자연과 더불어 살아갈 인 간의 미래 가치에 관해 사회적 소통이 일어나는 것이다"라고 설 명했다. 거울처럼 현실을 비추는 가상 세계가 있기에 현실 세계 의 환경 보호 활동에 힘이 실린다.

이처럼 한 세계에서 다른 세계로의 가치 이동은 때로 현실 세 계에서 어떤 행동을 할 명분이 된다. 다른 예를 살펴보자. 때는 기원전 585년이었고 메디아와 리디아가 오랜 전쟁 중이었다. 헤 로도토스가 『역사』에서 "메디아도 리디아에 여러 번 승리하고 리 디아도 메디아에 여러 번 승리했다"로 표현했듯, 무려 6년째인 전쟁은 소모전이 되어가고 있었다. 양쪽 군대 모두 신의 손길이 없는 한 전쟁이 영영 끝나지 않으리라고 절망했을 것이다.

바로 그때, 신의 손길이 나타났다. 양 진영이 오늘날의 튀르키 예 지역에서 전투 중일 때였다. 헤로도토스에 따르면 전투가 막 달아오르려 할 때 별안간 검은 그림자가 태양을 가렸다. 전장은 순식간에 어둠에 싸였다. 일식이었다. 그러나 전쟁 중인 군대의 눈에 낮이 갑자기 밤으로 변한 모습은 영락없는 신의 계시로, 신이 노여워한다는 신호였다. 헤로도토스는 이 장면을 메디아와 리디아 군대가 누가 먼저랄 것도 없이 일제히 "싸움을 멈추고 당장이라도 평화 조약을 맺으려 안달이었다"라고 묘사했다. 합의도 순식간에 이루어져 두 나라는 할리스강을 국경으로 정했다. 리디아 왕이 딸을 메디아 왕의 아들과 혼인시키는 데 동의하면서 평화 조약이 성사되었다. 그리고 두 나라 모두 행복하게 살았다. 적어도 35년 후 페르시아가 메디아를 정복하기 전까지는.

이런 행복한 결과를 맺기 위해 두 나라에 필요한 전제 조건을 살펴보자. 먼저 전쟁 중인 메디아와 리디아 사회 둘 다 현실 세계와 소통이 되는 다른 세계의 존재와 중요성을 인정해야 한다. 그리고 그 세계의 누군가가 지구상의 지정학적 갈등에 관심이 많다는 데도 동의해야 한다. 또 그 세계에서 결정한 내용이 현실에 실제로 영향을 줄 수 있다는 데도 공감해야 한다. 그리고 결정을 따르기 위해 현실 세계의 계획과 행동을 바꾸기로 합의해야 한다.

이런 조건을 충족하자 좋은 일이 이어졌다. 전투가 그 자리에서 멈췄다. 6년간 이어지던 전쟁도 끝났다. 수많은 생명을 살렸고 결혼이 성사되었다. 현실적으로 해석하자면 두 진영 모두 별 성과도 없이 6년 동안이나 이어진 전쟁에 몹시 지쳤고 전쟁을 끝낼 수만 있다면 무슨 핑곗거리든 잡을 태세였을 것이다. 그러나 구실이 필요했다. 만약 두 나라가 함께 다른 세계의 존재를 믿지 않았다면 일식은 종전의 명분으로서 효력이 없었을 것이다.

후대에 일식의 전투Battle of the Eclipse로 알려진 이 사건은 그저 일식을 신의 계시라고 믿어서 발생한 우연이 아니다. 현실 세계의 작용에 가상 세계의 반응이 있고 가상 세계의 반응이 다시 현실 세계의 행동에 변화를 주는 메타버스의 산물이다. 서로 끊임없이 소통하는 두 세계의 결과이다. 둘 중 어느 쪽이 더 강력한지는 장담할 수 없다.

## 올림포스의 한계

이 책의 머리말에서 나는 머지않아 현실과 구별이 어려울 정도로 현실감과 몰입감이 강한 디지털 가상 세계를 만들 수 있다고 주장했다. 가상 세계의 겉모습이나 느낌 때문이 아니라 사용자에게 주는 의미 때문이다. 미래에는 어느 때보다 개인과 사회에 더 큰 성취감과 의미, 가치를 주는 투명하고 평등한 가상 세계를 만들 수 있을 것이다.

지금까지는 인류가 만들고 가꿔온 고대 메타버스의 사회적 순기능에 초점을 맞췄지만, 가상 세계라고 무조건 선하지도 않고 세계 간 가치 이동으로 사회가 좋은 방향으로만 변하는 것도 아니다. 역사상 악하고 문제가 많은 메타버스 때문에 현실 세계에 공포와 탄압이 드리운 적도 있고 부도덕한 세력이 메타버스를 지배 도구로 악용해 권력을 잡고 사리사욕을 챙기려 한 적도 있다. 이런 악한 세계는 어김없이 규칙이나 의사 결정에 투명성이 없고 과거를 마음대로 짜 맞추거나 제례의 기능과 참여자를 엄격히 통제한다는 특성이 있다. 피에르 자네의 설명처럼 신이 인간에게 입을 다물어 버려서가 아니라 신의 음성을 듣고 해석할 수 있는 권한을 몇 명이 틀어쥐었기 때문이다.

이런 관점으로 17세기 미국 매사추세츠주 세일럼에서 벌어진 마녀사냥을 살펴보자. 오늘날 주술과 마법이 실제로 있다고 믿는 사람은 거의 없을 것이다. 대다수는 1692년부터 1693년까지 매사추세츠에서 마녀의 씨를 말리겠다고 벌어진 재판과 교수형 행렬을 집단 광기나 여성 혐오, 당시 유행한 맥각(맥각균에 감염된 호밀 종자로 독성이 강하고 환각제 원료가 되기도 한다 – 옮긴이) 중독 정도로 여길 것이다.

그러나 당시 평범한 세일럼 주민으로서는 마녀가 존재하고 동네에 돌아다닌다고 믿는 게 그리 이상한 일도 아니었다. 세일럼 사람이라면 판사, 목사 같은 엘리트층까지 누구나 그렇게 믿었다. 이런 분위기에서 마녀라는 누명을 쓰고 재판에 넘겨진 사람들은 죄가 없다 한들 누명을 벗을 길이 없었다. 도시 전체, 심지어 재판에 넘겨진 사람들의 친구와 이웃까지 마녀의 존재를 믿었기 때문에 그들이 어둠의 세계와 만나 악의 힘을 익혔다고 의심하는 판이었다. 세일럼은 2년이나 이런 오류의 세계에 빠져 있었다. 가만히 앉아 마녀가 사라지길 빌 수 없으니 잡아서 재판에 넘기고 죽이기로 한 것이다. 무엇이든 잡아 죽이기 위해서는 먼저 그것이 존재해야 한다.

세일럼이 특히 악명 높은 건 주민들이 1600년대 말 한때 마녀가 존재한답시고 집단 광기를 부려서만이 아니다. 누가 마녀인지 아닌지 결정할 권한을 세일럼의 종교와 법률 지도자 몇 명이 독점했기 때문이다. 어느 메타버스든 선택받은 자 몇 명의 중개를 거쳐야만 소통할 수 있다면 본래의 기능이 금세 퇴색할 것이다. 인쇄술 발달 전 유럽 사회에서는 종교 교리가 라틴어로 되어 있어 가톨릭 사제 외에는 해석할 수 없었다. 당시는 다른 세계의 작동과 의사 결정의 원리를 설명하는 '천국의 장부'를 읽을 **수 있는** 사람은 선택받은 소수에 불과했고, 그 몇 명이 엄청난 권력을 행사했다.

할리스 강가의 전투를 멈춘 일식 현상은 모두가 보고 해석할 수 있었지만 고대에도 평범한 사람이 접근할 수 없는 계시도 있었다. 사제 계급 말고는 누구도 올림포스 신전에 들어가지도, 그곳에 거주하는 신의 요구를 듣지도, 동물 내장 점처럼 이해하기도 참여하기도 반박하기도 어려운 각종 점을 칠 수도 없었다. 집단의 믿음이 없이는 존재할 수도 없는 세계인데도 그 안에서 무슨 일이 벌어졌는지 자신 있게 증언할 수 있는 사람은 불과 몇 명뿐이었다. 대다수는 그 증언을 무조건 따랐고, 모르는 부분은 얼렁뚱땅 넘겨짚었다.

이처럼 올림포스는 수동적인 가상 세계이므로 그 안에서 만들고 바깥 세계로 전달할 수 있는 가치도 제한적이라는 한계가 있다. 이런 세계에서는 활동의 범위도, 의미의 분배도 불평등하다. 신과 우리 사이는 두꺼운 장벽으로 가로막혀 있고, 신은 가끔 우리를 찾아올 수도 있으나 우리는 신을 찾아갈 수 없다. 올림포스는 직접 탐색할 수 있는 곳이 아니다. 여기서는 스스로 진실을 찾아 나설 수 없다. 평범한 사람은 다른 사람에게 의존해야만 올림포스와 그곳 신들이 어떤지 전해 들을 수 있다. 올림포스는 우리에게 권한이 없는 세계이며, 권한이 없는 세계는 제 기능을 할 수 없는 세계이다.

이 책의 주제인 메타버스는 현실 세계와 소통하는 여러 가상 세계가 연결된 망으로서, 고대 가상 세계처럼 인간의 근원적인 욕구를 충족하면서도 이전 세대보다 더 나아질 수 있다. 메타버스를 이루는 디지털 가상 세계는 지금도, 또 앞으로도 수많은 사람이 활동할 수 있는 삶의 터전으로서 구체적이고 중요한 역할을 할 것이다. 참여자들은 성취감을 느끼고 가상 세계는 현실 세계에 반응함으로써 한 세계에서 다른 세계로 가치가 전달될 것이다.

새로운 메타버스는 고대 메타버스와 크게 다를 것이다. 컴퓨터 코드로 만드는 세계는 과거 아날로그 가상 세계보다 훨씬 정교하고 생생하며 성능도 뛰어나고 누구에게나 열려 있다. 누구나 진입할 수 있고 규칙이나 작용 원리도 명확하게 이해할 수 있다. 높으신 사제에게 묻지 않아도 어떤 일이 왜 일어났는지 알 수 있다. 메타버스의 규칙도 이해하거나 탐색하기 쉬워서 누구든 그 안에서 저마다의 가치를 찾을 수 있다.

이처럼 정교하고 의미와 기회가 충분한 미래 메타버스는 과거 메타버스의 연장선 위에 있다. 미래 메타버스는 직접 오를 수 있는 올림포스산이 될 것이다. 올림포스에 올라 마음껏 활보하고 능력의 한계를 시험하며, 신과 만나고, 어떤 의미에서는 직접 신이 되어볼 수도 있을 것이다. 인간은 처음 집단을 형성할 때부터 이러한 가상 세계를 함께 만들고 가꿔왔다. 머지않아 역사상 처음으로 누구든 주인공 역할을 맡아 자기만의 가상 세계를 일굴 수 있을 것이다.

이런 새로운 가능성이 처음에는 어색하게 느껴질 수 있다. 현대 사회, 특히 서구 사회는 지난 백여 년 동안 신성보다는 세속에 가치를 두었고, 우리는 모두 자기가 자라고 속한 사회의 산물이다. 괴베클리 테페나 고대 이집트, 로마 제국 같은 역사가 낯설게 느껴지는 이유는 우리 사회가 신이나 괴물과의 소통과 무관하게 시간과 생산성, 자기 계발을 중심으로 돌아가기 때문이다. 이런 체제에서 눈에 보이는 생산성은 눈부시게 발전했어도 가상 세계가 발휘하는 힘이나 가치를 인정하고 활용하는 역량은 형편없이 퇴보했다.

오늘날 서구 사회에 프로 스포츠, 주식 시장 같은 유의미한 사회적 허구나 종교 외에 대표적인 반 구조를 꼽자면 디지털 게임일 것이다. 디지털 게임에서는 참여자들이 일상을 지배하는 위계를 뒤집고 가정이나 일터에 주어진 의미를 벗어난 새로운 의미를 창조할 수 있다. 오늘날의 몰입형 디지털 게임은 우리가 성취감과 가치를 경험할 미래 디지털 세계의 주춧돌이므로 우리는 먼저 디지털 게임이 과거부터 이어진 가상 세계의 연장선에서 어떤 기능을 하는지, 또 가상 세계와 놀이, 자유 시간을 싸잡아 깎아내리는 현대 사회에서 디지털 게임이 어떤 역할을 하는지 이해해야 한다. 가상 사회 등장이 왜 유익한지 이해하려면 먼저 생산성만 앞세우는 현대 사회의 정신이 디지털 게임에 왜, 그리고 어떻게 훼방을 놓는지 살펴볼 필요가 있다.

# 2장

. . .

# 일과 놀이, 여가의 의미

"일하고 싶지 않아 / 온종일 드럼만 칠 테야." 토드 룬드그렌은 1983년 노래 〈종일 드럼만〉Bang the Drum All Day의 유명한 가사 두 줄로 현대 사회에서 일과 여가, 만족감의 미묘한 관계를 포착했다. 우리는 하루 종일 원하지 않는 일을 하면서 퇴근 시간만 손꼽아 기다린다. 삶에 의미를 주는 여가 활동은 퇴근 후에야 할 수 있다. 그러나 우리 생활이 왜 이렇게 짜여 있는지, 어쩌다 생산 활동이 가장 전면에 있고 개인의 만족감은 구석에 내몰렸는지 의문을 품지는 않는다. 왜 그 반대는 될 수 없는가? 종일 드럼만 치지 **못할** 이유는 무엇인가?

1장에 언급했듯이 과거에는 인간 사회마다 거울처럼 현실을 비추는 가상 세계를 지어 그 가상 세계와 보조를 맞추며 살았고, 일상의 위계질서를 거꾸로 뒤집는 제례 의식을 통해 이런 가상 세계와 교류했다. 오늘날 우리 사회는 고도로 산업화한 시대의 영향으로 생산성을 중심으로 움직인다. 몇몇 예외를 빼고는 어느 사회든 가장 부유한 사람부터 가장 가난한 사람까지 자신의 생산성을 극대화해야 보상을 받고, 진정한 의미에서의 '자유' 시간은 귀해졌다. 그러나 과거 부유한 사람들은 여가를 누리며 여유롭게 살았고 노동자 계급은 그런 삶을 동경했다. 버트런드 러셀은 1935년 수필 「게으름에 대한 찬양」에서 "여가는 문명 발달에 꼭 필요하다"라고 하며 노동은 그 자체가 목적이 아닌 여가를 위한 수단이라고 주장했다.

시대마다 경제적 환경이 변하면서 '일과 삶의 균형'을 규정하는 조건도 변해 왔다. 서구 사회에는 과거 일의 고단함을 상쇄해 주던 **코뮤니타스**의 기회도 사라졌다. 그러나 가상 사회의 등장이 코앞인 지금이야말로 우리는 일과 삶의 균형점이 어디인지 다시 돌아볼 수 있다. 바로 지금이 일과 놀이의 성격을 재정의하고 생산성보다 만족감과 보람을 극대화할 때다.

이 장에서는 어쩌다가 우리의 시간표가 이렇게 짜였는지, 그리고 어떻게 하면 가상 세계를 이용해 시간을 더 보람 있고 재미있게, 그리고 오히려 더 생산적으로 보낼 수 있을지 짚어보겠다. 최근 심리학 연구 성과를 들어 인간에게 가장 좋은 동기 부여 장치가 무엇인지 설명하고, 또 게임과 가상 세계가 누구도 감히 따를 수 없을 정도로 동기 부여를 잘하는 이유를 소개하겠다.

게임이 해롭다고 주장하는 사람이 많고, 실제로 해로운 게임도 **있다**. 그러나 좋은 가상 세계는 뇌를 훈련하는 체육관으로서 인간이 만족감을 느끼도록 만들어진 특별한 환경이다. 잘 만든 가상 세계에서 보내는 시간은 낭비가 아니라 오히려 자기 계발이다.

우리 몸에 영양소가 필요하듯 정신도 영양을 섭취해야 한다. 정신에 영양을 공급하기 위해서는 어려운 도전에 맞서고 용기를 얻고 문제를 해결하고 새로운 기술을 배워야 한다. 그런데 대다수 직업은 열량만 높고 영양가는 없다. 따라서 뇌에 공급할 필수 영양소를 여가에서, 특히 과정이 곧 보상인 디지털 게임과 가상 세계에서 얻는 사람이 많다.

이 장이 현대 사회에서 어떻게 해야 시간을 '건강'하게 보내는지 다시 생각하는 계기가 되었으면 한다. 우선은 우리가 왜 이렇게 쉬지 않고 일만 하는지, 지난 200년간 노동과 여가가 어떤 식으로 진화해 왔는지부터 살펴보겠다.

# 유한계급의 몰락

산업 혁명 태동기부터 미국의 도금 시대 Gilded Age(미국에서 남북 전
쟁 후 경제가 급격히 성장하며 기업가와 정치인이 부정부패와 노동자 착취
를 일삼은 시대 – 옮긴이)까지는 수많은 노동자가 위험한 환경에서
형편없는 임금을 받고 장시간 단순 노동에 시달리며 일군 생산
성 폭발의 시대로써, 게으름의 과시는 이 시대 최고 부유층의 상
징이었다. 서구 문학에서는 제인 오스틴의 에마 우드하우스 Emma
Woodhouse 나 나이틀리 씨 Mr. Knightley 처럼 돈 걱정이라고는 전혀 없
이 매일 이어지는 무도회와 화려한 저녁 식사, 결혼 전략에 돈을
펑펑 쓰는 젠트리 계층의 우스꽝스러움을 풍자하는 내용이 시대
를 풍미했다. 20세기에 들어서며 미국 기업가들은 상류층 휴양지
의 화려한 저택에서 가족과 식객까지 모두 이끌고 여유롭게 승마
와 요트, 음악을 즐기고 춤 실력을 갈고닦으며 대낮부터 마음껏
마셨다.

　같은 시대 블루칼라 계층의 여가는 전혀 달랐다. 우선은 여가
라고 할 만한 시간이 상류층보다 훨씬 적었고, 얼마 없는 여가도
생산이나 종교 활동에 써야 했다. 특히 일요일은 부자든 가난뱅
이든 어김없이 기독교 전통에 따라 예배와 묵상, 휴식으로 시간
을 보내야 했다. 차츰 언론과 말만 번지르르한 이론가들이 여유
시간에 수집이나 모형 만들기 같은 취미 생활을 하라고 부추기기

시작했다. 빈둥대며 술이나 퍼마시느니 과정을 즐길 수 있는 자발적인 노동이 낫지 않겠는가? (여러분은 주말이 왜 하루가 아닌 이틀인지 생각해 본 적 있는가? 물론 고용주가 근로자에게 휴식 시간을 이틀씩 보장하는 제도는 대체로 노동 운동의 성과이다. 그러나 하루뿐인 휴일에 음주하고 숙취로 다음 날 결근하는 사태를 막기 위해 고용주들이 주말을 이틀 주기 시작했다는 어느 역사학자의 주장도 흥미롭다. 토요일에 술을 마실 수 있다면 설령 숙취가 있어도 일요일에 푹 자고 월요일 눈뜨자마자 일을 시작할 수 있다!)

이 시기 미국의 금주 운동과 주류 판매 반대 연맹Anti-Saloon League이 있었지만, 주목적은 블루칼라 노동자의 타락을 막는 것이었고 최고 부유층은 샴페인에 취해 알딸딸한 시간을 보내도 아무도 뭐라 하지 않았다. 빈곤층은 죽도록 일만 하다가 중노동의 대가로 가끔 휴일에 숨통 한번 트는 정도였다. 그러니 이 시대 노동자들의 꿈은 아무짝에도 쓸모없는 일에 시간을 보내도 될 만큼 부자가 되는 것이었다.

그러나 세상이 달라졌다. 『엘리트 세습』의 저자 예일대학교 법학 교수 다니엘 마코비츠에 따르면 오늘날의 부유층은 강박적으로 극한의 생산성과 효율을 추구한다. 자신이 부유한 건 집안이나 배경이 아닌 노력 덕택이라고 생각해야 마음이 편하기 때문이다. 기업 최고 경영자들은 아침부터 자정까지 회의에 참석하고 때로 여러 개 기업을 동시에 경영하며 수면 부족이 일상이 되었다. 테슬라 최고 경영자 일론 머스크는 충격적이게도 주당 120시간씩 일한다고 밝혀 고작 100시간씩을 노력이랍시고 쏟아붓는 수많은 사람을 무안하게 했다. (나 역시 스타트업 CEO로서 퇴근이 늦을 수밖에 없지만, 머스크가 대체 120시간을 어떻게 계산했는지 이해하긴 어렵다. 그러려면 여가는커녕 볼일도 책상머리에서 해결해야 하기 때문이다.) 중국에서는 최고인민법원(대법원)이 2021년 10월 불법 판결을 내리기 전까지 기업 근로자라면 으레 '996' 문화에 따라야, 즉 아침 9시부터 저녁 9시까지 주 6일 일해야 했다. 금융가나 투자자들은 시장에서 한 푼의 수익을 위해 복잡한 알고리즘을 설계하고 미세 조정하는 데 시간을 쏟아붓는다. 변호사나 경영 컨설턴트 등 전문직 종사자들은 업무 시간이 쌓일수록 지위가 높아진다. 능력주의 사회에서는 이제 일요일이 신성한 날도, 의무적으로 쉬는 날도 아니다.

전문직의 극성스러움은 나머지 직종에도 조금씩 흘러든다. 수많은 사업가나 전문직 종사자가 시도 때도 없이 일하니 다른 서비스업도 고객이 찾을 때를 대비해 문 닫을 새 없이 영업해야 한다. 과거의 부유층이 일하지 않는 데서 기쁨을 찾았다면 오늘날의 부유층에게 삶이란 생산성을 쉼 없이 끌어올리고 확대해 가는 여정이다.

그렇다면 블루칼라 직종은 어떤가? 노동법 개정과 사회 개혁, 기술 발전으로 일터는 더 안전해졌을지 모르지만, 한편으로는 여러 정치, 경제, 인구통계학적 변화로 수십 년 전보다 고용의 안정성과 벌이, 보람까지 뚝 떨어졌다. 그런가 하면 화이트칼라 직종 역시 마티니 석 잔의 여유로운 점심시간이나 두둑한 법인 카드는 아득한 옛이야기가 되었다. 자동화와 디지털화, 외주화, 주주 가치 극대화를 우선시하는 기업 분위기와 만연한 임금 정체, 산업 경제에서 데이터 경제로의 꾸준한 변화로 블루칼라·화이트칼라 중산층의 노동과 여가가 완전히 달라졌다.

중산층 노동자의 근로 시간이 꾸준히 줄기는 했다. 2017년 OECD 조사에 따르면 1970년에서 2017년까지 7개 선진국의 평균 근로 시간은 감소(단, 일부 국가에서는 이 시간이 최근 다시 증가)했다. 그런데 개인의 근무 만족도와 보람 면에서 근로 시간의 질 역시 눈에 띄게 떨어졌다. 인류학자 데이비드 그레이버는 자동화가 늘어나면서 '속으로는 세상에 존재할 필요 없다고 생각하면서 어쩔 수 없이 하는 일'에 묶여 '엉터리 일자리'bullshit jobs만 쌓여 가고 있다고 지적했다. 이렇게 경영자와 근로자 모두 끝없는 노역에 시달리면서 조직도의 꼭대기에서는 여가가 줄고 아래쪽에서는 업무 시간의 질이 떨어지는 연쇄 반응은 수백 년 전 서구의 산업화 사회가 생산성만을 추구하게 되었을 때 이미 예견된 미래였다.

시간이 늘 이렇게 흘렀던 건 아니다. 특히 농경 사회의 시간 개념은 달랐다. 가을걷이가 끝난 들판에 수천 시간씩 노동을 퍼부어 봐야 작물이 더 빨리 자라지 않는다. 그러니 고대 이집트에서 피라미드 등 초대형 공사를 이런 여유 시간, 농사철과 나일강 범람 리듬에 맞춰 진행한 것도 우연이 아니다. 현실 세계가 '비시즌'이니 가상 세계와 소통할 시간도 넉넉할 수밖에.

그러나 산업화 시대에 들어서면서 시간과 노동, 자본의 관계가 달라졌다. 공장은 잠시도 멈출 필요 없었고, 이전에는 상상하지 못할 만큼 빠르게 많이 생산할 수 있었다. 하루에 8시간만 가동하는 기계보다 12시간씩 가동하는 기계가 물건을 더 많이 만들고, 24시간 내내 돌아가는 기계가 가장 많은 물건을 만들기 마련이다. 산업화로 근로 시간 일 분 일 초가 중요해졌고, 일하는 시간이 늘어날수록 만들 수 있는 물건의 개수도 늘어나고 기업의 수익도 늘어나니 개인의 임금도 노력과 생산량에 따라 달라졌다. 웬만한 공장에서는 근로자들이 8시간씩 3교대로 일하며 기계를 쉼 없이 돌린다. 노동은 이제 농사 주기가 아닌 시곗바늘에 따라 움직였고, 사회 구조도 이런 새로운 생산성의 원칙에 맞춰 변화했다.

이런 변화가 해롭지만은 않았다. 산업 생산성이 늘자 사회도 더욱 발전했고, 기대 수명도 늘어났으며, 생활 수준도 고루 높아졌다. 평범한 사람도 좋은 물건을 쓸 수 있었고 산업화 이전보다 일자리도 훨씬 늘어났다. 다만 그 대가로 농경사회의 농민이나 기술자로서 누렸던, 근로 시간을 스스로 정할 수 있는 자율성을 포기해야 했다. 사회가 산업화하면서 구성원들은 생활이 윤택해지는 대신 거대한 기계의 부품이 되라는 무언의 압력을 받았다.

난데없이 거래 조건이 바뀌기 전까지는 썩 나쁘지 않은 거래였다. 산업화의 핵심은 (적어도 이상주의 이론가들에 따르면) 자동화가 늘어날수록 개인의 노동 부담은 줄어들고 보통 사람도 부와 여가를 얻는 비례 관계였다. 버트런드 러셀은 "4시간 이상 일하지 않아도 되는 세상에서는 과학적 호기심이 있는 사람이라면 누구라도 연구를 할 수 있고, 화가라면 실력이 있든 없든 굶주리지 않고도 그림을 그릴 수 있을 것이다"라고 하며 사회가 산업화 기술을 발판으로 근로 시간을 줄이고 모든 사람을 유한계급으로 만들어야 한다고 주장했다. 그러나 현실은 전혀 달랐다. 산업화의 거대한 기계가 효율을 높여 품질 좋은 물건을 더 많이, 빨리 만들고 무엇보다 다른 나라가 서구를 따라잡아 세계 시장에서 경쟁하기 시작하자, 생산성은 근로자 삶의 질과 상관없이 홀로 질주하기 시작했다.

경제 정책 연구소Economic Policy Institute의 2015년 연구에 따르면 1948년부터 1973년까지 미국의 노동 생산성과 시간당 임금은 같은 비율로 꾸준히 증가했다. 그러나 1973년부터 2015년까지는 생산성만 급증하고 시간당 임금은 제자리였다. 개인은 버려두고 사회만 번영했다는 뜻이다.

선진국에서 이제 생산성은 그 자체가 목적이 되어 먹이사슬의 피라미드 가장 꼭대기에 있는 소수의 부호에게 유리하고 거대한 기계의 부품인 나머지 대다수에게는 개인이 존엄하게 잘 사는 데 별반 도움이 되지 않는다. 생산성을 불변의 절대 선으로 여기는 인식을 피할 길이 없다. 학교에 처음 입학하는 순간부터 우리는 생산성을 높이고 효율을 끌어올리고 돈이 되는 결과물을 만들어 집단의 발전에 이바지하라는 사회적 압력에 시달린다. 우리가 몸 담은 사회는 끊임없이 생산성을 높여야 지탱할 수 있으니 우리는 오늘보다 더 생산적이리라는 희망에 내일을 저당 잡힌다. 고령화 사회를 떠받쳐줄 연금도 미래 생산성이 지금과 똑같은 속도로 증가해야만 유지될 수 있다. 생산성을 끌어올리고 앞으로도 더욱 높일 방법을 찾는 일이 지상 과제가 되었다.

대기업들은 일과 삶의 균형을 중요시한다고 앞다투어 홍보하지만, 정작 기업 근로자는 **일을 곧 삶으로** 취급하라는 은근한, 혹은 노골적인 압력에 시달린다. 100년 전만 해도 기업 경영진은 직원들에게 퇴근 후에는 취미를 즐기라고 독려했다. 물론 요즘도 CEO가 아랫사람에게 잠시 책상을 떠나 탁구를 하거나 요가 수업을 들으라고 독려하지만, 지금은 이 모든 활동이 업무 생태계 안에 있다. 탁구대도 회사 휴게실에 있고 요가 강사도 같은 회사 직원이다. 여가는 근로자를 회사에 더 오래 머물게 하고 더 열심히 일하게 하기 위한 미끼가 되었다. 직원들에게 휴일에 모형 비행기를 날리라고 말하는 CEO도 우스꽝스럽지만, IT 기업 직원들에게는 휴일의 **존재 자체가** 낯설어졌다.

생산성을 앞세우는 분위기 탓에 우리는 사회적 의례나 여가, 놀이의 세계를 회의적으로 보게 되었다. 어떤 때는 사회가 구성원에게 손에 잡히는 결과물이 나오지 않는 취미 활동, 순수하게 재미있고 기뻐서 하는 활동은 하지 말라고 강요하는 듯하다. 그러나 사회가 아무리 여가를 용납하지 않아도 의식이나 놀이가 주는 해방감에 대한 욕구는 분명 존재한다. 대중문화 팬덤과 온라인 대화의 밈meme화 현상에서도 이 욕구가 드러난다. 스타를 주인공으로 삼은 이야기인 팬픽이나 스타를 소재로 예술 작품을 만드는 팬아트, 온라인에서 무거운 메시지도 논리적인 주장이 아닌 고양이 사진과 함께 재치있는 말 한마디로 가볍게 나타내는 모습이 대표적이다. 식을 줄 모르는 게임의 인기를 보면 놀이를 향한 열정을 분명하게 확인할 수 있다. 게임은 산업으로서도 취미로서도 일에 빠져 지내는 요즘의 월화수목금금금 시대정신을 가장 크게 거스르는 일탈이다.

게임은 2020년 기준 전 세계 매출이 1800억 달러에 육박하는 거대 산업이다. 경제 전문 사이트 마켓워치MarketWatch에 따르면 전 세계 영화 산업과 북미 프로 스포츠 매출을 모두 합한 것보다 게임 산업의 규모가 더 크다. 영화 산업과 스포츠 산업은 매출 외에도 게임 산업과 여러 면에서 차이가 있다. 예를 들어 영화 보기는 비교적 수동적이고 제한된 활동이다. 저녁 식사를 마친 뒤 잠자리에 들기 전까지 영화 한 편을 다 볼 수도 있다. 보는 동안 한 눈을 팔아도 상관없다. 관객이 보고 있지 않아도 이야기는 전개 되기 때문이다. 영화는 고작해야 보기만 할 수 있을 뿐이고, 한 번 보면 그걸로 끝이다. 같은 영화를 다시 보아도 (아마 안보겠지 만) 지난번 보았던 영화와 똑같다.

그러나 게임은 다르다. 우수한 게임들은 사용자가 몇 주, 몇 달, 심지어 몇 년까지도 지적으로 몰입할 수 있는 광범위하고 역 동적인 환경이다. 열혈 게이머는 업무보다 많은 시간을 게임에 쏟을 수도 있다. 게이머들은 퇴근하고 집에 돌아와 게임 속으로 다시 출근하기도 한다. 수동적으로 콘텐츠를 받아들이지 않고 사 고력과 운동 신경을 이용해 능동적으로 화면 위 세계에 몰입한 다. "나는 손주 다섯을 둔 50세 할머니이며, 수상 이력도 있는 멀 쩡한 지역 신문사 언론인이다." 알리사 슈넉Alyssa Schnugg이라는 게 이머가 2018년 『PC게이머』PC Gamer 지에 기재한 글이다. 슈넉은 「울티마 온라인」Ultima Online의 길드 마스터로 재직할 당시의 엄청 난 업무량을 다음과 같이 설명했다. "매일 밤 컴퓨터 앞에 앉아 「울티마 온라인」 클래식을 열며 두 번째 직장으로 출근한다."

게이머들이 얼마나 다양한 게임에 빠져드는지 보면 게임에서 단순한 단기 도파민 자극만이 아닌 무언가를 더 얻는 듯하다. 이 렇게 사용자가 오랜 기간 적극적으로 참여해야 하는 게임 중 내 가 가장 좋아하는 것은 「아메리칸 트럭 시뮬레이터」American Truck

Simulator 같은 트럭 운전 시뮬레이션으로, 초대형 트럭 운전대를 잡았을 때의 상황을 구현한 게임이다. 그래픽과 운전 역학을 구현하는 기술은 첨단이지만 게임 방식은 복잡하지 않다. 게임 속 트럭에 앉아 고속 도로를 달려 화물을 실어 나르면 된다. 시뮬레이터의 주행 시간은 실제 현실의 주행 시간과 똑같다.

신기하게도 이 시뮬레이션 게임은 실제 트럭 운송업 종사자에게 인기가 좋다. 믿기지 않는가? 일주일 내내 양배추를 싣고 국토를 횡단한 트럭 운전사가 집에 돌아와 시뮬레이션 게임을 열고 가상 세계에서도 양배추를 싣고 국토를 횡단하는 것이다. 어찌보면 우리가 근면과 성실에 길들다 못해 여가 시간에조차 생산 활동을 흉내 내며 쉬는 현실이 우울할 수 있다. 그러나 달리 보면 트럭 운전사들은 이런 시뮬레이션 게임을 통해 처음 트럭을 좋아하던 마음으로 돌아갈 수 있다. 한 은퇴한 트럭 운전사는 2019년 『더페이스』The Face 지와의 인터뷰에서 「유로 트럭 시뮬레이터 2」 Euro Truck Simulator 2를 얼마나 좋아하는지 설명했다. "내 마음대로 결정하는 거죠. 트럭과 화물의 종류, 목적지를 원하는 대로 정할 수 있어요. 여정을 쉽게 하든 어렵게 하든 내 맘이지요." 다른 트럭 운전사는 「아메리칸 트럭 시뮬레이터」를 즐기는 이유가 현실에서 한 번도 운반해보지 못할 특이한 화물을 여러 가지 트럭으로 운반해볼 수 있기 때문이라고 설명했다. 일이 놀이고, 놀이가 곧 일이다.

하지만 역사상 최고로 오래, 열심히 일하고 자기 계발이나 생산성 발전과 무관한 일은 은근히 금지된 세상에서 이런 노동 집약적 게임이 왜 이토록 인기 있을까? 사람들은 왜 이토록 어려운 '직업'을 무보수로 수행하는 걸까? 심지어 게이머들은 돈을 내고 게임을 하면서도 전통적인 경제 잣대에 맞는 가치는 전혀 생산하지 못한다. 다중 접속 역할 수행 게임MMORPG에서 시간을 보낼수록 업무 생산성을 늘리거나 운동처럼 생산적인 여가 활동을 할 시간은 줄어든다. 어찌 된 일인가?

가장 쉽고 그럴싸한 답은 게임의 중독성이 강하고 100년 전 미국 주류 판매 반대 연맹이 없애려 한 술집만큼이나 노동 계급의 건강에 치명적인 죄악이어서 그토록 인기 있다는 전문가들의 설명이다. 영국 보리스 존슨 전 총리는 2006년 총리직에 오르기 전 「텔레그라프」에 '게임이 뇌를 썩게 하는 건 안 봐도 비디오'라는 제목으로 칼럼을 기고해 게임을 향해 맹비난을 퍼부었다. 존슨은 이 글에서 게이머가 컨트롤러를 손에 들고 화면을 응시할 때 "마치 눈만 깜빡이는 도마뱀 같다. 미동도 없고 움찔대는 손만 아니면 의식이 있는지도 알 수 없다. 이런 기계에는 배울 점이 하나도 없으며, 논리적 추론도, 새로운 발견도, 기억력 증진도 없다"라고 주장했다. 또 중국 기업 넷이즈Netease가 출시한 「사이버 헌터」Cyber Hunter가 사용자들이 하루 8시간씩 게임에 쏟아부을 정도로 중국 내에서 인기가 높아지자, 중국 정부는 '게임은 영혼의 아편'

이라고 비판하며 미성년자의 게임 중독을 막겠다고 게임 시간을 엄격히 제한했다.

그러나 비디오 게임이 정말 논리적 추론의 블랙홀이고 중독과 무기력을 불러온다면 어째서 웬만한 업무나 어려운 취미 활동만큼 집중도와 복잡도가 높아 보이는가? 게임은 아편 흡연이나 음주 같은 중독성 행위와 다르다. 술집에 앉아 술을 마시는 행위는 그리 복잡하거나 어렵지 않다. 필요한 건 술값을 낼 돈과 몇 시간씩 앉아 있을 수 있는 튼튼한 엉덩이 정도다. 술집에서 퀴즈 행사를 개최한다면 모를까 밖에서 술을 마시는데 머리를 쓸 일은 없다. 반면 인기 비디오 게임에는 수억 달러의 상금이 걸린 세계 챔피언십이 있다. 금요일 저녁 보드카를 줄줄이 '원샷'하는(무기력은 아니지만 분명 중독을 일으키는 행위다) 것보다 훨씬 어렵고 의미 있는 활동일 수밖에 없다.

요즘 게임은 인지적으로 복잡한 행위이다. 최고의 인기를 누리는 게임들은 다른 인기 취미와 다르게 장시간 고도의 집중을 필요로 하고, 다른 해로운 중독과 달리 지적 몰입이 필요하다. 수동적인 여가 활동을 즐기는 사람은 긴장을 풀지만, 게이머는 긴장을 즐긴다.

이처럼 게임 속 가상 환경에 참여하는 데 필요한 두뇌 활동의 양과 범위를 볼 때 비디오 게임은 그저 현실 도피 수단이 아니다. 생산성만 좇는 현실 세계에서 찾을 수 없는 정신적 만족을 주는 대안이다. 이런 가상 세계가 우리 시간을 너무 많이 잡아먹는다고 두려워하거나 배척하기보다는 가상 세계를 적극적으로 배우고 그 내용을 현실 세계에 어떻게 적용할지 궁리해야 한다.

비디오 게임이 점점 복잡해지는 이유를 이해하고 가상 세계를 현실 세계와 어떻게 결합할지 구상하기 위해서는 생산성만 맹목적으로 좇는 기존 사회 모형에 얽매이지 말고 인간을 움직이는 동기를 과학적으로 이해해야 한다. 이제는 생산성에서 관점을 바꿔 사회와 개인의 만족감에 초점을 맞춰야 한다. 그 전에 **만족감**이란 무엇인지, 왜 생산성이 높아야 만족감이 커지는 것이 아니라 만족감이 높아지면 생산성이 높아지는지 알아보자.

## 의미와 만족감

물리학자 스티븐 호킹은 ABC 방송 뉴스 프로그램 「월드 뉴스 투나잇」World News Tonight에 출연해 "일에서 삶의 의미를 찾아라. 일 없이는 삶이 공허하다"라고 이야기했다. 현대 사회의 관점에서 호킹의 말은 시사하는 바가 크다. 직업은 생계를 위한 경제 수단이기도(이 역시 의미 있는 목적이다) 하지만, 사회 발전에 이바지한다는 만족감을 느끼기는 통로이기도 하다. 비록 사회의 일부분이지만 내가 있어야 사회가 제대로 돌아간다는 뿌듯함이다. 현대 사회가 생산성을 중심으로 움직이기 때문에 구성원인 우리도 생산성이 높아지면 부수적으로 만족감을 느낄 수 있다고 교육받아 왔다.

그러나 최근 몇십 년 동안 서구 사회에서는 생산성을 극한으로 추구한 나머지 의미를 찾을 수 있는 일자리가 줄어들었다. 기업들은 생산 과정을 자동화하거나 인건비가 저렴한 해외로 옮기면 적은 비용으로 제품과 서비스를 많이 생산할 수 있다는 사실을 깨달았다. 이러한 산업의 변화로 높아진 실업률과 늘어난 불완전 고용이 개인의 소득 위기로 이어졌다. 이런 소득 위기는 의미와 사명감의 위기기도 하다.

수십 년 전만 해도 블루칼라든 화이트칼라든 수습부터 정년 퇴임까지 한 회사에서 일하는 사람이 대부분이었지만 기업이 현대 경영 이론으로 무장하면서 이런 평생직장 개념이 없어졌다. 그 결과 대부분 사람이 직장에서 긴 시간 근무하고 퇴근 후 부업과 긱 워크gig work까지 전전함에도 불구하고 이전 세대에게는 당연했던 고정 수입과 고용 안정은 오히려 멀어졌다. 2021년 『가디언』지는 잉글랜드와 웨일즈에만 약 4400만 명이 긱 워커로 일한다고 보도했다. 2016년보다 2배 이상 늘어난 숫자다. 이런 동향은 미국에서도 똑같이 나타난다. 중소기업 뉴스 매체 『스몰 비즈니스 트렌드』Small Business Trends에 따르면 2020년에만 미국 긱 경제 규모가 33퍼센트 성장했다. 미국 전체 경제 성장 속도보다 8.25

배 빠르다. 이미 사라져버린 과거의 직업을 하릴없이 찾아 헤매며 일을 전혀 구하지 못하는 경우도 많다. 힘들게 법석을 떨어도 만족감은 찾기 어렵다.

일에서 조금이라도 삶의 의미를 찾는다면 실직했을 때 그만큼의 삶의 의미를 잃어버린다고 볼 수 있다. 데이비드 그레이버가 『불쉿 잡』에서 설명했듯이 삶의 의미를 잃어버리는 경험은 절망적이다. 이 세상에 내가 설 자리가 과연 있는지, 계속 살아갈 필요가 있는지 자문할 만큼 충격이 클 것이다. 특히 현대 사회처럼 종교나 의례 등 가상 세계와의 소통을 중요하지 않게 여기는 사회에 속해 있으면 일에서 의미를 찾지 못할 때 삶의 의미도 찾기 어려워질 수도 있다.

미국과 여러 국가에서는 농업 생산자가 빚이 늘어나고 소득이 줄어듦에 따라 농장 경영의 어려움을 견디지 못해 자살하는 비극이 이어진다. 이처럼 생산을 최우선시하는 사회에서는 일의 의미를 잃어버리는 것은 사형 선고와 같다. "내 농장이 어려움을 겪거나 땅을 팔아야만 한다면 단순히 나와 가족을 실망하게 하는 정도가 아니라 내가 가문의 전통까지 무너뜨리는 것입니다." 미국 오하이오 농업 당국 대변인이 『유에스에이 투데이』와의 2020년 인터뷰에서 한 말이다. "'증조할아버지가 세우신 이 농장을 내 손으로 닫아야 한다고?' 어휴, 정말 받아들이기 어렵죠. 그러나 많은 농업인이 겪고 있는 일이에요."

이러한 사례는 소득의 문제만이 아니라 **삶의 목적** 문제이기도 하다. 늘어만 가는 생산성 압박과 고공 행진을 이어 가는 기업 효율 사이에 인간 노동이 끼어 있기 때문이다. 생산성은 꾸준히 증가할 수밖에 없다. 일터에서 사용하는 장비와 소프트웨어가 끊임없이 발전하기 때문이다. 그러나 생산 과정에서 기계 노동력의 비중이 커질수록 인간 노동력은 점점 변방으로 밀릴 수밖에 없다. 생산성이 최우선인 사회에서 인간이 존재 의미를 잃어버리면 지금의 심리적 위기는 더 커질 뿐이다.

생산성이 증가할수록 인간 존재의 의미는 줄어든다는 사회적 딜레마를 해결하려면 삶의 목적과 일, 고용의 개념을 분리해야 한다. 또 사회가 계속 제 기능을 하려면 사회 구성원의 고용 보장만큼이나 만족감 보장도 중요하다는 것을 인식해야 한다. 사회는 구성원에게 고용과 만족감 두 가지를 모두 제공할 수 있어야 한다. 수백 년 동안 서구 사회는 고용에만 초점을 맞췄고, 때로는 고용을 위해 만족감을 희생하기도 했다. 이렇게 무너진 균형을 맞추는데 디지털 게임과 가상 세계가 이바지할 수 있다.

고용과 직업이 삶의 목적을 찾게 돕기는 하지만 **삶의 목적**과 **고용**이 같은 의미는 아니다. 우리 삶에 의미를 주는 건 유급 일자리만이 아니다. 1장에서 살펴본 고대 메타버스에서도 알 수 있듯이 우리 일상에서도 삶의 의미를 찾을 수 있다. 사회적 기능이 없고 임금을 받는 일이 아니더라도 집 정원에서 땀 흘려 일하며 삶의 목적과 의미를 충분히 느낄 수도 있다. 공예나 셀프 인테리어, 우표 수집, 취미나 따로 하는 프로젝트에 본업만큼 시간과 노력을 할애하고 본업에 투자한 것보다 큰 기쁨과 보람을 느낄 수도 있다.

우리가 잘 알듯이 안정적이고 생산적인 직업이라고 해서 반드시 만족스러운 것은 아니다. 지적인 자극이나 도전 없이 반복 작업으로 가득한 지루한 일도 많다. 기업은 직원 만족도를 우선시하지 않고 생산성이 높으면 만족감은 절로 따라온다고 생각한다. 내 주장은 다르다. 생산성이 높을 때 만족감이 높아지는 것이 아니라 일에서 만족을 느낄 때 근로자의 생산성이 높아진다.

임금을 받는 고용직이든 개인적인 프로젝트든 긴 시간 공들여야 하는 일에서 만족감을 느낀다면 더 열심히 더 영리하게 일하게 된다. 새로운 도전과 과제를 찾아 나서고 절로 동기 부여가 된다. 우리가 적정한 수준으로 어려움을 느낄 때 일이 곧 보상일 수 있다.

적정한 수준의 어려움이 노동을 보상으로 만드는 현상은 최근 게임에서 확인할 수 있다. 몰입형 디지털 게임이야말로 노동의 가장 이상적인 모습이다. 적당히 어려운 과제가 있어 게이머가 오랜 기간 몰입하는 환경이기 때문이다. 게임 세상에서 사람들은 실력과 점수, 아이템과 지위를 쌓으며 몇 시간이고 생산적으로 보낸다. 이런 게임은 처음부터 만족감을 주도록 설계했기 때문이다.

우리가 일하면서 몹시 지쳤던 순간을 잠시 돌아본다면, 주로 상사와 동료에게 목소리를 내기 어려웠거나 존재 가치를 인정받지 못했을 때, 혹은 업무에 단순한 반복 작업이 늘어나 흥미를 유지하기 어려웠을 때일 것이다. 이렇게 권한이 없는 맥이 풀리는 상황에서는 아마 최소한만 일하기로 마음먹을 것이다. 심리학자 에드워드 L. 데시는 1975년 『내적 동기』Intrinsic Motivation에서 고용주가 직원에게 자율성을 주지 않고 일거수일투족을 관리할 때 직원은 조용히 생산성을 떨어뜨리는 방법으로 보복할 수 있다고 설명했다. "게다가 직원들은 기업 시스템을 속일 방법을 궁리함으로써 업무에서 발휘할 기회가 없었던 창의력을 해소하려 한다 (…) 창의력은 은근하게 업무를 그르치거나 일에 최소한의 노력만 들이면서 조직에서는 최대한의 혜택을 뽑으려고 하는 행위로 나타난다."

형편없는 일은 형편없는 게임과 비슷하다. 사용자가 만족하지 못하는 게임에서도 직장에서 만족스럽지 않았을 때와 비슷한 현상이 일어날 수 있다. 괜찮은 직업과 게임은 먼저 만족감을 주려 노력하고 생산성은 자연스레 따르리라 기대한다. 변변찮은 직업과 게임은 만족감이 절로 따르리라 기대하며 생산성 목표부터 정해준다. 오늘날 서구 사회의 사람들이 일에서 의미를 찾지 못하는 난관을 맞은 이유는 사회가 선先 생산성 후後 만족감 모델에 몰두하고 반대 경우는 고집스럽게 외면했기 때문이다.

## 관리와 동기 부여

오랫동안 대기업은 철저히 세분화한 직무와 엄격하게 수치화한 생산성 지표를 중심으로 조직을 운영해왔고, 직원의 만족감을 높여주려는 노력은 상대적으로 소홀했다. 기업은 직원이 생산한 결과물에 상이나 벌을 부과해야 동기 부여에 가장 효과적이라고 믿었고, 우수한 성과에는 성과급과 승진이, 부진한 성과에는 직위 해제나 해고가 따랐다. 가장 생산성이 높은 직원은 조직의 인정을 받고 가장 생산성이 낮은 직원은 조직에서 소외됐다.

이런 일터의 동기 부여 구조는 행동 심리학 또는 행동주의라는 학문 분야의 영향을 받았다. 행동 심리학자들은 인간이 상과 벌이라는 외적 보상에 반응하므로 사람들을 의도대로 움직이려면 행동에 보상이나 처벌로 훈련해야 가장 효과적이라고 주장했다. 일을 마치면 떡 하나 주지만 못 마치면 국물도 없다. 계약을 따내면 승진이 따르고 계약을 날리면 해고가 따른다. 부동산 영업 직원 4명의 처절한 생존 전쟁을 그린 드라마 「글렌게리 글렌로스」의 직장 상사를 심리학 분야에 빗댄다면 행동 심리학자일 것이다.

행동주의자들은 우리 내적 욕구가 무엇인지 알 수도 없고 중요하지도 않으며, 인간이 자율적 의사 결정을 할 수도 없다고 주장했다. (가장 극단적인 행동주의자 B.F. 스키너는 한 발 더 나가 "자유 의지는 한낱 환상일 뿐"이라고 주장할 정도였다.) 그들은 인간이 파블로프의 개와 별반 다르지 않고 인간 행동은 외부 자극에 대한 반응을 반복 학습한 결과라고 생각했다. 인간은 자기가 속한 환경의 산물이니 환경을 철저하게 통제하면 인간도 원하는 대로 조종할 수 있다는 주장이다.

이런 철학은 인간이 만든 가상 세계가 개인의 삶을 더 풍성하게 만들고 사회에 도움이 된다는 생각과 어울리지 않는다. 행동주의는 인간이 오랜 세월 가상 세계에서 경험한 반 구조의 필요성을 부정했다. 행동주의 이론이 점차 힘을 얻으면서 과거의 가상 세계는 산업화로 지어진 자극과 반응 중심 사회에 필요 없어 보였다.

물론 극단적인 행동주의도 지금은 유행이 지났다. (B.F. 스키너의 이론은 1959년 노엄 촘스키가 영아의 언어 습득에 행동주의가 성립하지 않는다고 주장하면서 사실상 힘을 잃었다.) 그러나 한창때 스키너 계열의 행동주의는 사회 곳곳에 영향을 미쳤고, 무엇보다 산업화 시대를 지배한 생산성의 신조와 딱 맞아떨어졌다.

행동주의가 득세하기 전에도 기업에서는 테일러의 '과학적 관리법' 원리를 중심으로 효율을 극대화하고 있었다. '효율적'인 기업의 고도로 조직화 되고 통제된 환경 안에서 근로자는 개인의 자유 의지를 접은 채 정해진 일을 정해진 기준에 맞게 완수하도록 훈련받았다. 기업은 총 생산성을 극대화하기 위해 개개인의 복잡성을 억지로 단순화했다. 경영관리 이론이 발달하고 기업의 규모가 커지면서 경제적 가치도 늘어나자, 기업들은 직원에게 동기를 부여할 수단으로 행동주의 원리를 택했다.

20세기에 가장 잘 팔린 경영학 저서를 보면 당시 가장 주목받던 동기 부여 전략을 한눈에 파악할 수 있다. 가장 인기 있던 경영서 중에는 경영자에게 근로자의 내적 욕구를 고려하라고 조언한 것도 있지만, 대다수는 권력과 권위를 내세우고 체계와 측정, 성과의 수치화에 초점을 맞추었다. 이런 경영학 원리에 따르면 직원에게 무엇을 어떻게 해야 할지 정확히 지시함으로써 동기를 부여하는 상사가 성공한 관리자다. 이런 동기 부여 원리는 직원 개개인의 생산량을 최대치로 뽑아내도록 설계되어 있었다. 그러나 이런 이론은 직원 개개인이 마음 깊이 복잡성과 업무 만족감을 바란다는 사실, 또 이러한 직원의 욕구를 충족했을 때 기업도 상당한 이득을 얻을 수 있다는 사실을 간과했다.

최근 심리학에서는 우리 뇌는 본래 문제 해결 기관이므로 점점 더 어려워지는 문제를 꾸준히 공급받아야 한다는 연구 결과를 발표하고 있다. 인간은 무엇을 하든 점점 잘하고 싶어 한다. 어떤 일에 통달할수록 새로운 심리적 만족감을 느낀다. 뭔가를 잘하고 실력이 쌓일수록 만족감이 커진다. 사람들은 스스로 의식하든 아니든 계속 성공하고 싶어 하며, 좌절만 거듭할 만큼 어렵지도 않고 지루할 만큼 너무 쉽지도 않은 적당히 어려운 장애물이 놓여 있고 이를 극복하기를 바란다. 직업 중 대대수가 사람을 무기력하게 하는 이유는 기운 빠질 만큼 반복적이기 때문이다.

우리 일상도 점점 직업을 닮아 왔다. 현실 세계에서는 늘 일에 매여 있어 벗어날 수 없고 사회의 여가나 공동체 의례 기회는 점점 희박해졌다. 아무리 시간을 많이 들여도 과거보다 만족감을 느끼기 어렵다. 산업 사회에서 개인의 만족감은 예나 지금이나 중요하지 않기 때문이다. 중요한 건 생산성이고, 현재의 기업은 수치로 측정 가능한 생산성을 높이는 데 관련 없는 요소는 모두 제거하도록 수정과 보완을 거듭한 극도로 효율적인 시스템이다.

행동주의 이론과 마찬가지로 오늘날의 기업은 개인의 내적 생활은 중요하지 않다는 태도를 유지하고 있다. 그러나 인류가 머릿속에만 존재하는 가상 세계에 수천 년 동안이나 적극적으로 참여해온 사실에서 알 수 있듯이, 우리의 내적 생활은 **중요하다**. 이 중요성은 프로이트나 융 식으로 우리 의식이 무의식이나 꿈과 같은 선상에 연결되어 있다는 의미만은 아니고 인간의 본성이 복잡성과 만족감을 추구한다는 뜻이다. 우리는 하는 일에 만족감을 느끼고 어려운 문제와 씨름하고 스스로 선택하고 집단에 소속감을 느끼고자 한다. 독창성을 이용해 자신과 속한 세계에 가치를 창출하려 한다. 『내적 동기』에서 에드워드 데시는 다음과 같이 설명했다. "상황을 설계하기에 따라 사람들이 스스로 동기를 부여할 수도 있다. (…) 스스로 일을 잘하려 노력하고 그 일의 효과를 확인하는 데서 만족을 느낀다." 사람을 움직이는 동력은 금전적 보상만이 아니다.

이렇듯 내적 만족을 원하는 강렬한 욕구가 있기에 사람들은 디지털 게임과 가상 세계로 발길을 돌린다. 오늘날 게임의 의미는 재미 그 이상으로서, 게임을 아무 생각 없는 시간 낭비라고 생각한다면 몰라도 한참 모르는 소리다. 게임은 끊임없이 복잡한 문제를 제공해 다른 사회 기관에서는 찾아볼 수 없었던 내적 충족감을 만족시키는 일종의 복잡성 기관complexity engine이다. 다시 강조하자면 게임을 정신을 연마하는 체육관으로 더 많이 이용할수록 정신도 강하고 건강하게 단련할 수 있다.

물론 해로운 게임도 많이 있다. 우리의 시간과 주의력을 낭비하고 지적 능력을 무시하는 게임도 있고, 사용자의 내적 욕구에는 전혀 관심 없이 쓸데없이 고약한 게임도 있다. 그러나 정신에 해로운 직업과 일도 그만큼 많고, 이런 일은 게임 **전체를** 색안경을 끼고 보는 사람들이 비난하는 단점을 모두 갖추고 있다. 해로운 직업은 불만과 슬픔, 외로움 등 사회적 피해를 초래한다. 게임이 형편없으면 그만두면 된다. 그러나 일은 형편없어도 벗어나기 어렵다. 실직이라도 하면 삶의 목적은커녕 위기만 증폭될 뿐이다.

게임과 놀이에서는 독창성을 발휘할수록 보상이 생긴다. 1장에서 살펴보았듯이 수천 년 동안 발휘한 독창성은 인간의 정신 건강과 삶의 질 향상에 중요한 역할을 해왔다. 직원을 생산 프로세스 안에서 언제든 교체할 수 있는 부품처럼 취급하는 일터와 달리, 게임은 결과뿐 아니라 과정까지 인정해준다. 좋은 게임은 사용자가 성장하고 호기심을 느끼고 문제를 해결하고 팀워크를 경험하고 창의력을 발휘하게 돕는다. 직업과 게임이 모두 좋으면 이상적이겠지만 만족스러운 직업보다는 좋은 게임이 만들기 쉽다. 산업 경제에서 일은 항상 생산성의 원리대로 움직일 수밖에 없다. 그러나 게임은 더 쉽게 만족감을 중심으로 설계하고 최적화할 수 있다.

현재 우리 사회는 개인이 만족감을 느끼면 사회에도 도움이 된다는 사실을 인정할 만한 여유가 있다. 그래서 현실 세계를 당장 바꾸기는 어렵지만, 각 개인의 여가 활용이 삶의 균형을 잡는 데 중요하다는 사실을 이해할 수는 있다. 거기서부터 인류가 1만 년 동안 쭉 해왔듯 지금의 현실보다 더 인간적인 가상 세계를 만들기 시작할 수 있다.

다음 장에서는 바람직한 디지털 가상 세계를 구현하는 원리를 설명하고자 한다. 바람직한 가상 세계는 만족스럽고 유용한 경험을 제공해 우리 삶의 질을 높이는 곳이며 게임과 놀이는 일터에서 얻기 어려운 심리적 만족감을 제공한다. 미래의 가상 세계는 지금보다 훨씬 나아질 것이다.

# 3장

• • •

# 더 좋은 경험으로 더 나은 삶을

1932년 화학 기업 듀폰은 당시 시대정신을 반영해 기업 슬로건을 정했다. "더 좋은 물건으로 더 나은 삶을, 화학이 해냅니다." 산업 혁명의 황금시대에 걸맞은 슬로건이었다. 1차 세계대전 이후 제조 공정이 표준화되면서 사람들은 어느 때보다도 다양한 소비재를 구매할 수 있었다. 이전 세대보다 품질도 좋으면서 가격도 낮은 물건을 살 수 있었고, 기업은 더 좋은 물건을 끊임없이 개발했다. 이전 시대에는 종일 이어지는 빨래와 추운 날 실외 화장실까지 나가기, 한여름 찜통같이 더운 집안 등 어느 정도의 괴로움은 당연했다. 내세를 중요하게 여긴 이유도 이해할 만하다. 그러나 현대에는 굳이 내세를 기다리지 않아도 완벽한 삶을 살 수 있다. 백화점만 가면 된다.

듀폰사가 '더 좋은 물건' 슬로건을 내세워 은근슬쩍 대공황의 아픔을 치유할 해결책으로 광고한 것도 우연이 아니다. 1930년 대 테일러의 과학적 관리법에 홀딱 반한 기업 관리자들은 직원의 일하는 동기와 목적의식, 일에서의 만족감 모두 외부에서 온다는 이론을 적극적으로 받아들였다. 듀폰의 슬로건에도 인간의 내적 경험을 무시하고 직원을 기능상 기계와 똑같이 취급하는 산업 정신이 담겼다. 2장에서 설명했듯이 산업 시대 가장 영향력 있는 조직 및 행동 심리 전문가들은 인간의 내면세계를 인정하지 않았다. 그러니 더 좋은 물건으로 더 나은 삶을 만들 수 있다면서 인간의 존재 이유가 생산성이라는 신념까지 담은 듀폰의 주장은 백 번 옳은 말이었다.

당시 산업 시대의 사회 구조는 그전까지 수천 년 동안 이어진 사회 구조와 완전히 달랐다. 1장에서 설명했듯이 수천 년 동안 인류는 인간 사회를 초월한 세계를 경외해왔고, 그 세계와 교류했을 때 현실 세계에 어떤 도움이 되는지 알고 있었다. 그러나 산업화가 진행되면서 생산성이 곧 만족감이라는 사회 분위기가 형성되자 과거의 가상 세계는 거추장스러워졌다. 식기세척기와 중앙 냉난방이 있는 세상이 오자 천국의 꿈은 슬슬 빛이 바랬다.

최근에는 심리학과 언어학, 철학의 최신 연구에서 내면세계와 가상 세계가 있어야 인간 사회가 건강해진다는 주장에 새롭게 힘을 실으며 우리 조상들이 오래전 깨달은 지혜를 다시 배우고 있다. 오늘날 인간 행동과 동기 이론에서는 외적 요인이 아닌 내적 요인을 강조한다. 인간은 외적 상벌보다는 사회적 맥락 안에서 자율성과 창의성을 발휘할 기회에 민감하게 반응한다는 주장이다. 우리가 일상에서 경험을 통해 알고 있는 가상 세계의 효용을 최신 이론이 (이 장 후반부에 소개할 실험 결과를 근거로) 뒷받침하는 셈이다. 이론에 따르면 인간은 마치 먹을 것을 찾듯 항상 적당히 어려우면서도 타인과 교류할 수 있는 흥미롭고 자기 능력을 발휘할 수 있는 유용한 경험을 찾는다. 다시 말해 최종 목적지보다 과정에 만족한다. 매일 출근하는 이유는 성과급이나 해고 가능성 때문일지라도, 일에 보람을 느끼는 이유는 능력과 인간성을 발휘할 수 있는 어려운 일에 도전하기 때문이다.

우리가 일해서 돈을 벌고, 돈으로 물건을 사고, 물건을 쓰다가 버리기를 반복하다가 은퇴하거나 사망하려고 살아간다는 사회적 모형에는 허점이 있다. 선진국에서 새로운 물건을 끊임없이 생산한다면 국민 총생산을 끌어올릴 수는 있겠지만 이미 한계에 이른 구성원의 만족감을 더 높일 수는 없다. 물론 '물건'은 생산 중심 사회가 누리는 특권이다. 그러나 가상 세계에서는 물건이 아닌 경험이 통용될 것이다. 그러므로 앞으로 다가올 가상 시대에 맞는 새로운 슬로건은 '더 좋은 경험으로 더 나은 삶을'일 것이다.

과학적 근거가 뒷받침하듯 자율성과 유능감, 유대감을 가장 많이 느낄 수 있는 삶이 가장 보람 있는 삶이다. (이 3가지 감정은 몇 쪽 뒤에 상세히 설명하겠다.) 이 3가지 감정을 느끼려면 뇌를 자극하고 몰입하게 하는 활동과 도전 과제, 탐구 과정이 필요하다. 견문을 넓히려 세계를 여행하든 새로운 것을 배우든 취미 활동을 즐기든 상관없다. 우리를 신나게, 몰입하게, 도전하게, 성장하게 하는 활동은 심리적으로도 실용적으로도 충분히 가치 있다. 어쩌면 삶의 의미는 유익한 경험을 늘리고 해로운 경험을 최소화하는 데 있는지도 모른다.

일상에서 일탈하는 경험이 이미 다른 세계와 소통하는 행위일 수 있다. 인간은 색다른 경험을 추구한다. 크게든 작게든 늘 접하는 현실과 달라야 한다. 그 경험을 통해 변화하고 성장하기 위해서다. 일부러 낯선 곳을 여행하기도 하고 방 탈출 게임을 하기 위해 스스로 방에 갇히거나 휴양을 위해 조용한 곳을 찾아가기도 한다. 경험은 반복되는 일상에서 벗어나 낯선 환경과 마주할 기회다. 경험을 통해 평소와 다른 사고방식인 반 구조를 겪음으로써 우리는 일상에 균형을 맞추고 맥락을 읽고 방향을 전환하는 계기를 찾는다.

인간은 내적 만족뿐 아니라 현재의 문제를 해결하기 위해, 새로운 기술을 습득하기 위해, 미래를 준비하기 위해 평소와 다른 경험을 추구하고 찾는다. 만족스럽고 유용하며 성장과 변화를 매개하면서 내적 만족감도 얻을 수 있는 경험이 바람직한 경험이다. 수천 년 동안 인간은 가상 세계에서 이런 경험을 해왔다. 인간은 가상 세계에서 새로운 아이디어를 내고 여러 사람과 머리를 모아 어려운 과제를 해결함으로써 만족감과 가치를 느낀다. 아날로그 가상 세계의 가치 있는 경험을 더 정교하고 안정적인 모양새로 공급하는 곳이 바로 디지털 가상 세계이다.

2장에서 나는 바람직한 디지털 게임이 사용자를 복잡한 환경에 노출하고 일터에서 얻기 어려운 적절히 어려운 과제를 부과해 사용자에게 성취감과 만족감을 느끼게 한다고 설명했다. 가까운 미래에 다가올 디지털 가상 세계는 오늘날의 게임을 토대로 사용자에게 풍성하고 유용한 경험을 제공할 수 있을 것이다. 사용자는 지적인 생명체가 넘쳐나는 환경에서 흥미진진하고 의미 있는 모험을 떠날 수 있을 것이다. 한 디지털 세계가 다른 디지털 세계 혹은 현실 세계와 만나는 지점에서 메타버스가 형성되고, 메타버스는 경험 창조와 가치 이동, 내적 성취의 엔진이 될 것이다.

이 장에서는 유용한 경험이란 무엇인지, 내적 만족감이란 무엇인지, 그리고 네트워크로 연결된 여러 가상 세계가 어떻게 유용한 경험을 제공해 내적 만족감을 생성하는지 살펴보겠다. 최선을 다하는 모습에서 어떻게 만족감을 느끼고 동기 부여가 되는지 심리학 연구를 통해 살펴보고, 일에서는 얻을 수 없던 만족감과 동기를 왜 가상 세계에서는 얻을 수 있는지 밝힌 연구 결과를 소개하겠다. 경험과 만족감이 왜 떼려야 뗄 수 없는 관계인지, 우리가 경험을 소중하게 여기는 이유에는 만족감뿐만 아니라 배움과 성장도 있다는 것을 설명하겠다. 바람직한 내적 경험 생성이 디지털 가상 세계의 등장 이후에 어떤 식으로 다르게 이루어질지, 새로운 세계의 가치 창출과 교환 방식이 어떻게 달라질지 간단히 설명하고자 한다. 여러 가상 세계가 네트워크로 연결된다면 생애 단 한 번 겪을까 말까 한 강력하고 유용한 경험을 훨씬 쉽게 접할 것이다.

1차 산업 혁명이 기존 상품의 생산 프로세스를 개선하고 과거에 존재한 적 없었던 새로운 상품을 만들어냈듯이, 미래의 디지털 가상 세계도 바람직한 내적 경험 생성을 산업화할 것이다. 그러나 획일화하거나 가격을 낮추는 것이 아니라 기존 경험을 안정적이고 정교하게 만들면서도 새로운 경험을 창조하게 될 것이다. 예를 들어 신화는 고매한 목표를 이루기 위해 환상 속 여정을 떠나는 영웅 이야기였는데 머지않아 우리가 직접 신화 속 영웅이 된 경험을 할 수 있을 것이다. 그러나 이 경험은 지금의 컴퓨터 게임처럼 피상적인 상호 작용이 아닐 것이다. 단순히 판타지 세계 안에서 영웅이나 악당 등 누군가의 '흉내'를 내는 데 그치지 않고 개개인의 의도와 목적에 따라 각기 다른 모습으로 실재할 것이다. 우리는 타인의 대단한 모험 이야기를 읽는 대신 각자의 이야기를 직접 살아보게 될 것이다.

가상 세계의 미래는 우리 손에 달렸다. 사회 전체가 구성원을 초고효율 산업화 프로세스의 부산물로 취급하지 않고 구성원이 행복한 가상 세계를 만드는 것이 가장 인간적이고 사회에 도움이 된다는 사실을 이해해야 가상 세계의 장래도 밝다. 사회에 만연한 목적의식 부족의 위기를 인정하고 해결해야 한다. 그러기 위해서는 목적의식이 어떻게 생성되는지 이해해야 하며, 과거부터 현재까지 가상 공간에 몰입하는 것이 왜 인간에게 유용했는지 살펴봐야 한다. 이를 위해 우선 심리학의 자기 결정성 이론self-determination theory이라는 매력적인 분야를 살펴보자.

## 자기 결정성의 힘

지금 당장 무엇이든 할 수 있다면 어떤 일을 하겠는가? 비디오 게임에 빠진 사람이라면 흥미진진한 디지털 세상을 속속들이 탐험하고자 할 것이다. 탐험을 좋아하는 사람이라면 금속 탐지기를 손에 들고 바닷가를 거닐며 모래에 묻힌 보물을 찾으면서 행복할 수도 있다. 독서를 즐기는 사람이라면 편하게 앉아 미래 가상 사회에 관한 흥미진진한 책을 읽고자 할 수도 있다. (이 예시가 가장 와닿는다면 꿈꾸던 삶을 이미 이루었으니 축하한다!)

즐겨 하는 활동, 질리지 않으면서 신나고, 적당히 어렵고 머리를 써야 하는 활동을 누구든 하나쯤은 꼽을 수 있을 것이다. 할 때마다 삶에 활력이 생기고, 하지 않아도 생존에 지장 없고, 열심히 해도 명성이나 재력이 따르지 않고, 중간에 그만둔다 해도 뭐라 할 사람도 없다. 그저 행복을 좇을 뿐이다. 심리학자 에드워드 L. 데시와 리처드 M. 라이언Richard M. Ryan이 주장했듯 의욕적이고 심리적으로 만족스러운 삶을 원한다면 이러한 내적 욕구를 추구하고 충족해가야 한다.

데시와 라이언이 주장한 심리학의 **자기 결정성 이론**에서는 내재적 욕구가 건강과 행복을 결정짓는 가장 기본적인 욕구이다. 만족감은 돈이나 남의 인정 같은 외부 보상에 좌우되지 않는다. 내재적 욕구를 추구하면서 얻는 기쁨은 결과가 아니라 과정에서 얻는다.

데시와 라이언은 개인이 성장하고 자기 삶을 스스로 결정하려면 내재적 만족을 추구해야 한다고 주장했고, 이들의 저서와 논문은 지난 40년 동안 꾸준히 큰 반향을 불러일으켰다. "자기 결정성은 스스로 통제하고 자신감 있게 선택하고 생각할 수 있는 능력을 말한다." 데시와 라이언은 1985년 명저서 『인간 행동의 내적 동기와 자기 결정성』Intrinsic Motivation and Self-Determination in Human Behavior에서 설명했다. 데시와 라이언에 따르면 자기 결정성을 행사하는 사람은 행복과 건강, 적응력도 갖췄을 가능성이 크다. 그리고 적응력이 높은 사람이 많을수록 사회의 안정성도 높다.

『인간 행동의 내적 동기와 자기 결정성』이 출간된 뒤 자기 결정성 이론은 개인이 삶과 사회에서 느끼는 만족감의 중요성을 논할 수 있는 이론적 틀이 되었다. 여기서 만족감은 어떤 의미일까? 또 우리가 가상 세계에 몰입할 때 느끼는 기쁨과 소속감은 데시와 라이언이 제시한 만족감과 어떤 관련이 있는가?

데시와 라이언은 인간은 3대 근본 욕구인 **자율성, 유능성, 유대감**이 충족될 때 행동한다고 주장한다. 이 3대 욕구는 인간의 만족감과 심리적 성장의 핵심 구성 요소이다. **자율성**은 할 일을 스스로 결정하려는 욕구로서, 자신의 행동을 스스로 통제하면서 자기 목표와 과제를 명확히 정하고 추진할 수 있는 자유이다. **유능성**은 잘한다는 기분을 느끼고자 하는 욕구로서, 지적으로 성장하고 성과를 축적하며 새로운 기술을 습득하고 숙달해 다양한 환경에 적용하려는 마음이다. **유대감**은 주변 사람들과의 관계에 관한 욕구로서, 집단의 역학 관계 안에서 단단한 결속과 소속감을 느끼고 격려받고자 하는 마음이다.

인간의 3대 욕구를 만족했을 때 정신 건강에도 긍정적인 영향이 있다. 우리는 자율성, 유능성, 유대감을 느낄 때 더욱 행복하고 활력이 넘친다. 주변 사람이나 환경과 더 매끄럽게 소통하고 잠도 더 깊이 잔다. 무엇보다 자기 결정성의 길을 걸으면 자신이 바라는 삶을 살게 된다.

자기 결정성 이론의 관점에서 인간은 복잡성을 찾아 나서는 동물로서 우리 뇌는 점점 더 어려운 문제를 해결하도록 타고났다. 인간은 어려운 문제를 해결하면 유능하다는 기분에 더욱 행복해진다. 반면 어려운 문제가 없으면 축 처진다. 2장에서 설명했듯이 가장 잘 나가는 디지털 게임은 사용자의 내적 욕구를 충족할 만한 어려운 문제를 공급하면서 재미도 준다. 게임에서 재미와 성취는 연결되어 있고, 어떤 사람들은 이런 이유로 게임을 무시하기도 한다.

시간을 생산적으로 활용해야 하는 세상에서 우리는 실용성 없이 '재미'있기만 한 대상을 색안경 끼고 보도록 훈련받았다. 그러나 게임이 진화하면서 게임 개발자도 우리가 어떤 원리로 게임을 즐기는지 더 정확히 이해하게 되었다. 리처드 라이언은 스콧 릭비Scott Rigby와 2007년 논문 「게이머의 욕구 충족 경험」The Player Experience of Need Satisfaction외 여러 논문에서 게임 환경에서의 재미를 내적 욕구를 충족했을 때 따르는 부산물이라고 설명했다.

가장 좋은 게임은 먼저 사용자에게 유능감을 선사하기 위해 사용자의 실력에 맞는 난이도의 문제를 계속 공급하고 사용자의 실력이 늘수록 난이도가 점점 올라가는 **적당히 어려운 과제**를 준다. 또 고수들이 게임 내 어려운 과제를 술술 해결하면서 실력을 뽐낼 수 있는 '**실시간 실력 과시**'mastery in action **기회**를 준다. 또 릭비와 라이언에 따르면 게임은 사용자의 자율성 욕구를 충족하기 위해 사용자에게 다양한 **행동의 기회**opportunities for action와 게임 내 캐릭터를 직접 만들 장을 마련해 준다. 마지막으로 게임에서는 다른 캐릭터와 소통하고 협력할 수 있어 유대감의 욕구도 충족할 수 있다.

릭비와 라이언은 저서 『게임에 미치다』Glued to Games에서 어떤 행동이 성공하거나 실패하는 이유를 이해하는 데 겉으로 드러난 의미(텍스트)보다 심리적 숨은 의미(서브 텍스트)가 더 중요하다고 설명한다. 공동체에서 제례 의식을 행할 때 의식의 구체적인 내용보다 함께 한다는 사회적 기능이 더 중요한 것과 마찬가지다. 지난 20년간 뜨고 진 수많은 게임에서 사람들은 좀비 무리와 수없이 대결했지만, 좀비와 싸우는 행위 자체가 재미있어서는 아니다. 만약 현실에서 좀비 무리를 만났다면 최대한 소리 없이 도망가기 바빴을 것이다. 그러나 멀티플레이어 게임 환경에서는 좀비 죽이기가 재미있다. 게이머의 자율성(어느 좀비를 어떻게 죽일지 내 맘이다), 유능성(갈수록 좀비 죽이는 실력이 는다), 유대감(좀비를 길드 동료들과 함께 죽인다)을 모두 충족하기 때문이다.

게임을 비난하는 사람은 폭력적인 게임을 보고 아이들에게 살인만 가르치는 '살인 시뮬레이터'를 연상할 수 있다. 그러나 게임의 즐거움은 겉으로 드러난 총기와 좀비 무리와 피 튀는 장면(텍스트)이 아니라 사용자가 유능감을 느낄 수 있는 상황을 꾸준히 공급하는 장치(서브 텍스트)에 있다. 비판론자들은 게임이 아이들을 폭력에서 만족감을 느끼도록 길들인다고 못마땅해하지만, 오히려 게임이 아이들에게 문제 해결의 기쁨을 가르친다고 봐야 정확하다.

여기에 흥미로운 역설을 지적하고 싶다. 폭력 시뮬레이션과 실제 폭력의 인과 관계를 과학적으로 입증한 증거는 아직 없고 우리는 별 어려움 없이 상상과 현실을 구별할 수 있다. 유익한 가상 경험은 우리 내면에 큰 영향을 준다. 심리적으로 '실제' 경험만큼, 어떤 면에서는 실제 경험보다 영양가 높을 수도 있다. 가상 세계에서는 제약 없이 어떤 도전이든 가능하고 어떤 기회든 열려 있기 때문이다. 비디오 게임에서 승리할 때 느끼는 만족감과 유능감은 현실에서 승리할 때와 똑같다. 게임에서 만난 친구도 현실의 친구만큼 우정이 돈독해질 수 있다. 분명히 밝히지만, 가상 경험은 **실재한다.**

게임 회사와 개발자들이 점점 더 복잡하고 몰입감 있는 게임을 만들면서 게임 산업은 자기 결정성 이론을 적극적으로 받아들이고 있다. 어떤 기업은 자기 결정성 이론 전문가를 전담 고문으로 두어 사용자가 제약 없이 유능성과 자율성, 유대감을 느낄 수 있는 게임 환경을 조성하려 한다. 이처럼 자기 결정성을 발휘할 수 있는 게임에서 우리는 미래 방향성과 과거의 지혜를 모두 엿볼 수 있다.

1장에서 설명했듯이 산업화 이전 사회는 구성원의 내면을 돌

보는 일이 중요하다는 사실을 처음부터 알고 있었다. 사회는 가상 세계를 통해 구성원의 내면을 돌보았고, 사회 구성원이 적극적으로 참여하고 신뢰하는 가상 세계는 개인과 사회에 중요했다. 공동체와 구성원은 제례 의식을 통해 가상 세계에 진입했고 제례 의식은 일상의 구조를 뒤집으면서 **코뮤니타스**를 형성했다. 신화와 결별한 우리 시대는 이런 가상 세계와 멀어졌지만 풍성한 내적 경험을 원하는 인간의 본성은 변하지 않았다. 자기 결정성 이론 덕택에 우리는 만족감이 정신 건강의 필수 조건이라는 사실을 알게 되었다. 신체 운동이 삶 구석구석에 좋은 영향을 주듯 만족감도 신체 운동과 비슷한 순기능을 한다. 만족감이 없다면 삶에 적신호가 켜진다. 그렇기 때문에 현실에서 만족감을 느끼기 어려울 때 게임으로 향하는 모습은 자연스러운 현상이다.

게임 하나의 가상 세계에서도 내적 만족감을 느낄 수 있는데 가상 세계가 네트워크로 무수히 많이 연결되었다면 더 말할 것도 없다. 내적 만족감이 더욱 늘어나면 사회적 가치로까지 전환될 것이다. 가상 세계 사용자들은 더 의미 있는 경험을 접할 수 있을 것이다. 가상 세계는 언뜻 게임과 비슷하지만 다른 구석이 많다. 그중 가장 결정적인 첫 번째 차이는 가상 세계가 현실 삶에 영향력이 큰 공간이라는 특징으로서, 가상 세계에서 벌어지는 일은 마치 현실에서 그 일이 벌어지듯이 참여자의 삶에 실제로 영향을 준다. 내가 적극적으로 참여하는 가상 세계 속 가상의 집에 도둑이 든다면 현실에서 집에 도둑이 든 것처럼 충격에 빠질 것이다. 로그아웃했다가 다시 로그인한다고 빼앗긴 물건이 절로 되돌아오지는 않을 것이다.

의미 있는 가상 세계에서는 행동에 결과가 있고, 이 결과는 접속 종료 후 다시 접속해도 사라지지 않는다. 결과의 연속성은 오히려 좋은 일이다. 우리는 자신의 행동이 실제로 영향력 있는 세상에 살고 **싶어** 한다. 가상 세계에서 우리의 아바타가 돌멩이를 집어 이웃집 창에 힘껏 던졌다고 치자. 의미 있는 가상 세계라면 아마도 단단히 대가를 치러야 할 것이다. 이웃이 달려 나와 화를 내고 싸움이 벌어질 수도 있다. 경찰이 출동할 수도 있다. 손해를 배상해야 할 것이다. 동네에서 평판이 떨어지고 한동안 이웃과의 관계가 서먹해질 수도 있다. 다음날이라고 상황이 원래대로 바로 돌아가지 않을 것이다. 이웃집에 던진 돌이 실제 지질학적 광물을 똑같이 닮았는지는 중요하지 않다. 중요한 것은 가상 세계의 창이 깨지고 가상 이웃이 달려 나와 호되게 화를 내고 우리를 미워한다는 이 상황이 여지없는 현실이라는 것이다.

앞으로 가상 세계가 복잡성을 연산하는 성능을 갖추고 참여자의 만족감과 성장을 정확하게 측정할 수 있다면 내적 만족감 영역의 새로운 시장을 개척할 수 있을 것이다. 데이터에 기반한 만족감 증진 서비스는 지금도 충분히 만들 수 있다. 게임 산업에서는 이미 몰입과 집중을 효과적으로 측정하고 있으며, 앞으로 가상 세계가 더 복잡해질수록 측정 방법도 빠른 속도로 발전할 것이다. 그러므로 가상 세계와 게임의 두 번째 결정적인 차이는 규모다. 하드웨어와 소프트웨어가 무리 없이 발전한다면 규모가 큰 가상 세계는 동시 접속자를 수백만 명 단위로 수용할 수 있을 것이다. 현재 가장 앞선 멀티플레이어 게임의 동시 접속 규모와 자릿수부터 다르다. 이 정도 인구 밀도를 달성하면 네트워크 효과로 가상 세계 경험의 양과 질 모두 폭발적으로 성장할 것이다.

## 더 좋은 경험으로 더 나은 삶을

작가이자 비교신학자 조셉 캠벨Joseph Campbell에 따르면 단일 신화 monomyth란 전형적인 영웅의 여정이다. 단일 신화에서 주인공은 모험을 하며 새로운 것을 배우고, 그 과정에서 어려움을 겪고 마지막에는 의미 있는 변화를 겪는다. 오디세우스가 이타카로 향하고 싯다르타가 깨달음을 위해 떠나고 '스타워즈' 시리즈의 루크 스카이워커가 떠나기까지 단일 신화는 수천 년의 신념 체계와 현대 대중문화의 핵심 요소였다. 이런 이야기에서 우리는 주인공의 삶을 간접 체험하고 나라면 어떻게 했을지 상상해볼 수 있다.

이런 영웅담은 구전됐던 이야기도 많지만 한번 글이나 영상으로 기록되면 줄거리가 고정된다. '스타워즈' 시리즈도 조지 루카스가 때때로 설정에 변화를 주기는 해도, 같은 영화를 2번, 3번 본다고 줄거리가 달라지지는 않는다. 「스타워즈 에피소드 IV: 새로운 희망」을 100번씩 보고 대사를 줄줄이 외우고 등장인물이 된 듯한 기분에 젖을 수 있지만, 그렇다고 늘어나는 지식에 맞춰 영화가 진화하지는 않는다. 내가 성장하고 변화해도 영화는 변하지 않고 늘 같은 경험을 준다. 그토록 많은 스타워즈 팬픽이 존재하는 이유도 스타워즈 세계에 새로운 경험의 수요가 크기 때문이다.

단일 신화형 매체에서는 수동적인 참여가 가장 우세했다. 독자나 관객은 늘 이야기의 관찰자였다. 『오디세이』 이야기꾼은 구연할 때마다 이야기 속 인물이 되어볼 수 있었지만, 당대 관객과 후대 독자는 직접 오디세우스의 입장이 되어 키클롭스에게서 탈출하거나 스킬라와 카리브디스 사이를 빠져나오고 키르케와 지혜를 겨룰 수 없다. 타인의 영웅 서사를 읽어도 흥미진진할 수는 있지만, 직접 모험을 겪는 것만큼 심리적으로 만족스럽지는 않다. 우리 문화 속 다른 이야기나 환상의 세계, 경험도 마찬가지다. 우리 주변의 문화 접점은 특별히 양방향 소통이 많지 않다. 호그와트를 아무리 좋아해도 호그와트 학생이 되어볼 수는 없다. 수많은 열한 살 아이가 언젠가 깨달을(옛날 옛적 저자도 겪은) 가슴 아픈 현실이다.

지금까지 수십 년 동안 디지털 게임을 통해 보통 사람도 조셉 캠벨이 단일 신화의 정석이라고 할 만한 성장과 변화의 모험을 떠날 수 있었다. 대부분 디지털 게임 광고도 따져보면 결국 '영웅이 길을 떠나다'라는 슬로건을 내세운다. 게임을 하는 과정에서 사용자들은 새로운 기술을 익히고 여정을 도와주는 새로운 사람을 만나고 정보를 얻으면서 점차 게임의 세계를 잘 알게 된다. 특히 같은 모험을 수천 명씩 함께 하는 MMORPG에 빠지면 게임이 실제 세계같이 느껴질 수 있다. 디지털 게임은 현재 사용자가 주인공이 된 경험을 구현하는데 가장 유리한 환경이다. 실시간 전략RTS이나 시뮬레이션, 심지어 항공기 시뮬레이터 같은 장르에서도 여러 가지 색다른 경험을 할 수 있다. 물론 아직은 상호 작용의 범위가 그렇게 넓지는 않고 최첨단 게임도 현실 세계에 비하면 극도로 단순화된 세상이다.

이런 한계점에도 불구하고 게임에서는 현실에서보다 더 다양한 모험을 떠나볼 수 있다. 특별한 비법이 있어서라기보다 현실 세계에서는 모험의 주인공이 되기 무척 어렵기 때문이다. 디지털 게임이 진화하면서 가상 경험의 폭과 범위가 넓어졌듯이 앞으로 가상 세계에서도 현실에 영향을 줄 만한 경험을 다양하게 접할 수 있을 것이다.

디지털 게임이 등장하면서 우리가 모험하는 방식을 완전히 바꾸었다면, 가상 세계의 등장은 이런 모험의 여정이 실제 삶에 영향을 줄 것이다. 가상 세계의 모험의 무대는 현실 사회에 실제 영향을 주는 생생한 세계로서, 여기서 사용자들은 새로운 차원의 유능성, 자율성, 유대감을 경험할 수 있다.

가상 세계의 경험이 실제 삶에서도 중요하려면 누군가가 정해 준 답 가운데서 고르는 객관식 경험이 아니라 제한 없이 넓게 보고 결정하는 경험이어야 한다. 또 가상 세계에서 한 행동이 실제 세계에 영향을 주는 인과관계를 피부로 느낄 수 있어야 한다. 직접 세계를 만들어갈 수도 있다. 오늘날 「마인크래프트」나 「로블록스」에서 이런 창조 행위를 경험할 수 있다. 어쩌면 가상 세계 안에서 소득을 얻을 수도 있다. 이 내용은 7장에서 상세히 다루겠다.

경험이 값진 이유는 내적 만족 때문이기도 하지만 경험을 통해 새로운 기술을 배우고 새로운 시각과 깨달음을 얻기 때문이다. 예를 들어 대학교에 입학할 때 학생들은 물론 대학 생활이 즐겁기를 바라지만, 지식을 쌓고 세상을 이해하고 자기를 성찰하기를, 또 이를 바탕으로 더 나은 미래를 일구기를 소망한다. 경험을 통해 물질적 이득을 얻기도 하고 경험의 과정이 가치를 지니기도 한다. 경험은 충족감뿐 아니라 미래 소득부터 사회적 지위의 발판이 되는 정신의 보배다.

이렇게 유용한 경험이라 해도 당장 먹고사는 데 도움이 되지는 않는다. 산업 사회 기준에서는 경험을 쌓는 동안 업무에 투자하는 시간이 줄어들고 생산에 집중할 수 없으니 오히려 당장은 해롭다고도 볼 수 있다. 대학에 진학해 농업 관리를 전공한다면 당장 그 시간에 가족 농장에서 추수를 도울 수는 없다. 그러나 당장의 생산성은 떨어져도 장기적으로는 생산성도 의욕도 높아질 것이다.

생산성을 직접 높이지 않아도 시간 투자 대비 유용하다고 여기는 경험은 여행이 대표적이다. 젊은 시절 유람을 떠나 인생이 달라진다는 개념은 계몽주의 시대 영국 상류층 자제 사이에 유행한 그랜드 투어Grand Tour에 뿌리를 두고 있으며, 이는 성인기를 맞는 젊은이들이 몇 달, 혹은 몇 년간 유럽을 유람하며 고전 예술과 문화, 역사 견문을 넓히던 여행이었다. 시간을 들여 넓은 세상을 직접 보고 겪는 것이 당장 무언가를 생산하는 것보다 결국 더 이득이라고 여겼기 때문이다.

유람을 떠나 견문을 넓힌다니 매우 흐뭇한 개념이긴 하지만, 당시 고전 예술과 고딕 성당을 접하면 무언가는 배우리라는 막연한 마음으로 몇 년씩 유럽을 돌아다닐 수 있는 사람은 지구상에 몇 명 되지 않았다. 기술 발전은 이런 경험을 보다 평등하게 만들었다. 지난 150년 동안 여러 교통수단이 발달한 끝에 오늘날에는 저가 항공표와 유스 호스텔 침대 한 칸 비용만 있으면 누구든 그랜드 투어를 떠날 수 있게 되었다. 과거 부유층 자제들이 들였던 비용의 극히 일부만 있어도 똑같은 예술과 건축을 볼 수 있다.

저가 항공과 호스텔의 등장으로 더 많은 사람이 양질의 유럽 여행을 누리게 되었듯이 디지털 기술이 발달할수록 과거에 시간과 노동을 잡아먹던 일도 더 빠르고 효율적으로 할 수 있게 되면서 색다른 경험을 할 여지가 생겼다. 지금은 새로운 일을 배우든 책과 논문을 내려받든 옛 친구를 찾아 나서든 자연스럽게 컴퓨터로 해결한다. 과거에는 접할 수 없었던 양질의 경험을 컴퓨터 덕택에 접할 수 있기 때문이다. 미래 가상 세계도 마찬가지일 것이다.

가상 세계의 목적은 유용하고 만족스러운 경험을 효율적, 안정적으로 제공하는 데 있다. 컴퓨터의 강력한 연산력 덕분에 가상 세계는 양질의 내적 경험을 한결같이 정확하게 제공할 수 있다. 고품질의 경험을 꾸준히 제공하려면 품질 관리를 위해 가상 세계 경험의 만족감과 가치를 타 경험과 비교해 객관적으로 측정하고 수치화할 수 있어야 한다. 이때 사용자의 집중도뿐만 아니라 장단기적 몰입감도 측정 지표로서 중요하다.

결국, 가상 세계가 실감 나는 시뮬레이션에 그치지 않고 실제 현실처럼 느껴질수록 현실에 필적하거나 현실을 넘어서는 만족감을 줄 수 있다. 이러한 경험의 발전 방향을 이해하기 위해 잠시 **가까운 경험과 먼 경험**이라는 개념을 살펴보자.

# 가까운 경험, 먼 경험

**가까운 경험**이란 현재 기술 발달 수준에서 지금 당장, 혹은 가까운 미래에 할 수 있는 경험이다. **먼 경험**은 기술 발전 방향을 고려했을 때 언젠가 할 수 있을 법한 경험이다. 개인 웹사이트와 저해상도 이미지, 선한 의도가 얼기설기 모여 있는 가내 수공업 같은 25년 전 '가까운 인터넷'과 우수한 기능에 세련된 오늘날의 '먼 인터넷'을 비교하면 쉽게 이해할 수 있다. 현재의 먼 인터넷은 비록 사회적 영향력은 약해졌지만 누릴 수 있는 경험의 질과 양은 초기 가까운 인터넷의 후손인지 믿기지 않을 만큼 늘어났다.

오늘날의 가상 세계와 MMORPG에서의 가까운 경험은 먼 미래에 누릴 수 있을 경험과 크게 다를 것이다. 그러나 초기 인터넷이 당시 사용자에게 신기하고 유용했듯이 지금 가상 세계에서의 가까운 경험도 나름의 의미가 있다. 지금도 우리는 가상 세계에서 현실 세계보다 더 나은 기회를 접하면서도 '먼 인터넷' 경험의 기회까지 더욱 개선할 수 있다.

온라인에서 새로운 인간관계를 맺는 과정을 예로 들어보자. 한 번도 직접 대면한 적 없는 사람들이 오랜 세월 인터넷에서만 교류하며 진정한 친구가 된 이야기도 많다. 같은 경험을 공유한 적이 있다면 매체와 상관없이 마음을 나눌 수 있기 때문이다. 가상 세계에서는 소셜 미디어나 비디오 게임 세상보다 교류가 더 활발하게 일어날 수 있다. 하지만 현재 게임 안에서는 사용자끼리 소통할 수 있는 환경이라도 겨우 몇 명만 만날 수 있는 데다가 이렇게 모인 사람들도 현실 대화처럼 동시다발로 복잡하게 소통하기는 어렵다. (이런 어려움은 주로 기술의 한계 때문인데, 다음 장에서 더 깊이 있게 다루겠다. 지금도 M²(엠스퀘어)메타버스 플랫폼 같은 최신 기술을 적용하면 사용자 수만 명이 한 곳에 모일 수 있다.)

연구에 따르면 낯선 사람이라 할지라도 기억에 남을 만한 일을 함께 겪으면 막역한 벗이 되어 오래도록 우정을 이어갈 수 있다. 『우정의 과정』Friendship Processes 저자 베벌리 페어Beverley Fehr는 우정 형성에 4가지 '2가 변수'를 정의했고, 그중 첫 번째 변수는 '동지애'(이를테면 경험이나 활동을 공유하기)였다. 바바라 프레일리 Barbara Fraley와 아더 아론Arthur Aron은 『인간 관계』Personal Relationships 에 발표한 2004년 논문에서 즐거운 사건을 함께 겪은 상대를 더 가깝게 느낀다고 발표했다. 니콜라스 존 먼Nicholas John Munn은 2011년 학술지 『윤리와 정보 기술』Ethics and Information Technology에서 가상 세계의 우정에 관해 "경험을 공유하는 일이 친구가 되는 가장 중요한 조건이라면 몰입형 가상 세계에서도 물리적 세계와 똑같이 우정을 쌓을 수 있다"라고 주장했다.

가상 세계에서는 공유할 수 있는 경험의 생산을 산업화해 친구를 사귀는 과정도 더욱 풍성해질 수 있다. 온라인 게임에서는 게임에 특화된 온라인 커뮤니티가 형성된다. 여기서도 친구를 사귈 수 있지만, 게임이라는 제한된 맥락 탓에 우정을 표현할 방법이 제한적이다. 메타버스로 연결된 가상 세계에서는 사람들과 만나고 오래도록 우정을 쌓아갈 기회가 훨씬 늘어날 것이다. 수천 명의 관중이 있는 경기장에서도 유명인과 단둘이 만나 다른 세계로 순간 이동해 현실 세계에서는 감히 생각할 수 없는 모험을 함께할 수도 있다. 어쩌면 이 만남이 그 사람과 협업하는 가상 직업으로 이어질 수도 있다. 지금도 현실 세계에서 가능하지만 성격상 가상 공간에 더 잘 맞는 사회적 상호 작용도 있다. 세계적인 규모의 정치 운동을 벌인다면 전 세계 지지자들이 한 번에 모여야 할 수도 있고 국제 대학 캠퍼스를 설립한다면 다양한 학생이 차별 없이 세계 어디서든 자유롭게 학교를 다닐 수도 있다.

국제 대학 캠퍼스의 가까운 경험은 가상 세계에서 배우는 경험을 더욱 발전시킬 것이다. 영화 「매트릭스」에서 키아누 리브스가 연기하는 네오는 컴퓨터 시뮬레이션에서 탈출한 뒤 다양한 무술을 머리에 직접 내려받는다. 신경을 컴퓨터와 직접 연결해 무술을 내려받자 바로 주짓수와 태권도, 쿵후 등 수많은 격투기 전문가가 된다.

첨단 뇌·컴퓨터 인터페이스가 없는 한 쿵후를 비롯한 그 어떤 기술이라도 버튼 하나 누르는 것만큼 쉬워질 리 없다. 그러나 영화의 기본 전제가 허무맹랑한 이야기만은 아니다. 적어도 전통

방식의 학습에 비해 컴퓨터 학습이 규모나 속도 면에서 크게 향상될 것임을 상징적으로 확인할 수 있다. 현실 세계에서 쿵후에 통달하기 위해서는 수십 년 동안 공부와 명상과 수련을 거듭해야 한다. 그러나 「매트릭스」의 세계에서 네오는 10년 이상의 쿵후 수련 과정을 시뮬레이션으로 습득해 숙달 과정을 초단시간 안에 마칠 수 있었다. 컴퓨터가 단순히 쿵후 교과서를 뇌에 잔뜩 전송하는 데 그치지 않고 네오가 쿵후에 통달할 만큼 경험을 축적할 때까지 머릿속에서 셀 수 없이 여러 번 쿵후 대결을 시켰다.

이러한 초고속 학습 사례는 현실 세계에도 있다. 난해하기로 유명한 바둑 경기를 예로 들어보자. 영국 기업 딥마인드가 개발한 알파고는 바둑을 철저하게 학습해 세계 최고의 바둑 기사들까지 충격에 빠질 만한 새로운 전략을 구사했다. 알파고는 자기 자신과 빠른 속도로 수없이 여러 번 대국함으로써 엄청난 지식을 경험으로 습득했다. 이 과정을 통해 인간 선수들이 유용한 경험을 쌓아 실수를 바로잡아 가며 배우는 과정을 초고효율로 달성했다. 메타버스가 구현된다면 다양한 분야에서 현실 세계의 실력을 높일 수 있는 수없이 많은 학습 환경을 접할 수 있을 것이다.

이런 사례가 보여주듯이 현실 세계에서 오랜 기간 연마해야 하는 기술도 가상 세계에서는 시뮬레이션을 통해 더 빠른 속도로 학습할 수 있다. 또한 학습 속도를 높일 뿐만 아니라, 개인과 집단이 완전히 새로운 상황을 접함으로써 경험을 쌓고, 이 경험을 바탕으로 현실 세계에서 비슷한 상황이 발생했을 때 대비할 수 있다. 학습은 과거 경험을 기억하고 모형화함으로써 이루어지므로 궁극의 학습 도구는 경험을 생성하는 엔진이다.

강력한 경험 제조기가 있다면 학습에 다양한 기회가 열릴 것이다. 군대의 전술을 예로 들어보자. 지난 수천 년 동안 군사 훈련과 전략 계획은 정확성이 떨어질 수밖에 없었다. 병사를 훈련소에 보내고 소대 전체를 전쟁 게임에 투입하더라도 물리적이든 심리적이든 훈련 환경은 실제 전투 상황과 다를 수밖에 없다. 마찬가지로 군 전략가도 전투 계획과 위기 대응 대책을 세울 수 있지만 전부 경험과 지식을 바탕으로 추측할 뿐이다. 잘 알려진 격언처럼 "그 어떤 훌륭한 계획도 적과의 첫 대면에서는 속절없이 무너진다." 계획을 수행하기 전까지는 이 계획이 실제 효과를 발휘할지, 허점이 있다면 어디인지 알 길이 없다. 계획이 틀어지고 나서 새로운 계획을 짜기엔 늦다.

현실 세계에서 군대의 전술 발전은 늘 늦었다. 전쟁사에서 드러나듯 군대가 예상하지 못한 상황, 이를테면 익숙지 않은 지형, 새로운 무기, 상대의 특이한 전술을 만나면 참담한 결과가 따랐다. 로마 제국이 남부 이탈리아의 삼니움과 1차 전쟁을 치를 때는 그리스의 근접 방어 진형을 세웠지만, 삼니움의 돌산에는 이 전술이 맞지 않았다. 2차 삼니움 전쟁에도 로마는 몇 차례 패전하고 나서야 전술을 바꿔 보병 중대를 편성했다. 새로운 진형의 훨씬 우수한 기동력으로 로마는 전투에서 우위를 회복할 수 있었고, 결국 삼니움을 정복한 뒤 다른 국가를 차례로 정복해 갔다. 그러나 지난 전쟁의 교훈이 항상 다음 전쟁에 유용하지는 않다. 늘 새로운 상대가 나타나 새로운 전술을 구사하므로 지난 전쟁의 전술을 새 전쟁에 맞춰나가는 전술 시행착오의 순환 고리가 이어질 수밖에 없다.

이런 시행착오를 피할 수 없는 이유는 전쟁이 자주 벌어지지 않기 때문이다. 자주 싸우지 않으니 전략을 미세 조정해 최적의 결과를 낼 만큼 경험을 축적할 수 없다. 영국 해군의 역사를 다룬 벤 윌슨의 역작 『바다의 제국』Empire of the Deep에 따르면 유럽 각국 해군이 '전함'을 나란히 줄 세워 일제히 포를 쏘는 간단한 전술이 혼란스러운 상황에서 수행하기 어려운 복잡한 전술보다 유리하다는 결론을 내리기 위해서 수백 년 동안 시행착오와 수정·보완을 반복했다.

가상 세계가 발달하면 군대가 훨씬 빠른 속도로 전투 역량을 쌓고 경험해본 적 없는 전투 상황에 훨씬 쉽게 대비할 것이다. 시뮬레이션은 과거 추측과 직관, 소용없을 수도 있는 과거의 경험보다 큰 도움이 될 것이다. 오늘날 메타버스를 개척한 몇몇 기업(대놓고 홍보하자면 우리 회사를 포함한) 덕택에 군대는 마치 알파고가 세계 최고 바둑기사들과 대국하기 전 수백만 번씩 경기를 치른 것처럼 전투 상황을 몇 번이고 반복 시험해볼 수 있다. 가상 세계에 만든 지형에서 적군과 전투를 여러 번 반복하면서 얻은 결과를 분석해 학습하고, 학습한 내용을 실제 상황에 적용해 승전 가능성을 높인다. 훌륭한 계획도 적과의 첫 대면에서는 속절없이 무너진다는 격언도 가상 세계에서 계획을 수백만 번씩 시험해볼 수 있다면 지나간 옛말이 될 것이다. 이런 가상 세계 구현 기술은 이제 전체 국가 단위로 시뮬레이션을 운영할 수 있을 만큼 발전했다. 어쩌면 미래에는 더 많은 가상 세계를 겪음으로써 가장 먼 앞일까지 예상할 수 있는 군대가 가장 강력해질지도 모른다. 윌리엄 깁슨의 소설 『더 페리퍼럴』The Peripheral에는 3차 세계대전의 축소판 가상 현실을 관찰하면서 새로운 무기를 발견하는 모습이 등장한다.

가상 현실 속 가까운 경험과 먼 경험 모두 현실 세계의 경험만큼 의미를 지닐 수 있다. 때가 되어 메타버스가 어느 정도 보편화되면 우리는 가장 좋은 현실 경험보다 더 나은 메타버스 경험을 심심찮게 접할 것이다. 현실 경험보다 가상 경험의 가치가 높아질 수도 있다. 인류가 이 경계선을 넘는 모습을 상상하기 어렵겠지만, 1장에서 살펴보았듯 우리는 이미 역사 속에서 현실 세계보다 가상 세계에 더 역점을 둔 적이 많았다. 실제로 들어갈 수 있는 만족스러운 가상 세계를 만든다면 현실 세계가 상대적으로 시시해 보일 정도로 가상 세계가 좋아질 수도 있다.

지난 100년의 역사에서 알 수 있듯이 산업화 경제는 개인의 보람과 만족감을 위한 시스템이 아니었다. 인간의 행복이 생산과 소비에 좌우된다는 산업화 경제의 출발점은 오류가 있고 오래 가기 어렵다. 그러니 구성원의 요구를 충족하기는커녕 인정하지도 못하는 현실 세계의 인기는 떨어지고 개인의 만족감을 중요하게 여기는 가상 세계의 인기가 올라갈 것이다. 가장 좋은 경험을 제공하는 세계가 가장 가치 있는 세계가 된다.

여기서 내가 말하는 **가치**는 내적 만족감뿐 아니라 사회적 가치와 교환 가능한 경제적 가치를 뜻한다. 역사상 인류는 의미 있는 경험과 관련 있는 물건이나 인간관계에 큰 가치를 부여했다. 메타버스도 마찬가지일 것이다. 메타버스 내에 의미 있는 경험이 넘쳐나면 그에 따라 물건과 평판, 인간관계 등 가치 있는 상품과 서비스가 뒤따를 것이다. 최근 NFT의 대유행만 보더라도 순수하게 디지털로만 존재하는 사물도 가치를 지닐 수 있다. 가상 사회가 열리면 NFT는 의미 있는 경험을 디지털화한 실체로써 주목받을 것이다. 가상 세계에서 우리는 가장 소중한 기억을 안전하게 담아두고 자산으로서 가치를 매기는 데 NFT를 이용할 것이다. 가상 세계의 상품과 서비스, 물건과 경험에 가치가 쌓이면 메타버스 안과 밖 모두에서 통용되는 경제적, 문화적 영향력을 행사할 수 있고, 이 영향력에는 밝은 면과 어두운 면이 공존할 것이다.

이 장을 열면서 메타버스 안에서 내적 경험을 산업화할 수 있다고 설명했다. 현실 세계에서도 그랬듯이 산업화에는 위험이 따른다. 부와 권력이 소수에게 집중되고, 이 소수가 딴 맘을 먹을 수도 있다. 이 주제에 관해서는 책 후반부에 더 자세히 다루겠지만 메타버스가 제대로 발달한다면 가상 세계 하나가 제대로 만족감을 주지 못할 때 우리는 다른 가상 세계를 찾아 나설 수 있다. 가상 세계 간 경쟁을 통해 모두에게 더 나은 기회를 만들 수 있다. 정체되고 발전이 없는 느낌이 들 때는 견문을 넓힐 기회를 찾아 그랜드 투어에 나설 수 있다.

가상 세계에서 경제적 가치의 기준은 경험의 양과 질일 것이다. 사용자의 요구에 맞는 경험을 보유한 가상 세계는 성공하고 이런 경험을 제공하지 못하는 가상 세계는 실패할 것이다. 독일의 위대한 작가 요한 볼프강 폰 괴테는 기행문 『이탈리아 기행』 Italienische Reise에서 긴 이탈리아 여행의 목적이 "내가 보는 대상에서 내 모습을 발견하기" 위해서라고 서술했다. 그러나 메타버스에서는 멋진 대상을 보는 일은 시작점일 뿐이다. 메타버스의 네트워크로 연결된 가상 세계는 우리가 보고 느끼고 만지고 잡고 사용할 수 있는 대상이 가득할 것이다. 메타버스에서 체험할 수 있는 대상은 오늘날 상상할 수 있는 범위보다 훨씬 넓고 다양할 것이다. 세련된 그래픽 기술이 이런 메타버스 경험에 중요한 역할을 하겠지만, 이 책에서 말하는 패러다임 전환은 그래픽의 화려함과 별 관련이 없다. 중요한 건 정교한 그래픽이 아니라 정교한 상호 작용이다. 다음 장에서 그 이유를 설명하겠다.

# 4장

. . .

# 가상 세계의 복잡성

2018년 개봉한 영화 「레디 플레이어 원」은 2011년에 발표한 같은 이름의 소설을 영화화했으며, 미래 중에서도 더 먼 미래의 가상 세계를 설정했다. '오아시스'OASIS라는 가상 세계는 사용자 각자가 바라는 모습에 따라 쇼핑몰, 도서관, 모임 공간, 직업 소개소, 모험의 장소 등 무엇이든 되는 곳이다. 최첨단 그래픽과 촉감을 그대로 전달하는 햅틱 기술 덕분에 사용자는 오아시스 환경에 완전히 몰입할 수 있다. 이 안에서는 수없이 많은 사용자가 지연이나 끊김 없이 동시 접속해 환상적인 활동부터 따분한 활동까지 무엇이든 할 수 있다. 영화에서 오아시스는 사람들이 벗어나고자 하는 황량한 '현실 세계'와 정반대이다.

「레디 플레이어 원」 외에도 고도로 발달한 가상 세계가 현실 세계와 공존하는 미래를 그린 작품은 대중문화에서도 찾아볼 수 있다. 「매트릭스」와 「코드명 J」 같은 영화와 『뉴로맨서』와 『스노 크래시』 같은 소설에서 가상 세계는 현실과 구별하지 못할 만큼 비슷하거나 현실보다 더 우월한 세계로 그려진다. 그러나 재미와 행복이 넘치는 가상 세계를 황량하고 적막한 현실 세계와 극명하게 대비하는 탓에 우리는 은연중에 디지털 가상 세계를 지배 도구나 도피처, 말하자면 일상의 고단함에서 대중의 눈을 돌리기 위한 '오락거리'로 여기게 되었다.

물론 소설이나 영화 같은 창작물이 이상적인 인류 미래를 제시할 의무는 없다. 오히려 종으로서 인류의 한계를 표현하고 우리가 허영심에 휘말렸을 때 미래가 낙원을 가장한 나락이 될 수 있다고 경고하는 장치가 될 수 있다. 이런 미래에서 현실 세계는 빛이 바랠 수밖에 없다. 일단 가상 세계부터가 미심쩍은 목적을 가진 해로운 곳이기 때문이다. 가상 세계에서 현실 세계로 가치가 이동하는 일도 없다. 가상 세계에서 가치가 발생하지 않기 때문이다. 지금까지 가상 세계를 그린 영화나 소설은 정교한 가상 세계를 건설해봐야 인류에게 해를 끼칠 뿐이라고 경고해왔다. 소설가와 영화 제작자의 경고에 따르면 이런 암울한 미래가 실제로 벌어진다면 인류가 이미 돌이킬 수 없는 상태까지 갔다는 신호이다.

대다수 평범한 사람은 가상 세계를 떠올릴 때 소설이나 영화에서 본 모습을 떠올리기 마련이다. 책과 영화, TV 드라마는 우리 마음에 가상 세계의 원형을 심어줄 뿐 아니라 가상 세계를 인식하는 말에도 영향을 준다. 닐 스티븐슨은 『스노 크래시』에서 **아바타**라는 말을 퍼뜨리고 **메타버스**라는 말을 처음 소개했다. 윌리엄 깁슨은 단편 「버닝 크롬」Burning Chrome에서 **사이버스페이스**라는 말을 처음 사용했고 컴퓨터 네트워크에서 벌어지는 '집단 환각'이라고 정의했다. 지당하신 말씀이다.

이러한 영화와 소설 작품은 가상 세계를 만드는 기획자나 개발자의 상상력을 자극함으로써 디지털 메타버스의 등장을 촉진하는 역할도 했지만, 한편 메타버스의 목적과 역할은 무엇일지, 현실 세계에 어떤 의미가 있을지 혼란을 주어 오해를 심기도 했다. 이러한 사이버 픽션(사이버펑크, 공상 과학의 하위 장르로서 가상 현실의 미래를 그린 장르 – 옮긴이) 작품이 메타버스의 모습을 상상하는 데 도움이 되기도 했지만, 아직 싹을 틔우지도 않은 메타버스에 죄악과 부패의 이미지를 씌워 암울한 미래를 그리기도 했다.

실제 디지털 메타버스는 SF 작품 속 장치에 그치지 않을 것이다. 1장에서 언급했듯이 가상 세계는 지금껏 현실과 동떨어져 홀로 존재한 적이 없고 오히려 현실 세계에 유용한 가치를 창출해

왔다. 메타버스가 디지털로 구현되어도 이 역할은 변하지 않을 것이다. 디지털 가상 세계의 사회적 목표는 현실 세계에 해를 끼치는 부정적인 경험 생성이 아니라 유용하고 정교한 경험을 생성해 현실 세계에 도움이 되는 것이다. 이 목표에 도달하기 위해서는 지금껏 알고 있던 가상 세계 모형을 점검해야 한다. 사실과 허구를 구별하고 미래에 올 유용하고 복잡한 세계의 초석을 다져야 한다. 따라서 이 장의 주제는 복잡성complexity이다.

아직 영화나 소설 속 가장 단순한 가상 세계조차도 실제로 만들기까지 한참 멀었다. 영화를 보고 무한한 복잡성을 지닌 메타버스를 상상하기는 어렵지 않지만, 그런 메타버스를 만들기는 그리 간단치 않다. 게임 산업에서도 가상 세계라고 할 만한 게임이 이제 막 등장하기 시작했고, 아직 걸음마 단계에 있다. 지금은 사용자 몇 명이 간단한 활동을 함께 수행하는 수준이다.

게임을 직접 하지 않는 독자라면 요즘 게임이 얼마나 화려하고 아름다운지 떠올리며 고개를 갸웃할 수도 있다. 실제로 에픽게임즈나 유니티 같은 기업은 수준 높은 그래픽과 애니메이션, 사용자 인터페이스를 쉽게 개발하게 돕는 프론트엔드를 구축해 '게임 엔진의 혁명'을 일으켰다. 거기에 전용 그래픽 하드웨어까지 눈부시게 발전하니 컴퓨터상에서 현실감 넘치는 게임 환경을 실시간으로 구현할 수 있게 되었다. 그러나 네트워크나 시뮬레이션, 백엔드 혹은 '서버 사이드'server-side 발전 속도는 이에 못 미쳐 현실감 넘치는 그래픽과 상호 작용하기는 아직 어렵다.

'언리얼 엔진' 같은 최고의 게임 엔진도 접속자가 몇백 명 이상 몰리면 개별 시뮬레이션 성능이 한계에 도달해 지연이나 끊김이 발생한다. 「월드 오브 워크래프트」 같은 게임 사용자가 수백만 명이라고 하면 실제로는 사용자들이 하나의 환경이 아닌 복사본 여러 곳에 분산 접속해 있다는 뜻이다. 그러니 모든 게임 사용자가 한꺼번에 상호 작용할 수는 없다. 이렇게 여러 조각으로 나눠 저장하는 '샤딩'sharding 기술 때문에 게임 세계 내에서 게이머 간 상호 작용도 제한적이고 게임 세계와 게이머 간 상호 작용에도 제약이 있다. 인구가 고작 몇 명뿐인 세계에서 가장 위대한 영웅이 되어봐야 김빠질 수밖에 없다. 다음 장부터도 설명하겠지만 메타버스가 가치를 발휘하려면 먼저 수용 인원부터 폭발적으로 늘어야 한다.

비록 소설이나 영화가 이런 성능 문제를 해결할 수 있는 기술적 해결안을 (「레디 플레이어 원」의 분산 시뮬레이션 엔진처럼) 깜짝 놀랄 만큼 자세하게 표현하지만, 오히려 가상 세계와 현실 세계 사이에 가치가 이동한다는 메타버스의 참 의미를 제대로 이해하지 못한 듯하다. 등장인물들은 가상 세계를 탈출하거나 조종하려 한다. 이 전개를 따르다 보니 작품 속 가상 세계를 게임처럼 묘사하지만, 가상 세계가 게임이라는 개념부터 틀렸다. 소설 밖 현실의 메타버스는 제로섬 게임이 아니다.

지금 현실에서 활발히 개발하고 있는 메타버스는 사람들이 문제를 피해 도피하는 음침한 소설 속 가상 세계와 거리가 멀다. 오히려 사용자에게 유용한 경험을 통해 만족감을 주고, 이 감정은 사용자가 일상에서 더욱 성공할 수 있는 재료가 될 것이다. 가상 세계는 사용자의 삶을 지원해 현실 세계를 더 나은 곳으로 만들 것이다. 이렇게 가상 세계는 현실 세계에 도움이 되는 가치를 창출하고 메타버스는 이 가치를 전달하는 배관이다.

현실 속 가상 세계가 소설 속 가상 세계와 크게 다른 탓에 가상 세계에 대한 오해와 회의적인 시선이 발생한다. 가상 세계에 지나친 기대를 걸거나 '현실감'의 개념을 전혀 잘못 짚을 수도 있다. 마찬가지로 비판론자들이 미래 가상 사회를 가볍거나 무가치하다고, 심지어 위험하다고 싹을 자르려 할 수 있다. 물론 허구 속 가상 세계의 겉모습에 휩쓸려 극사실적인 그래픽과 시각적 몰입감만 강조하고 내적 성취감을 느끼거나 유용한 경험을 할 기회는 턱없이 부족한 가상 세계를 만든다면 비판론자들의 판단이 옳다. 이런 가상 세계에는 유용한 복잡성이 없기 때문이다. 그러나 미래는 정해져 있지 않다. 더 나은 미래를 만들기 위해 소설 속 가상 세계 모형을 넘어서면 된다.

소설에서나 일상에서나 가상 세계의 질과 유용성을 따질 때 유용한 복잡성과 그래픽 몰입감을 구별하지 못하는 사람이 많다. 이들은 주로 현실감이란 사진처럼 정확히 묘사하는 **포토리얼리**

즘이라고 생각한다. 가상 세계의 아바타가 그래픽이 아닌 실제 사람처럼 보이는가? 배경이 눈앞에 펼쳐진 실제 풍경처럼 보이는가? 가상 세계에서 바람이 불면 아바타의 머리카락이 사실적으로 흩날리는가?

보통은 위 질문에 '예'라고 답할 수 있는 가상 세계가 가장 복잡도가 높다고 여기며, 그래픽 구현에 필요한 연산 성능을 본다면 이 생각이 맞다. 그러나 그래픽 구현만 따지는 관점은 복잡도를 매우 좁게 정의한 관점이며, 메타버스가 어떤 가치를 창출할지 이해하는 데는 특별히 도움이 되지 않는다. 최첨단 그래픽으로 구현한 복잡성이 꼭 유용한 경험을 보장하지는 않는다. 가상 현실과 게임의 역사에서 확인할 수 있듯이 가상 환경이 얼마나 가치 있는지 평가하려면 그래픽 품질이 아닌 얼마나 복잡성 있는 환경인지, 또 얼마나 동기 부여가 잘 되는 환경인지 측정해야 한다.

3장에서 나는 가상 세계가 자기 결정성과 심적 만족감을 느끼는 통로라고 설명했다. 기업 광고 속 빈 깡통이나 소설 속 암울한 미래가 아닌 이 책에서 그리는 바람직한 메타버스를 **왜** 만들어야 하는지, 그리고 **어떻게** 만들어야 하는지 이해하려면 먼저 가상 환경의 복잡성이란 무엇인지 알아야 한다.

이 장에서는 디지털 메타버스 속 가상 세계의 복잡성을 탐색하려 한다. 그럼으로써 독자가 가상 현실의 번지르르한 말과 실제를 구별하고, 궁극적으로는 현재 구현할 수 있는 복잡성 수준과 더 먼 미래 가상 세계에 필요한 복잡성 수준을 구별하게 돕고자 한다. 우선 1세대 가상 세계를 돌아보며 사용자의 흥미를 꾸준히 유지하는데 왜 화려한 그래픽보다 내실 있는 상호 작용이 효과적인지 알아보겠다. 또 **유용한 복잡성**useful complexity이라는 개념을 소개하고 복잡성에 왜 여러 단계가 필요한지 설명하겠다. 복잡성이 증가할 때 기술적으로 어떤 어려움이 따르는지, 또 가상 세계나 가상 세계를 구현하는 기반 구조의 복잡성을 평가할 때 '1초당 상호 작용 횟수'communications operations per second, COPS 측정이 중요한 이유를 설명하고자 한다.

복잡성이 점점 증가하면 결국 가상 세계가 현실보다 더 현실처럼 느껴질지도 모른다. 아직은 먼 이야기지만, 그 이유가 단순히 현재 기술로 인간과 똑같이 생긴 캐릭터를 구현하기 어려워서만은 아니다. 이따금 자기 결정성 이론 전문가와 협업하는 게임 개발자가 있긴 해도 아직 개발자 대다수는 사용자의 내적 만족감보다 외적 몰입감을 훨씬 중요하게 생각한다. 안에서 밖으로 향하기보다는 밖에서 안으로 향하는 설계 방식이다. 아직은 가까운 경험을 중심으로 가상 세계를 설계하는 셈이다. 그러나 앞으로는 우리가 사는 현실 세계를 깎아내리지 않고 장점을 살려주는 가상 세계, 인간의 가장 좋은 면을 닮은 먼 경험의 새로운 세계를 만들 수 있다.

잠시 영화 「레디 플레이어 원」의 세계로 돌아가 보자. 결말에서 주인공 웨이드 와츠가 경쟁에서 승리해 오아시스 가상 세계의 운영권을 넘겨받게 되자, 와츠는 사용자들이 현실 세계 사람들과 시간을 보낼 수 있도록 일주일에 이틀씩 오아시스를 닫기로 한다. 어찌 보면 다소 우울한 결말이다. 오아시스 가상 세계가 처음부터 사용자들의 심리적 만족은 뒷전인 채 시각적 몰입감을 앞세우다가 일이 점점 엇나갔다는 뜻이기 때문이다. 실제 개발자들도 가상 세계 초창기부터 비슷한 실수를 반복했다. 영화에 나오는 암울한 미래를 피하기 위해서는 어떤 복잡성이 중요한지 이해해야 한다.

## 두 세계 이야기

1990년 시카고의 어느 쇼핑몰에 디지털 컴퓨팅의 미래가 열렸다. 어린이 박물관과 테마 식당 옆에 수백만 달러짜리 배틀테크 센터BattleTech Center가 들어섰다. 한 신문 보도에 따르면 쇼핑몰 방문객이 8달러만 내면 아늑한 '조종석'에 앉아 10분 동안 '세계 최고 수준의 컴퓨터 게임'을 할 수 있었다. 조종석을 꽉 채우는 커다란 모니터로 최첨단 그래픽을 보면서 마이크로 다른 조종석에 앉은 게이머들과 대화할 수 있었다. "아케이드 게임 사업과는 차원이

다르죠." 배틀테크 센터 공동 창업자 조던 와이즈만Jordan Weisman
의 1990년 TV 인터뷰 내용이다. "디즈니랜드를 동네 회전목마와
비교할 수는 없잖아요."

배틀테크 센터의 인기를 보면 1990년대에 서라운드 가상 현실
에 얼마나 기대가 쏠렸는지 짐작할 수 있다. 선명하고 현실감 넘
치는 가상 현실 세계라니, 투자자와 기술 평론가가 푹 빠질만했
다. 머지않아 가상 세계 경험이 현실 세계 경험보다 더 나아지리
라고 호언하는 사람도 있었다. 한 전문가는 1991년 『스포츠 일러
스트레이티드』Sports Illustrated와의 인터뷰에서 다음과 같이 장담했
다. "가령 (누구든) 가상의 마이클 조던과 농구 할 수 있다면 출
근하지도 않고 먹지도 않고 씻지도 않을 겁니다. VR 앞에서 현실
은 시들해질 수밖에 없어요."

이런 장밋빛 미래를 상상하며 여러 투자자가 가상 현실 연구
개발에 수백만 달러씩 쏟아부었다. 배틀테크 센터는 곧 전 세계
쇼핑몰에 수십 대씩 도입되었고 기업은 가정용 가상 현실 제품을
빠른 속도로 출시했다. 모두 몰입감을 주는 정교한 그래픽이 가
상 현실의 핵심이라고 생각했다. 컴퓨터 게임에서는 눈앞의 화면
만 응시해야 했지만 가상 현실에서는 게임에 푹 빠질 수 있기 때
문이다. 기업은 360도를 볼 수 있는 3D 헤드셋과 손으로 직접 조
작할 수 있는 장갑 컨트롤러를 개발했다. 몰입감을 주는 그래픽
이야말로 가상 세계의 노른자였고 미래적인 느낌을 주는 핵심 요

소였다.

그러나 가상 세계의 미래는 열리지 않았다. 1990년대 말 무렵에는 배틀테크 센터들이 문을 닫았고 가상 현실의 유행도 사그라들었다. 이런 유행이 푹 꺼진 데는 몇 가지 이유가 있었다. 우선 그 시대에 적용 가능한 기술이 가상 현실 개념에 한참 못미쳤다. VR 헤드셋은 크고 거추장스러웠으며, 가격도 가정에서 사용하기에는 턱없이 비쌌다. VR의 현실감 있는 그래픽이 잠재성이 높다 해도(실제로 당시로써는 첨단이었다) 객관적으로 그리 멋있는 수준은 아니었고, 더욱이 현실 세계에 한참 뒤떨어졌다. 사용자가 돌아다닐 수 있는 게임 환경을 극사실주의로 개발하는 일은 극사실주의 그림을 그리는 일보다 훨씬 어렵다. 작업에 사용하는 하드웨어와 소프트웨어 성능에 제약을 받기 때문이다. 1990년대에는 소프트웨어 성능이 그리 높지 않았다. 손에 든 도구가 크레용 한 통뿐인데 극사실주의 거장 리처드 에스테스가 될 수는 없다.

설령 VR 헤드셋을 살 능력이 있다 해도 그 헤드셋으로 할 수 있는 일이 별로 없었다. 1990년대에는 인터넷을 이용하려면 전화 모뎀으로 컴퓨서브CompuServe나 에이오엘AOL에 접속해야 했다. 대학교 캠퍼스와 대기업이 아니면 초고속 인터넷 접속은 어려웠다. VR 사용자끼리 만날 수 없으니 사용자들은 홀로 쓸쓸히 가상 공간을 돌아다니며 집에 사둔 게임만 질릴 때까지 공략하기 일쑤였다.

게임은 쉽게 질렸다. 가상 세계가 시각적으로는 정교하고 몰입감 있었을지 몰라도 경험이 빈약했다. 그래픽은 트롱프뢰유 trompe-l'œil 눈속임 그림처럼 공간의 깊이감을 만들어냈지만, 사용자가 제대로 상호 작용할 만한 요소가 없고 가상 환경 안에서 마음대로 행동할 수 없었다. 다른 사용자들과 의미 있게 상호 작용할 수도 없었다. 일단 다른 사용자가 별로 없었다. 가상 현실처럼 컴퓨팅 자원을 많이 잡아먹는 환경에 실시간으로 여럿이 접속하기에는 당시의 컴퓨터 기반 기술이 턱없이 부족했다. 접속자 수가 적으니 가치 창출의 여지도 줄었다. 게임 말고는 가상 세계에서 이렇다 하게 할 만한 일도 없었고, 그 게임조차도 불만족스러운 수준이었다.

이렇듯 1세대 VR이 실패한 원인은 그래픽의 현실감이 부족하거나 기술 기반 시설이 부족해서가 아니라 만족스러운 경험이 부족해서였다. 그때나 지금이나 가상 세계가 쓸모 있으려면 그래픽의 몰입감만으로는 역부족이다. 경험이 빠진 몰입감은 실물과 똑같은 섬뜩한 인물상이 가득한 왁스박물관이거나 기껏해야 시각적으로 풍성하지만 정해진 길로만 다닐 수 있는 디즈니랜드 놀이기구일 뿐이다. 몰입감만을 내세운다면 오히려 그 가상 세계의 부족한 면을 낱낱이 밝히는 셈이며, 오히려 사용자들이 적극적으로 뛰어들지 않게 된다. 복잡성이 부족한 탓이다. 지금은 VR기기가 훨씬 발전했지만, VR기기를 거쳐 접속하는 세계는 여전히 심심하고 밍밍하다. 지금도 생생한 상호 작용과 경험을 만드는 데 보다 굉장한 그래픽을 개발하는 데 훨씬 자원이 많이 투입된다.

1990년대 당시에도 예리한 전문가들은 가상 세계에 그래픽 완성도보다 충족감이 훨씬 중요하다는 사실을 알아차렸다. 소프트웨어 개발자 칩 모닝스타Chip Morningstar와 F. 랜달 파머F. Randall Farmer는 그해 발표한 논문에서 가상 현실의 유행과 투자 현황에 관해 다음과 같이 꼬집었다. "우리가 보기에는 온갖 하드웨어를 둘러싼 천진난만한 낙관론은 지나친 정도가 아니라 한참 잘못 짚은 느낌이 든다. 아무리 봐도 업계가 가장 긴급한 문제가 아닌 잔가지에 정신이 팔린 느낌이다."

모닝스타와 파머는 가상 세계 사업을 운영하는 중이었다. 둘은 「해비타트」Habitat라는 게임을 공동 개발했다. 1986년 루카스필름 게임즈Lucasfilm Games가 출시하고 AOL의 전신인 퀀텀링크Quantum Link라는 초기 온라인 서비스가 운영한 「해비타트」는 자타 공인 최초의 온라인 가상 현실 게임으로써 온라인에서 자율성과 개인의 성취감을 극대화한 실험적인 시도였다. 게이머들은 각자가 원하는 속도로 각자의 관심과 필요에 맞게 게임 내 환경을 자유롭게 돌아다닐 수 있었다. 아바타를 마음대로 만들고 직업이나 성격도 마음대로 정할 수 있었다. 보물을 찾으러 떠나고 싶으면 떠나고 가만히 서서 다른 게이머들과 대화를 나누고 싶으면 대화할 수 있었다. 「해비타트」는 자기 결정성 이론을 마음껏 시험할 수 있는 곳이었다.

어디서 무엇이든 할 수 있게 되자 사용자들은 전혀 예상치 못했던 행동을 보였다. 어떤 사용자는 게임 안에서 신문을 창간해 주 20시간씩 들여 「해비타트」 소식을 보도했다. 실제 세계에서 목사인 다른 사용자는 가상 교회를 지어 아바타 간 결혼식을 주재했다. 가상 결혼이 어쩔 수 없이 가상 이혼으로 끝나자 가상 변호사들이 이들의 가상 자산 분배를 중재했다. 사용자들은 가상 보안관을 선출해 가상 범죄를 막는 책임을 맡겼다.

「해비타트」는 현실 세계를 본떠 만든 게임이었지만 화면은 별로 현실감이 없고, 오히려 조악한 만화에 더 가까웠다. 아바타는 말풍선으로 '대화'했다. 배경 화면도 엉성했다. 집은 큼직한 네모였고 앞마당은 단색조 녹색 줄이었다. 그러나 모닝스타와 파머는 상대적으로 조악한 그래픽은 크게 신경 쓰지 않았다. 가상 세계 주민에게는 그래픽보다 다른 가치, 즉 "가상 세계 안에서 할 수 있는 일, 거기서 마주치는 사람들의 성격, 다양한 사용자가 영향을 주고받는 방법"이 중요하다고 생각했기 때문이다. 둘은 게임 내 그래픽의 수준에 관해 "지엽적인 문제"라고 못 박았다.

「해비타트」는 1988년 서비스를 종료했지만, 개방형 구조와 사용자 충족감에 초점을 맞춘 서비스 모델은 후대 게임에도 영향을 주어 가상 공간의 의미를 새로 정의하는 다양한 다중 접속 게임 환경이 탄생했다. 「해비타트」의 계보를 잇는 「세컨드 라이프」부터 「마인크래프트」 「이브 온라인」까지 게이머들은 게임 속 삶을 스스로 선택할 수 있게 되었다. 이들 게임도 그래픽 수준보다 상호 작용의 복잡성과 사용자의 자율성을 강조하여 게이머들의 사랑을 받았다.

일례로 「이브 온라인」은 우주를 무대로 새로운 은하계의 다양한 주민 역할을 할 수 있는 MMORPG로서 2003년 출시 후 지금까지 서비스를 이어가고 있다. 파급력이 얼마나 강했는지 전직 기자 앤드류 그로언은 「이브 온라인」의 비공식 역사학자를 자처하기도 했으며, 2003년부터 2016년까지 게임 세계의 역사를 책 2권으로 집대성했다. 전쟁과 동맹, 주요 인물과 사건을 명확한 연대순으로 정리한 어엿한 역사서이다. 책의 주제는 게임 개발의 역사가 아니라 게임 세계 안의 인물과 사건 기록이다. 이런 역사서가 존재한다는 사실에서 「이브 온라인」이 얼마나 많은 사람에게 중요한 의미를 지니는지 알 수 있다.

배틀테크 센터와 「해비타트」 이후 30년도 더 지난 지금 디지털 환경은 어느 때보다도 만족스럽고 유용하며 어디서나 즐길 수 있게 되었다. 가상 현실의 시각적 경험과 컴퓨터 게임의 그래픽 수준도 크게 발전했다. 그러나 아무리 그래픽 기술이 좋아졌어도 우리 시대에 존재감이 큰 게임들은 대부분 그래픽 해상도가 그리 높지 않다. 인기가 식을 줄 모르는 오픈 월드(사용자가 정해진 구조에 따르기보다 자유롭게 게임 세계를 돌아다니며 구성 요소를 마음대로 바꿀 수 있는 게임 유형 - 옮긴이) 게임 「마인크래프트」만 해도 게임 세계의 복잡성은 높을지언정 그래픽은 엉성하다. 게임 내 아바타와 지형은 만화 같은 블록 형상이다. 게임의 그래픽 수준은 현재 첨단 기술이 구현할 수 있는 시각적 경험보다 한참 뒤떨어진다.

그러나 「마인크래프트」 사용자들은 크게 개의치 않는 듯하다. 2021년 8월 기준으로 월간 활성 이용자Monthly Active Users, MAU 수는 1억4100만 명을 넘어섰다. 사용자들은 질리는 기색 없이 게임을 계속해 나가며 자신이 원하는 기능이 출시되기를 기다리기보다 어떻게 하면 게임의 세계를 자신이 원하는 대로 만들 수 있는지 먼저 나서서 찾는다. 공식적으로는 광물을 캐서 여러 가지 물품과 건축물을 만들어야 하지만, 실제로 게임을 하는 사람들은 게임의 가상 환경 안에서 무엇이든 자유롭게 스스로 선택할 수 있다. 예를 들어 어린이들은 학교에서 돌아오면 「마인크래프트」에 접속해 학교 친구들을 또 만난다. 어린 세대에게 이 게임은 어느새 마을 광장 같은 역할을 하게 되었다. 이제 「마인크래프트」는 쓸모 있고 의미 있는 경험으로 이끌어주는 길목이 되었다. 경험의 감각적 몰입감이 높지 않아도 상관없다.

물론 이상적으로는 가상 세계에서 최고의 그래픽과 최고의 상호 작용으로 몰입감과 경험을 모두 느끼면 가장 좋다. 게다가 기술적으로나 문화적으로 머지않아 두 가지를 동시에 구현할 수 있다. 오늘날의 디지털 게임은 과거의 화려한 착시가 아닌 실제 상호 작용이 가능한 환경을 만들 수 있다. 또 컴퓨터 처리 성능이 높아져 같은 게임 환경을 사용자 수천 명이 동시에 거의 실시간으로 볼 수 있게 되었다. 또 초고속 인터넷과 인터넷에 연결할 수 있는 기기도 널리 보급되었다. 수십 년 전 들었던 가상의 마이클 조던과 농구하고 가상 모험을 찾아 떠나는 꿈이 점점 가까워지고 있다.

나는 메타버스 기술 기업 창업자로서 가끔 이 분야의 미래를 엿볼 수 있는 입이 떡 벌어지는 데모를 접할 때가 있다. 지난 2021년 5월에도 우리 회사 임프로버블Improbable은 가상 공간 안에서 사용자 4144명이 아바타 4144개를 동시에 각각 마음대로 움직일 수 있는 데모를 공개했다. 데모의 목표는 가상 세계 안에서 모든 아바타가 각자 다른 모든 아바타의 행동을 보고, 듣고, 그 행동에 반응할 수 있게 하여 친밀감을 대규모로 확대하려는 것이었다.

실제 운영해보니 시각적으로도 몰입감이 높은 가상 환경 안에서 그렇게 많은 아바타가 각각 자율적으로 움직이는 모습이 매우 친밀하면서도 방대해 묘한 느낌이 들었다. 마치 미래를 예고편으로 보는듯한 느낌에 사용자 모두 감격과 흥분에 들뜬 분위기였다. 시연 도중 우리 팀이 대규모 음성 출력 기능을 시연하자, 서로 안면도 없는 수백 명이 일제히 토토의 〈아프리카〉를 합창하기 시작했고, 메타버스가 살아 움직이는 느낌에 전율이 일었다.

메타버스가 현실로 확 다가오는 순간이었다. 그렇게 많은 사람이 내 목소리를 들을 수 있다니, 묘하게 다른 사람의 시선을 의식하게 되기도 했다. 가까운 미래에 다가올 가상 세계는 이보다 더 방대한 규모면서도 친밀감을 느낄 수 있는 세계일 것이다. 미래의 가상 세계는 「해비타트」의 강점이었던 오픈 월드 구조와 VR의 목표였던 생생한 그래픽이 결합해 신체 감각과 마음에 골고루 만족스러운 유용한 경험을 줄 것이다. 그러기 위해서는 복잡성을 측정하는 방법을 먼저 살펴볼 필요가 있다.

## 유용한 복잡성

디지털 환경에서 시각적 몰입도를 측정하고 평가하는 방법은 이미 잘 알려져 있다. 보통은 게임 환경의 그래픽 품질(픽셀, 화면 재생률, 해상도), 그리고 물리 엔진을 얼마나 충실히 재현하는지 종합한다. 이 2가지 기준으로 컴퓨터 성능과 사용자가 직접 보는 현실의 차이를 경험하고 컴퓨터가 가상 공간을 얼마나 생생하게 잘 만들었는지 평가할 수 있다.

컴퓨터 게임 초기 그래픽의 성능은 사용자들이 현실감을 느끼기에는 턱없이 부족했다. 반대로 유명 영화 속 가상 세계의 그래픽은 극도로 생생하다. 게임 개발자가 왜 시각적 몰입도를 측정하려 하는지, 왜 다음 버전을 출시할 때마다 시각적 몰입도를 개선하려 애쓰는지 그리 어렵지 않게 이해할 수 있다.

마찬가지로 가상 세계의 유용성을 높이려면 그 가상 세계가 제공하는 경험과 만족감을 측정하고 평가할 방법이 필요하다. 가상 세계는 사용자가 의미를 느낄 수 있는 곳이다. 한 명이 아닌 동시에 접속한 모든 사용자에게 의미를 제공하는 능력은 어떻게 평가해야 할까?

우리가 가상 세계의 경험적 복잡성을 평가하는 데는 2가지 지표가 있는데 하나는 개인별 상호 작용이 얼마나 풍성한지이고, 또 하나는 사회 하나를 유지하는 데 필요한 다양한 변화를 얼마나 실시간으로 매끄럽게 반영하는지다. 이 둘을 종합할 때 가상 세계의 **유용한 복잡성**을 측정할 수 있다. 유용한 복잡성은 여러 가지로 해석할 수 있는데, 하나는 가상 세계 자체의 유용한 복잡성이고 다른 하나는 그 가상 세계 내 경험의 양과 질이다. 가상 세계 안에서 사용자가 집어 들고 잡고 조작할 수 있는 대상이 늘어날수록, 그리고 사용자가 탐색할 수 있는 환경이 다양할수록, 의미 있게 교류할 수 있는 아바타가 많을수록 유용한 복잡성도 커진다. 가상 세계의 유용성을 평가하는 기준점은 현실 세계이다. 현실 세계에는 깊이가 있고, 현실에 사는 우리가 이 깊이를 당연하게 여긴다는 사실이 바로 현실 세계의 안정성과 자연스러움의 증거이다.

누군가의 집 파티에 초대되어 사람이 가득한 방에 들어섰다고 생각해보자. 비록 바로 의식하지는 못하더라도 그 방에서 할 수 있는 일은 끝없이 다양하다. 일단 방 안에 있는 모든 물건과 상호 작용할 수 있다. 의자에 앉아도 되고 조명을 켰다 끄거나 집주인의 책장을 훑어볼 수도 있다. 팝콘 그릇을 뒤적일 수도 있고 병따개를 들어 맥주병을 열 수도 있다. 방안을 돌아다니며 누군가와 담소를 나눌 수도 있고, 반가운 사람들과 말없이 눈인사하거나 손을 흔들 수도 있고 마주치기 싫은 사람들을 슬금슬금 피해 다닐 수도 있다. 파티 분위기를 살린다고 셔츠를 찢고 머리에 전등 갓을 쓰고 돌아다닐 수도 있다. 사람들을 안아줄 수도 있고, 치고 받고 싸울 수도 있다. 방을 몰래 빠져나와 조용한 곳을 찾아 집안을 돌아다닐 수도 있다. 파티 환경과 상호 작용할 수 있는 방법은 무한히 많고, 상호 작용의 결과에 따라 미래에 장단기적으로 영향을 줄 수도 있다. (파티에서 누군가에게 싸움을 건다면 다음번에 초대받지 못할 것이다.)

현실 세계는 익숙한 환경이라 해도 상호 작용 거리가 무궁무진하게 많다. 무엇보다 중요한 건 현실 세계에서는 파티에 참석한 사람 모두 각자 자기만의 파티를 경험하고 있다는 사실이다. (친밀감을 방대한 규모로 제공하는 데는 현실 세계만한 곳이 없다.) 파티 장소에 몇 명이 들어오든 참석자 각각의 경험은 자기 선택에 따른 결과이지 파티 환경이 정해주는 대로 흘러가지 않는다. 물론 현실 세계의 파티도 사람이 많이 올수록 공기도 답답해지고 주방에 왔다 갔다 하는데 시간도 더 걸리지만, 그렇다고 사용자가 몰린 게임처럼 집이 사라졌다 나타났다 하지는 않는다.

　무엇보다 현실 세계에서는 이런 각각의 경험이 모두 유기적으로 연결된다. 환경에 변화가 생길 때마다 참석자는 각자 그 변화를 체험할 수 있어 자연스럽고 깊이 있는 경험을 할 수 있다. 여러 사람이 모였을 때 뜻밖의 새로운 기회가 생길 수도 있다. 축구 경기장에서 즉흥적으로 터지는 응원의 함성은 누구도 계획하지 않았지만 눈 깜짝할 사이에 관중 수천 명이 마음을 맞춘 결과다.

　영화나 소설 속 가상 세계에서는 「레디 플레이어 원」의 오아시스처럼 모든 사용자가 무한히 깊게 무한히 넓게 선택할 수 있다. 그러나 현재 가상 세계는 아직 기술적인 제약으로 영화나 소설만큼 유용한 복잡성을 제공하지는 못한다. 모든 물건이나 사용자와 일일이 유의미하게 상호 작용할 수 있으면서 쭉쭉 늘어가는 사용자에게 똑같이 질 높은 경험을 제공하는 디지털 환경을 개발하기 위해서는 컴퓨터 처리 성능이 어마어마하게 좋아야 한다. 그러나 무엇보다 이 문제는 그래픽 성능 향상과는 아무 상관 없이 통신과 네트워크의 문제이다.

　가상 세계 시스템은 가상 세계에 접속한 모든 사용자를 인식하여 각 사용자의 정보 접근 권한을 조율해야 한다. 기능상 거대한 항공 교통 관제소와 비슷하지만 모든 관제 기능이 상상을 초월하는 속도로 돌아가야 한다는 점에서 다르다. 비록 메타버스의 컴퓨터 공학적인 면을 조명하려 책을 쓴 것은 아니지만, 보기보다 훨씬 기술적으로 어려운 문제라고 강조하고 싶다. 지금은 구글 검색이나 아마존 온라인 상점 같은 거대한 시스템도 상호 의존성이 전혀 없는 '뻔한 병렬' 방식을 문제 해결 방법으로 삼는다. 사용자 두 명이 각각 검색어를 입력하거나 양말을 사려 할 때 두 사용자 사이에 정보를 교환할 일은 전혀 없다. 시스템은 이런 요청을 즉시 분리해 각각 따로 처리하면 된다. 그러나 복잡한 사회적 상호 작용이 있는 가상 현실 구현은 구글과 아마존식 접근으로 만들기 어렵다. 사용자 한 명의 시선을 구현하는 데만도 다른 사용자 전원이 무엇을 하는지 파악해야 하기 때문이다. 그러니 사용자 수가 늘어날수록 복잡성 구현도 급격히 어려워진다.

다음 소주제에서 이런 상호 작용을 극대화하기 위한 조건을 좀 더 상세히 살펴보겠지만, 우선은 모든 사용자에게 동시에 똑같이 질 높은 상호 작용을 제공하는 가상 세계를 구축하기 위해 한 걸음씩 노력할 때마다 가상 세계 내의 경험도 더 유용해지고 가상 세계가 현실 사회에 더 큰 도움이 된다고 말해두겠다. 언젠가는 가상 세계에서의 파티가 현실 세계에서의 파티보다 더 생생하고 즐거워질 수도 있다. 현실 세계보다 유용한 경험이 더 많아지기 때문이다. 같은 파티를 다양한 시각에서 보고 들을 수도 있고 북적거리는 방을 훑어보면서 참석한 사람들의 이름과 직업을 즉각 파악할 수도 있을 것이다. 그러나 아직은 가상 세계가 현실 세계의 물리적·심리적 깊이를 최대한 비슷하게 재현하려 한 발짝씩 전진하는 단계에 있다.

다행히 가상 세계에서 한 사회를 구성하기 위해 꼭 현실 세계만큼의 깊이가 필요하지는 않다. 그렇게 인기를 끌었던 「해비타트」도 겉모습은 단순한 만화였지만 경험의 복잡성이 있는 사회를 구성했다. 가상 세계가 충분히 많은 사람을 수용하여 각 사용자의 행동을 동시다발적으로 반영한다면, 지속성 있고 사용자의 삶에 영향을 준다면 그 안에 사회를 충분히 구성할 수 있다. 가상 세계의 오픈 월드 구조 안에서 사용자 간 상호 작용이 활발하고 다양한 경험을 할 수 있고 선택의 폭이 넓을 때 유용한 복잡성도 자연스레 발생한다. 더 나아가 현실 세계의 문제를 해결하는데 이런 복잡성을 이용할 수도 있다.

가상 세계가 현실 세계 시나리오를 구현할 수 있을 만큼 복잡성이 높아진다면 도시 계획, 재해 관리, 제품 출시나 제품 개발 등에 사전 예행연습이 가능해진다. 그렇게 된다면 가상 세계는 복잡한 문제에 답을 찾고 '만약'을 연습해볼 수 있는 도구로써 유용해진다. 사회도 '만약'을 연습해봄으로써 과거에 실마리를 찾지 못하던 사회 문제들의 복잡성을 슬기롭게 관리하며 해결 방법을 찾을 수도 있다. (단, 이 이상을 실현하려면 컴퓨터 처리 성능도 크게 발전해야 한다.) '만약'을 연습할 수 있는 가상 세계는 개인과 사회에 모두 유용하고 가치 있을 것이다.

개발자들은 3가지 조건을 모두 충족하는 유용한 가상 환경을 개발하려는 목표를 세워야 한다. 첫째, 셀 수 없이 많은 사용자와 사물 간의 개별 상호 작용을 동시다발적으로 지원해야 한다. 둘째, 각 사용자가 심리적 만족감을 느낄 기회를 늘려야 한다. 마지막으로 현실 세계 문제 해결에 도움이 되어야 한다. 이런 요구 사항을 꾸준히 만족한다면 틀림없이 물리적·심리적 깊이와 유용함을 모두 갖춘 가상 세계가 될 것이다.

그렇지만 무엇을 얼마나 만족하는지 평가하는 기준을 어떻게 잡을 것인가? 가상 세계의 유용성이 개선되는 정도를 어떻게 객관적으로 측정할 수 있는가? 과학적 근거 없이 가상 세계를 설명하는 말 때문에(이에 대해서는 다음 장에서 자세히 언급하겠다) 현실성 없는 억측과 기대감이 난무하거나 영화나 소설 속 허구나 이기적인 기업 홍보 내용이 메타버스의 이미지를 좌우한다. 만약 유용성을 나타내는 객관적 지표가 있다면 소비자들은 과대광고와 현실을 구별할 수 있고 개발자들은 어떤 기준을 충족해야 현실보다 더 유용한 가상 세계를 만들 수 있는지 구체적으로 이해할 수 있다. 내가 가장 유용하다고 생각하는 지표는 임프로버블 동료 창업자들이 고안한 **1초당 상호 작용 수**이다. 메타버스의 메가헤르츠MHz(컴퓨터에서는 속도 측정 단위 - 옮긴이)라고 생각하면 된다.

## 메타버스의 메가헤르츠

어린아이와 오랑우탄, 화성인이 모두 쉽게 이해할 수 있는 비디오 게임을 만들어야 한다면 아무리 잘해봐야 「퐁」Pong을 능가할 수 없다. 1972년 아타리Atari가 출시한 「퐁」은 상업적으로 성공을 거둔 첫 비디오 게임으로서, 지금까지도 역사상 가장 단순한 비디오 게임이다. 탁구를 흉내 낸 게임으로서 화면을 가르는 점선 '네트'가 있고 사용자는 '패들(화면 양쪽에서 아래위로 움직이는 두꺼운 하얀 선)' 2개를 이용해 작은 공을 네트 너머로 내보냈다. 내가 친 공을 상대방이 되받아치지 못하면 점수를 얻는다. 이게 전부다.

「퐁」에는 패들 2개와 공, 이렇게 움직이는 부분이 3개 있어 사용자가 패들을 움직일 때마다 최대 3가지 일이 동시에 벌어진다. COPS는 가상 환경에서 동시에 별도로 벌어지는 일이 몇 개인지 측정하는 지표로서, 그 가상 환경을 모델링하는데 동시에 전송하는, 혹은 전송해야 하는 메시지 수를 반영한다. 예를 들어 이 책을 집필하는 현재 「포트나이트」 게임에서 100명이 함께 상호 작용한다면 어림잡아 1만 COPS가 필요하다. 서버가 1만 개의 메시지를 모두 처리해 서버에 접속한 모든 사용자에게 재빨리 전송해야 한다는 뜻이다.

COPS가 클수록 가상 세계의 다양성, 현실감과 몰입도도 커진다. 가상 현실이 실제 현실을 비슷하게 혹은 더 낮게 재현할 수 있는 능력도 COPS를 이용해 객관적으로 수치화할 수 있다. 그러나 사용자 수가 급증하면 동시다발로 처리해야 할 정보량도 늘어나면서 서버에 부담도 늘어나 게임이 점점 느려지다가 종료될 수 있다. 가상 세계에 갑자기 성난 호랑이 떼가 몰려온다면 각 호랑이가 가상 환경에 주는 변화를 계산해 그 호랑이를 발견하는 모든 사용자의 화면에 전송해야 한다. 엄청난 통신적 부담이다.

가상 세계가 영화나 소설에서 묘사하는 만큼 물 흐르듯 돌아가려면 COPS가 무한정 높아야 한다. 그러나 현실적으로 무한정 높아질 수는 없다. 당대 기술 수준에 따라 최대 COPS가 정해진다. 따라서 기술의 한계에 가까워질수록 가상 세계의 품질도 흔들린다. 누군가가 우리 어깨에 1킬로그램짜리 무게추를 얹고 몇 초마다 무게를 1킬로그램씩 늘린다고 상상해보자. 처음 몇 분 동안은 견딜 수 있을지 몰라도 어느 시점부터는 진땀을 뺄 수밖에 없다. 등도 아프고 무릎도 후들거리며 땀을 뻘뻘 흘리면서 버티려 안간힘을 쓸 것이다. 그러나 아무리 애를 써도 언젠가는 무게를 버티지 못하고 넘어질 것이다. 힘이 얼마나 세던 언젠가는 쓰러지게 되어있다.

가상 세계와 COPS의 관계도 마찬가지다. 가상 세계에 현실 세계를 그럴싸하게 재현하려면 COPS가 엄청나게 커져야 한다. 다시 가상 파티 예를 들자면 가상 세계가 유용하려면 파티 장소에서 동시에 벌어지는 수많은 상호 작용뿐 아니라 같은 시간 가상 세계 안에서 벌어지는 모든 파티의 모든 상호 작용을 동시에 지원할 수 있어야 한다. 5만 명이 한 공간에 모이는 가상 콘서트도 처리할 수 있어야 하고 전쟁도 시뮬레이션할 수 있을 정도의 용량을 갖춰야 한다.

그쯤 되면 전 세계 이용자의 실시간 상호 작용을 지연 없이 처리하는데 수십억, 심지어 수조 COPS까지도 필요해진다. 대단히 어려운 도전이지만 게임 회사들은 이런 어려움이 존재하지 않는 양 그럴듯한 트레일러 영상으로 사용자를 현혹한다. 설령 이 정도 규모를 지원할 수 있다 해도 문제는 계속 이어진다. 개발한 시스템을 대체 어떻게 시험하고 검증할 수 있을까? 해킹과 시스템의 취약점을 공격하는 위협은 어떻게 막으며, 고가의 디지털 자산을 맡아 관리할 만한 안정성은 어떻게 확보해야 할까? 구글은 누구도 따를 수 없는 복잡한 검색 기반 기술로 기적과 같은 성과를 이뤘지만, 구글이 구축한 역량도 전 세계인을 수용할 수 있으면서 현실과 유사한 세계를 만드는데 필요한 성능에 한참 못 미친다.

보통 까다로운 분산 시스템(한 기능을 작동하기 위해 서로 다른 기기가 상호 작용해야 하는 컴퓨터 시스템)을 개발할 때는 시스템 규모가 10배 증가할 때마다 성장을 이어가고 각종 문제를 해결하기 위해 완전히 새로운 구조가 필요하다. 오늘날 메타버스에 거의 도달한 것처럼 광고하는 기업은 많지만, 이들의 주장을 자세히 들여다보면 이러한 기술적 난제를 해결했다는 이야기는 없다. 독자가 앞으로 그래픽이 난무하는 데모를 비판적인 눈으로 보고 해당 기업의 구현 능력을 한 번쯤 의심하는데 이 장의 내용이 도움 되었으면 한다.

언젠가는 가상 세계가 매우 유용해지는 때가 온다. 그러기 위해서는 앞에서 언급한 대로 대규모 상호 작용을 지원할 수 있어야 한다. 수없이 많은 사람이 아무런 문제 없이 복잡하고 만족스럽고 풍성한 경험을 할 수 있을 때 가상 세계는 진정 가치 있는 가상 세계가 될 것이다. 머지않아 가상 세계 내부뿐 아니라 외부에도 통용되는 가치를 창출할 수 있을 것이다. 가상 세계의 가치를 객관적으로 측정할 수 있게 되면 가상 세계는 어엿한 경제 활동의 동력이 될 수도 있다. 그 정도로 가상 세계의 영향력이 강해진다면 30년 전 업계가 약속한 가상 현실 경험을 비로소 누릴 수 있을 것이다. 이런 가상 세계는 '진짜' 삶을 피해 도망가는 곳이 아니라 삶의 연장선으로서 오래 머물고 싶은 곳이다.

가상 세계를 비판적으로 그린 영화와 소설이 한 가지는 제대로 짚었다. 바로 현실 세계가 점점 혼란스러워지고 있다는 예측이다. 가상 사회에 접어들며 우리가 맞닥뜨리는 문제는 과연 디지털 세계를 어떻게 활용할 것인가이다. 곤경에 빠진 세상을 벗어나는 수단인가, 혹은 바로잡는 수단인가? 공상 과학에서는 이미 결론이 확실하다. 영화와 소설은 우리가 현실 세계를 버리고 가상 세계로 떠난다고 말한다. 가상 세계가 유일한 도피처로 그려지는 것과 다르게 현실에서는 우리에게 선택권이 있다. 가상 세계에서 얻은 깨달음을 바탕으로 현실 세계의 사회·경제·정치 문제를 해결할 수도 있다.

그러나 가상 세계가 현실 세계와 따로 존재하는 한 현실 세계에 유의미한 영향을 주기는 어렵다. 디지털 가상 세계에서 창출한 가치가 현실 세계에도 도움이 되려면 가상 세계와 현실 세계를 긴밀하게 연결해야 한다. 메타버스의 진짜 의미는 가상 세계와 현실 세계의 결합체라는 뜻이다. 책 중반부에는 이런 결합체를 어떻게 구축하고 유지할지 상세히 설명하고자 한다.

# 5장

· · ·

# 의미의 연결망

2021년 6월, 페이스북 최고경영자 마크 저커버그는 메타버스에 회사의 미래를 걸겠다고 발표했다. 미래의 일과 놀이, 게임, 쇼핑, 그리고 생활까지 완전히 바꿀만한 생생한 가상 세계를 건설하겠다는 포부였다. 저커버그에 따르면 메타버스는 궁극의 미래로서 페이스북(곧이어 사명을 '메타'로 변경했다)이 만들 세상이었다.

이 발표는 당시 페이스북에 산재한 다른 문제에서 주의를 돌리려는 꼼수이기도 했지만, 저커버그도 페이스북의 발표에 관여한 그 누구도 메타버스가 무엇인지, 어떻게 될지 모르고 있다는 느낌 탓에 발표는 설득력이 별로 없었다. 얼핏 가상 현실과 아바타가 언급되었고 메타버스는 한계가 없는 공간으로 그려졌다. 그러나 어떤 표현에서도 메타버스가 대체 무엇인지, 왜 필요한지 의미를 찾기는 어려웠다. 메타버스에 대한 페이스북의 비전은 베이퍼웨어(개발 계획만 발표하고 출시 일자는 한참 지난 소프트웨어 제품 - 옮긴이)나 마찬가지였다. 이론상으로는 사용자가 무엇이든 할 수 있는 공간이면서 실체는 없는 아이디어였다.

중대 발표 후 페이스북이 메타버스 사업 모델에 맞춰 회사를 재정비하는 동안 경쟁사들은 우왕좌왕하며 뒤를 따랐고, 날밤을 새우며 메타버스 비전을 세우고 그 안에 자신들의 자리는 어디인지 정의하려 했다. 그렇다고 폭발하는 관심만큼 메타버스의 개념이 명확해지지는 않았다. 오히려 반대였다. 저커버그의 발표 후 기업들이 메타버스를 설명하는 데에 수십억 달러와 엄청난 노동력을 쏟은 지 1년이 지났지만, 법석만 떨고 근본적인 질문은 회피하는 인상이다. 그러나 신시장의 패권을 쥐려는 소수의 거대기업뿐만 아니라 누구에게든 디지털 메타버스가 조금이라도 의미가 있으려면 꼭 답해야 하는 질문이다.

우리가 메타버스를 이해하려면 먼저 메타버스를 구성할 가상세계가 과거부터 지금까지 **왜**, 그리고 **어떻게** 존재해왔는지 이해해야 한다. 지금까지 이 책에서는 이해를 돕는 기초 개념을 다지고자 했다. 수천 년 동안 인간의 상상력과 독창성의 산물이었던 가상 세계가 현대에는 다양한 경험을 할 수 있는 곳으로 재탄생할 것이며, 이런 다양한 경험 덕택에 우리 삶이 더 나아지리라는 이야기를 나누었다. 3장에서 언급했듯이 우리는 기술 발전에 힘입어 다양하고 깊이 있는 경험을 효율적으로 만들 수 있게 되었다. 이런 기술을 바탕으로 수많은 동시 접속자가 상상할 수 있는 경험이란 경험은 마음껏 해볼 수 있는 가상 공간이 생길 것이며, 이런 공간은 거대한 규모로 심리적·사회적·경제적 가치를 창출할 것이다. 이 가상 세계를 만드는 일은 새로운 기회이기도 하지만 의무이기도 하다.

번지르르한 마케팅 구호를 따르는 외양만 화려한 대기업형 메타버스는 전혀 가치가 없다. 오히려 대기업형 메타버스는 실제 메타버스의 가치 창출 원리와 대립할 수도 있다. 수익, 중앙 집권, 불투명성의 철학 위에 지은 메타버스는 사람들을 결속하기보다 갈라놓을 것이다. 설령 페이스북이 발표한 메타버스가 실제로 구현되고 페이스북이 기술과 자본의 우위로 다른 메타버스보다 앞서나간다 해도, 이런 무미건조한 대기업형 메타버스만이 정답은 아닐 것이다. 웹사이트나 영화, 비디오 게임이 하나만 존재하지 않고, 통신사가 독점이 아니듯 디지털 메타버스도 하나가 아닌 여러 개가 공존할 것이다. 역사상 메타버스는 항상 여러 개였고 디지털 메타버스라고 다르지는 않을 것이다. 아마도 여러 메타버스를 연결하는 메타버스, 혹은 **메가버스**megaverse도 있을 것이다.

(우리 회사가 개발한 M² 프로젝트도 메타버스의 인터넷을 구축하려는 시도였다.) 물론 여러 메타버스 중 어떤 곳은 큰 인기를 얻고 어떤 곳은 큰 경제적 가치를 창출할 것이다. 그러나 이 경제적 가치는 어디에 존재할까?

지금껏 가상 세계와 인간 심리를 설명하며 기초를 다졌으니, 이제 그 기초 위에 메타버스를 정의하는 작업을 시작해보자. 메타버스는 과연 진입로가 여러 군데인 중앙 집중 방식의 가상 공간일까, 아니면 가상 세계 류의 경험이 느슨하게 모여 있는 모습일까? 우리가 메타버스라는 말에서 가장 먼저 떠올리는 게임 같은 세계가 전부일까? 이 장에서는 모호한 용어가 얼마나 이해에 걸림돌이 되는지 보여주기 위해 현재 세간에 도는 메타버스 정의를 자세히 살펴보고자 한다. 이러한 느슨한 정의가 왜 게으른 사고의 결과이자 원인인지 살펴보고, 설득력 있으면서도 계속 보완할 수 있는 정의가 왜 필요한지 설명하겠다. 역사 속 사례를 살펴보며 메타버스가 제 기능을 하려면 왜 내부 세계 간 대칭과 균형이 필요한지 살펴보고자 한다. 이를 바탕으로 메타버스가 의미의 연결망이라는 정의를 설명하며 어떻게 하면 메타버스가 참여자들의 독창성을 자양분 삼아 꾸준히 성장하고 확장하는 곳이 될지 살펴보고자 한다.

인터넷의 태동기에는 사회가 인터넷의 가치를 제대로 이해하지 못했다. 이때 개발자와 투자자들이 잘 모르고 내린 결정 때문에 훗날 소셜 미디어 플랫폼의 주요 동력이 된 넘쳐나는 네트워크 자원을 관리하기 어려웠다. 앞으로는 메타버스를 기회로 인터넷이란 매체에서의 실수를 교훈 삼아 인터넷을 더 발전시키고 메가헤르츠의 새로운 의미를 찾을 수 있을 것이다. 그러나 요란한 광고와 실체를 구별하고 기대치를 현실적으로 맞추려면 먼저 메타버스의 정체를 정확히 이해해야 한다.

## 메타버스의 실체

만약 10명에게 디지털 메타버스를 정의해보라고 한다면 10가지 전혀 다른 답을 들을 것이며, 이 대답을 모두 모으면 디지털 메타버스는 무엇이든 가능하면서 실체가 무엇인지는 알 수 없는 곳이라는 결론에 이를 것이다. 넓은 의미가 꼭 나쁘지만은 않다. '**메타버스란 무엇인가?**'는 그리 간단한 질문이 아니기 때문이다. 비록 「마인크래프트」처럼 게임 플랫폼에서 출발해 현실 세계에도 작게나마 영향을 미치고 있는 가상 세계가 메타버스의 전신으로서 존재하지만, 이 책에서 꿈꾸는 메타버스는 아직 존재하지 않고, 메타버스를 구축하려는 사람마다 조금씩 생각이 다르다.

메타버스의 다양한 정의 중에서 설득력 있는 몇 개만 추려서 소개한다. "지금보다 깊이 몰입할 수 있는 체화된 인터넷"(마크 저커버그), "여러 세계를 포괄하는 생생한 '멀티버스'"(존 레이도프Jon Radoff), "실시간으로 재생되는 3차원 가상 세계가 상호 호환되는 거대한 연결망으로서, 그 안에서 사실상 무한한 수의 사용자가 동시에 각각 자기만의 시선으로 품질의 기복 없이, 또 데이터의 손실 없이 경험할 수 있는 곳"(매튜 볼), "자전거와 모터사이클을 타고 운전을 하고 서핑도 하고 이야기를 듣고 또 들려주는 생생한 디지털 풍경"(스트라우스 젤닉Strauss Zelnick), "실제 우리 몸과 삶에 생생하게 연결된 미래 디지털 세계를 뜻하는 용어"『더 버지』. 이밖에도 정의는 넘치지만, 굳이 다 인용하지는 않겠다.

메타버스를 둘러싼 혼선이 가벼운 문제만은 아니다. 우선 각각의 정의부터 서로 맞지 않고, 이런 합의가 없는 탓에 투자자와 개발자마다 엉뚱한 행보를 보이기도 한다. 현재 메타버스 프로젝트에 밀려드는 거액의 자본을 과연 가상 현실과 몰입감 증진에 투입해야 할까, 혹은 다른 데 할당해야 할까? 가상 세계 시장을 장악할 핵심 기능이 과연 미래에서 온 모터사이클을 타고 멀티버스의 여러 세계를 넘나들며 이야기를 할 수 있는 능력일까, 마치 미래에서 온 체 게바라처럼? 이런 모호함 때문에 투자자들은 저급한 아이디어에 상당한 자금을 낭비하게 될 것이다.

우리가 새로운 상품에 돈과 시간, 관심을 투자하려 한다면 정확히 어떤 상품인지, 수익은 어떻게 창출할 것인지 제대로 이해해야 마땅하다. 만약 부정확하거나 모호한 정의를 믿고 투자한다면 결과가 좋을 리 없다. 일례로 맥도날드는 1996년 어른 입맛을 저격하는 제품으로 아치 디럭스라는 고급 햄버거를 출시했다. 아치 디럭스 버거는 '미식가용' 고급 재료로 만들어 그에 걸맞은 높은 가격에 판매했다. 맥도날드는 이 제품을 출시하는 데만 2억 달러를 쏟아부어 오늘날까지 외식 업계 역사상 최악의 마케팅 참사로 알려져 있다. 아무도 맥도날드에서 '값비싼 고급'을 기대하지 않았다. 고객이 필요한 건 차 안에서 간단히 먹을 수 있는 49센트짜리 버거였다. 맥도날드는 자사가 어떤 레스토랑인지, 고객이 무엇을 기대하는지 파악하지 못했고, 그 결과 큰 손해를 보았다.

더 직접적인 사례로 눈을 돌려보자. 21세기에 접어들 무렵, 인터넷과 월드 와이드 웹의 핵심 기능이 무엇인지를 두고 업계 전체가 우왕좌왕하고 있었다. 인터넷이 무한한 가능성을 지녔다는 데는 대부분 동의했지만, 인터넷으로 무엇을 할 수 있을지(가상 화폐로 사용할지 아니면 어디든 1시간 안에 도착하는 DVD 배달일지)도 모르고 어떻게 사용할지도 모르는 채 부정확하고 설익은 주장에 휩쓸려 다녔다. 그 결과 수많은 투자자가 허황된 약속을 내거는 웹사이트에 크게 투자했고, 이런 투자 중 대다수는 무참히 실패했다. 투자 성과가 있었던 사업 아이디어는 초기 인터넷의 제약을 이해했던 사업이었고, 그중 도서 판매가 가장 대표적인 사례이다. 당시에 컴퓨터 온라인 쇼핑은 대체로 더 비싼 값을 지불해야 하고 번거로웠지만, 만약 온라인 상점이 동네 상점보다 물건이 훨씬 다양하고 좋다면 고생을 감수할 만했다. 그게 바로 책이었다. 알고 보니 인터넷 사업의 핵심 수익원은 판매자와 구매자를 더 효율적으로 연결하는 데 있었지만, 당시로써는 생소한 생각이었다.

제품이나 서비스의 정의가 진가를 발휘하려면 핵심 기능을 명확히 파악할 수 있어야 한다. 특히 겉모습과 기능 구현이 각양각색일 때는 핵심 기능의 전달이 더욱 중요하다. 메타버스를 논하며 비디오 게임이 메타버스라느니 디지털 세계가 메타버스라느니, 혹은 디즈니 플러스가 메타버스라거나 모든 것이 메타버스라고 되는대로 아무렇게나 던지는 것은 무책임한 행동이다. 이도 저도 아닌 포괄적인 개념은 과대광고하는 사람들의 배만 불릴 뿐이다. 정확하게 정의하려는 노력이나 모두가 공유하는 기본 개념 없이는 이런 예측도 저런 전망도 모두 그럴싸해 보이고 사기꾼도 전문가처럼 보이게 마련이다.

이런 일이 반복될수록 우리는 손해를 본다. 사회에 정확한 개념이 공유되지 않는다면 알 수 없는 무언가가 우리 삶을 바꾼다는 이야기에 누구든 두려움과 냉소, 반감을 느낄 수 있다. 투자에 손실을 볼 수도 있고, 한번 데인 투자자는 이 분야에서 완전히 손을 뗄 수도 있다. 그러니 명확한 목적을 두고 메타버스를 더 철저히 정확히 정의해보자.

지금 소개한 메타버스 정의에는 어떤 허점이 있을까? 이 장을 집필할 때만 해도 메타버스의 대가를 자처하는 마크 저커버그 말 그대로 메타버스를 '지금보다 깊이 몰입할 수 있는 체화된 인터넷'이라고 생각하는 사람이 많았다. 그러나 별로 유용하지 않은 정의이다. 매튜 볼이 제시한 "실시간으로 재생되는 3차원 가상 세계가 상호 호환되는 거대한 연결망으로서, 그 안에서 사실상 무한한 수의 사용자가 동시에 각각 자기만의 시선으로 품질의 기복 없이, 또 데이터의 손실 없이 경험할 수 있는 곳"은 조금 더 사려 깊어 보이지만 더 깊이 들어가면 역시 그렇게 유용하지 않다. 일단 너무 포괄적이다. 우리는 30년 이상 「해비타트」나 「울티마 온라인」 「세컨라이프」 「마인크래프트」까지 다양한 모습으로 표현한 가상 세계를 겪어 왔다. 그런데도 메타버스가 또 하나의 가상 세계라거나 그저 가상 세계의 거대한 연결망이라고 단정한다면 이 용어도 그저 최신 비디오 게임을 광고하는 유행어로 전락한다.

'더 나은 가상 세계'는 훌륭한 생각이며, 이 책에서도 **왜** 이렇게 접근해야 하는지 쭉 설명해왔다. 이런 세계를 지으려 분명 노력해야 한다. 그러나 이 정의만으로는 부족하다. 메타버스가 결국 가상 세계라면 가치를 어떻게 측정하는가? 물리적으로 존재하지 않는 가상의 공간이라서 가치 있는가? 만약 그렇다면 기준이 너무 낮다. 아니면 푹 빠져 몰입하고 몸으로 직접 조작할 수 있어서 가치 있는가? 만약 그렇다면 1990년대의 가상 현실 게임이 같은 시대 인기를 끈 오픈 월드 게임보다 더 가치가 높다는 뜻인데, 이 주장이 맞는지는 이미 결론이 나 있다.

다시 정의해보자. 메타버스가 그저 가상 세계라는 설명은 불충분할지 모른다. 어쩌면 메타버스는 「매트릭스」의 디지털 세계 매트릭스나 「스타트렉」의 홀로덱처럼 한 번도 보지 못한 대단히 발전하고 생생하게 몰입할 수 있는 가상 세계일 수도 있다. 매트릭스와 홀로덱 둘 다 가상 현실 옹호론자들이 상상하는 VR 기술이 정점에 이르렀을 때의 모습으로서 몸으로 직접 느낄 수 있고 입체적이며 사용자가 정해진 구조에 따르기보다 자유롭게 행동할 수 있는 공간이다. 특히 홀로덱은 등장인물이 일부러 만족감을 찾아 나서는 공간이다. 매트릭스나 홀로덱 만큼 무엇이든 어려움 없이 할 수 있는 고성능 가상 세계를 만든다면 엄청난 기술적 성과일 것이다. 그러나 이 가상 세계를 자신 있게 메타버스라고 할 수 있을까?

어쩌면 '정말 훌륭한 가상 세계'라는 정의도 아직 부족하다. 일단 메타버스가 그저 복잡한 가상 세계일 뿐이라면 현실 세계의 기업들이 무엇 때문에 이토록 앞다투어 뛰어들고 제품을 들이밀려 하는지 설명하기 어렵다. 「스타트렉: 더 넥스트 제너레이션」 에피소드를 뒤져봐도 라이커와 피카드가 홀로덱 모험을 하면서 부드럽고 향기로운 얼그레이 차를 제조하는 공장을 방문한 기억은 없다. 미래 메타버스는 현실 세계와의 통합을 지향하지만 홀로덱과 매트릭스는 현실 세계와 완전히 분리되어 있었다. 매트릭스 세계는 현실 세계와 연결되었어도 기계 문명의 폐허에서 탄생했기에 인간에게 전혀 이롭지 않은 방향으로 현실 세계와 연결되어 있었다.

설령 메타버스가 정말 좋은 가상 세계라는 간편한 정의를 채택한다 해도 비교의 문제가 남아있다. 매트릭스는 더 나은 홀로덱인가? 둘 다 몰입감 수준은 비슷한데 매트릭스는 머리에 뭔가를 직접 꽂으니 홀로덱보다 더 몰입감이 높은가? 아니면 악의적인 기계가 억지로 몰아넣는 매트릭스와 달리 홀로덱은 자기 의지로 발을 들이니 더 몰입감이 우수하다 할 수 있는가? 어느 세계가 더 나은지 객관적으로 평가할 수 있는가? 이런 비교는 매우 피상적인 수준에 그칠 수밖에 없다. 그러니 몰입감만으로 메타버스를 정의해서는 안 되겠으나 안타깝게도 메타버스 기업 대부분은 몰입감을 핵심 지표로 삼고 있다. 이 기업들은 그래픽 품질과 현실감이 곧 메타버스의 가치를 좌우한다고 생각하지만, 이 논리에는 오류가 있으며 이러한 전략에 투자하는 것도 자본 낭비이다.

어쩌면 메타버스의 사용자가 느낄 몰입감과 자율성, 유능성, 충족감을 평가해 메타버스의 가치를 측정할 수도 있다. 이미 앞에서 경험의 가치를 평가할 때 자율성과 유능성 등의 지표가 쓸 만하다고 설명했으니 시작점으로서는 나쁘지 않다. 그러나 이 논리로는 우리가 잘 때 꾸는 꿈도 메타버스라 할 수 있는데, 어쩐지 문제가 있는 것 같은 결론이다. 꿈이야말로 꾸는 사람이 유용하고 만족스러운 경험을 다양하게 할 수 있는 몰입감 넘치는 공간이다. 스티븐 라버지의 자각몽 연구에 따르면 꿈은 꾸는 사람의 삶을 바꿀 수도 있다. 꿈은 경제와 자연, 물리 법칙의 제약이 없으니 설정하기에 따라 매우 만족스러운 경험을 할 수도 있다. 보통 꿈을 꾸는 사람 본인이 주인공이고 꿈꾸는 사람을 중심으로 이야기가 전개된다. 그렇다고 꿈이 궁극의 메타버스일까? 만약 그렇다면 평생 자나 깨나 꿈만 꾸어도 좋을까?

독자도 알고 있듯이 이 논리에도 오류가 있다. 만약 꿈속에서 시간을 보내는 것이 이 땅에 태어나 할 수 있는 가장 가치 있는 일이라면 아무도 꿈을 깨지 않을 것이다. 신경 안정제가 인기를 끌고 「잠자는 숲속의 공주」는 자기 계발서로 재분류될 것이다. 굳이 설명하지 않아도 우리는 종일 잠만 자면 해롭다는 것을 안다. 꿈에서 깨어나는 일이 얼마나 중요한지 본능적으로 알기 때문이다. 우리가 평생 잠만 자고 꿈만 꾼다면 타인과 사회에서 소외될 것이다. 사회에 참여하고 다른 인간과 더불어 사는 일이 중요한 이유는 우리가 홀로 떨어져 즐거움을 찾는 존재가 아니기 때문이다. 우리가 의미 있고 보람 있는 삶을 살기 위해서는 다른 사람과 사회적 현실, 그리고 행동과 선택에 따르는 결과가 있는 세상이 꼭 필요하다.

사회 안에서 서로 관계를 맺는 능력은 우리 인류의 생존에도 꼭 필요하고 지난 수천 년 동안 가상 세계가 의미 있었던 원리와도 통한다. 그렇다면 이제 좀 더 제대로 된 메타버스 정의를 시작하겠다. 만약 비디오 게임을 개인이 수행함으로써 성취감을 느끼는 단위로 본다면 메타버스 속 가상 세계는 **사회**가 함께 수행하는 게임이며, 메타버스는 이런 가상 세계에서 발생하는 가치를 현실 세계와 다른 가상 세계에 전달하는 구조이다. 아무리 가치를 창출하는 장치라 해도 사회적 요인과 가치 전달 통로가 없다면 SF 작품에 등장하는 암울한 가상 세계의 공포가 드리울 수 있다. 가상 세계에서 가치를 창출하는 것에서 그친다면 현실 도피일 뿐이다.

지금까지 알려진 메타버스의 정의는 불충분하거나 오류가 있다. 기존 개념과 비슷하거나 메타버스의 핵심 기능이 무엇이며 얼마나 필요한지 가늠하기 어려운 부정확한 설명이거나, 메타버스 안에서 임무를 모두 완수하면 오히려 현실 사회에서 소외된다는 인상을 주기 때문이다. 더 쓸만한 정의를 내리려면 이러한 가상 세계가 서로 어떻게 상호 작용하는지, 또 현실 세계와 어떻게 상호 작용하는지 알아봐야 한다. 우리가 일상을 보내는 사회적 현실과 일부러 시간과 주의력, 감성적 에너지, 독창성을 투자해 만들어낸 현실이 어떤 관계에 있는지 면밀히 살펴봐야 한다.

## 의미와 메타버스

1장에서 설명했듯이 인간은 실재하지 않는 세계와 사건, 개념, 사람의 존재를 믿고 생명을 불어넣는 능력이 탁월했다. 수천 년 동안 우리는 이 능력을 적극적으로 이용해왔다. 이런 실재하지 않는 세계의 가장 중요한 기능은 무언가를 밝히는 것도 아니고, (즉 현실 세계의 작동 원리를 설명하지도 못하고) 현실 도피도 아니다. 그보다는 우리가 보람을 느끼는 활동을 할 수 있도록 공동의 토대가 되는 것이다. 이 같은 기능 때문에 사회는 실재하지 않는 세계의 규칙에 따르고 이런 세계가 사회적 맥락 안에서 실제처럼 느껴지도록 만든다. 실재하지 않는 가상 세계는 의미의 여운을 남긴다. 개인이 가상 세계에 참여함으로써 느끼는 만족감 때문이기도 하지만, 가상 세계가 현실 세계와 만나고, 영향을 주고, 가치를 창출하기 때문이기도 하다.

피라미드 건설의 원동력이 된 이집트의 사후 세계 신앙부터 경기 결과에 따라 거리 행진 또는 폭동으로 번질 수 있는 프로 스포츠 팬의 열정까지, 역사상 인간이 상상한 세계는 현실 세계와 늘 밀접한 관계를 맺고 소통해왔다. 이처럼 두 세계가 서로 영향을 주는 성질이 메타버스의 핵심이다. 메타버스는 단순히 가상 세계나 흥미진진한 이야기 모음이 아니다.

메타버스가 그저 풍성한 경험을 다양하게 접할 수 있는 가상 세계라는 주장은 핵심을 놓치고 있다. 그보다는 메타버스가 우리의 현실 세계와 교차점이 많은 생생한 '다른 세계'라고 설명해야 더 정확하다. 이런 세계에는 공통의 역사와 경제 구조, 사건을 토대로 공통의 믿음이 생기고 공통의 믿음을 토대로 주요 인물과 사건이 들어선다. 각각의 요소는 이 모든 것의 근간이 되는 현실 사회와 차근차근 관계를 맺고 영향을 미치게 된다.

그러나 두 개 이상의 세계가 공존하기만 해서는 메타버스가 성립할 수 없다. 만약 화성과 금성에서 지적인 생명체를 발견해 행성 간 교역과 이민을 활성화한다고 해도 화성과 금성, 지구를 메타버스라고 묶기는 어렵다. 행성 간 교류가 활발한 태양계일 뿐이다. 이 책에서 설명한 가상 세계가 실재하는 이유는 사회적인 성격을 띠기 때문이며, 가상 세계가 우리 '실제 현실'에 주는 영향도 사회적으로 신중하게 조율했기 때문이다.

예를 들어 고대 메타버스의 가장 눈에 띄는 특징은 인간이 죽으면 다른 세계로 가고 인간이 현세에 한 말과 행동은 내세의 지위에 영향을 준다는 생각이었다. 그들에게 이 세계는 실제로 존재하는 곳이었다. 모두가 죽으면 내세로 떠나고, 한번 가면 다시 돌아올 수 없다고 믿었기 때문이다. 이러한 세계 간 이동의 규칙을 살펴보면 메타버스 속 여러 세계가 서로 관련 있기는 하지만 하나로 결합하지는 않는다. 가치는 가상 세계와 현실 세계의 접점에서 발생한다. 가상 세계의 이질적인 사회 구조가 문제 되기보다 오히려 가상 세계를 믿는 사람들에게 다양한 기회가 된다.

메타버스의 가장 결정적인 특징은 메타버스가 현실 세계와 여러 가상 세계를 잇는 의미와 가치의 연결망을 만든다는 데 있다. 메타버스는 영향력과 의미의 연결망이며, 우리는 이 연결망에 참여함으로써 메타버스 식 자아의 본질을 실현할 수 있다. 의미는 가상 세계에서 현실 세계로, 다시 현실 세계에서 가상 세계로 직접 흐른다. 가치는 사회가 가상 세계의 존재와 유용함을 꾸준히 믿는 데서 발생하고, 이 가치는 현실 세계에 구체적으로 드러난다. 각 가상 세계가 다양하고 풍성하게 발전할수록 현실 세계의 사회 전반에 영향을 준다. 가상 세계는 현실 세계의 미술과 음악, 문학, 건축의 소재로서 문화적 가치를 만든다. 가상 세계를 믿음으로써 문화 전통이 생겨나고 따분한 일상에서 깊이와 울림을 느낄 수 있다. 가상 세계의 영향으로 사회의 규칙과 예절도 달라질 수도 있다.

가상 세계가 현실 세계에 좋은 영향을 주었고 앞으로도 실질적인 도움이 될 거라는 내 주장에 동의한다면, 우리가 왜 고대 메타버스나 스포츠형 메타버스에서 더 나아가 '디지털 경험이 이끄는 메타버스'로 발전해야 하는지도 이해할 것이다. 고대 메타버스는 당시 맥락에서는 유용했어도 정보와 경험이 비교적 고정되어 있었고, 보통 사람은 정보와 경험에 접근할 수 없었기 때문에 사제와 예언자를 통해야 했다. 사제와 예언자만이 메타버스 콘텐츠를 설명하고 마음대로 가감할 수 있는 권한을 쥐고 있었다. (프로 스포츠 세계에서 일반 팬과 구단주의 관계와 마찬가지다.) 4세기 기독교의 니케아 및 콘스탄티노폴리스 공의회만 해도 당시 예수 그리스도의 신성에 관한 분분한 의견을 지도층이 정리해 삼위일체 교리를 정한 모임이었다. 오늘날 기독교 신자들이 당연하게 받아들이는 교리는 사실상 초기 기독교의 고위 성직자들이 모여 전체 신자들이 믿어야 할 내용을 결정한 결과였다.

이와 달리 디지털 가상 세계는 현실 세계에 더 직접, 더 투명하게 연결되어 평범한 사람도 결정 권한이 있는 곳이다. 디지털 가상 세계는 더 많은 사람이 의미 있게 참여할 수 있어 과거의 가상 세계보다 훨씬 큰 사회 경제적 가치를 생산하게 될 것이다. 디지털 메타버스가 과거 메타버스보다 외형상 훨씬 실감 나고 자극적이어서만은 아니다. 디지털 메타버스에서는 가상 세계 사이의 소통이 더 활발하고 개인이 창의성을 발휘할 기회도 더 많기 때문이다. 이런 새로운 메타버스 형태는 다른 세계의 장점을 볼 수 있는 새로운 관점을 제공하기에 훨씬 강력하다. 스포츠나 종교 같은 다른 세계를 사회가 참여하는 게임이라고 인식한다면, 사회 구성원이 메타버스에 참여할 때 어떤 사회적 순기능이 있을지 새롭게 이해할 수 있다.

메타버스는 여러 사람이 동시에 상호 작용할 수 있는 여러 가상 세계의 의미 있는 연결망이다. 이렇게 연결된 세계 중 다수는 가상의 세계이고 나머지 하나는 물리적인 세계이다. 이 연결망은 자연 법칙이나 물리 법칙이 아니라 인간이 정한 규칙을 따라 움직인다. 예를 들어 게이머가 「포트나이트」에서 사망한다고 해서 현실 세계에서 실제로 죽지는 않는다. 여기서 가상 세계가 존재하는 방식, 그리고 현실 세계와 관계를 맺는 방식을 고안하고 발전시키는 동력은 인간의 독창성이다. 여기서 **독창성**ingenuity은 각 가상 세계의 내부 규칙에 따라 메타버스에 유용한 변화를 일으키는 역량이다. 독창성은 순수한 창의성과는 조금 다르다. 메타버스 내 가상 세계에 변화를 제안할 때는 제안한 내용이 그 가상 세계의 규칙에 맞아야 한다. 메타버스 참여자들은 이러한 명시적, 혹은 암묵적 규칙을 준수하며 함께 메타버스 내에서 의미의 연결망을 만들어 간다.

현실 세계가 있고 현실 세계의 사람들이 만든 여러 가상 세계가 있다고 가정한다면, 가상 세계에서 의미 있는 경험을 하면 현실 세계의 일상으로 돌아와도 그 충족감이 남는다. 이런 충족감은 가상 세계와 현실 세계 사이 가치 전달의 가장 기본 단위이다. 더 나아가 부와 명성 같은 더 구체적인 가치를 가상 세계에서 현실 세계로 가져올 수도 있다. 가상 세계 공동체에서 행하던 의식의 의미가 커지면 현실의 삶도 달라질 수도 있다. 온라인 게임에 심취해본 독자가 있다면 어떤 뜻인지 이해할 것이다.

가상 세계와 현실 세계 간 가치가 이동할 수 있는 경로는 다양하다. 현재 우리 경제에서 실물이 차지하는 비중이 얼마나 작아졌는지 짚어본다면 가상과 현실 간 가치 이동이 얼마나 중요해질지 알 수 있다. 이 가치는 사회적인 가치도 될 수 있고, 고유의 의미, 정체성, 여러 가지 가치의 묶음일 수도 있다. 가상 세계가 성장하고 복잡해질수록, 또 더 많은 사람이 참여할수록 발생하는 가치도 더 다양해질 것이다. 거기에 디지털 자산 경제가 발전할수록 이런 가치도 더 구체화 된다. 가상 공간에서 획득한 마법의 칼이 현실에서 구매한 주식만큼 실질적 가치를 지니는 식이다.

네트워크에 연결된 사용자의 수가 증가할수록 네트워크의 가치가 기하급수적으로 증가한다는 멧칼프의 법칙은 메타버스에도 그대로 적용된다. 메타버스에 연결된 참여자 수와 유용한 경험의 수가 증가할수록 메타버스의 가치도 커진다. 그러나 멧칼프의 법칙을 적용할 수 있으려면 각 가상 세계가 유용한 형태로 연결되어 있어야 한다. 연결의 유용성과 의미가 높아질수록 가치도 높아진다. 만약 메타버스가 서로 소통하지 않는 단절된 가상 세계의 모임에 그친다면, 가상 세계가 연결되어 서로 강력하게 끌어당기는 메타버스보다 훨씬 맥빠진 곳이 될 것이다.

따라서 나는 현존하는 게임을 수십 개씩 연결하는 아이디어에 회의적인 입장이다. 설령 기술적인 어려움을 극복한다고 해도 각 게임은 본래 상호 운용성을 전혀 고려하지 않은 채 따로 개발된 데다가 각각 의미 체계도 폐쇄적이어서 억지로 모아 놓는다고 해도 서로 교류가 발생하기는 어렵다. 「헤일로」 세계에서 가져온 기관총을 든 호빗이 볼드모트 경을 공격해 치명상을 입히는 장면은 상상만 해도 즐겁지만, 이런 사건은 각 세계의 가치 체계를 무너뜨리게 될 것이다. (호그와트 마법 학교로서도 희한한 하루일 것이다.) 메타버스 식 연결 관계가 어떻게 작용할지 이해하려면 현실 세계의 문화를 보면 된다. 패션과 스포츠, 음악 업계는 어떤 의미에서는 이미 어려움 없이 교류할 수 있으니 이 3가지 분야와 관련한 가상 경험은 의미의 연결망을 짓기 유리한 재료다. 또 처음부터 메타버스에서 발생한 '토박이' 게임이나 지적 재산이 등장한다면 메타버스 내 가치 이동에 훨씬 도움이 될 것이다.

메타버스의 동력이 되는 독창성은 예술과 문화를 만드는 창의성creativity과 결이 다르다. 메타버스에서는 창의적 자유도가 무한히 높지 않다. 사용자 행동 하나가 메타버스에 변화를 일으키면 수많은 다른 사용자에게 영향을 줄 수도 있기 때문이다. 메타버스의 독창성은 문제를 해결하는 능력이라는 데서 예술적 창의성과 다르다. 가상 세계 안에서 실질적인 가치와 유용한 공동의 경험을 만들어내려면 그 세계의 규칙을 따라야 한다. 창의적 예술작품은 수동적인 관람자를 가정하고 그 사람에게 즐거움이나 감동을 주려 한다. 그러나 메타버스의 독창성은 적극적인 참여자를 가정하고 참여자가 직접 결과물을 발전시키고 확장하게 돕는다. 메타버스의 독창성은 동적인 경계 내에서 발휘하는 창의성이며,

이 경계 역시 참여자들이 함께 정한다.

메타버스 내에서 독창성이 제대로 작동하려면 먼저 새로운 일이 일어나거나 가치 있는 결과물이 발생했을 때 참여자가 함께 인식하고 메타버스의 규칙 체계 안에서 합의를 이뤄야 한다. 이러한 합의는 단순히 무언가를 묘사하고 표현하는 창의성과 달리 인간이 사회를, 서로를, 세계 전체를 움직이는 힘이다. 메타버스에서 우리는 세상을 **설명할** 힘이 아니라 세상을 **만들어낼** 힘이 있다.

메타버스를 원하는 대로 바꾸려면 순수한 창의력이 아닌 문제 해결 능력이 필요하다. 인류 역사상 모든 메타버스가 마찬가지였다. 로마 제국 초기에 율리우스 카이사르가 암살당하자, 원로원과 민중은 죽은 독재자를 신격화했다. 로마 제국의 역사가 수에토니우스는 『열두 명의 카이사르』에서 당시 원로원이 법령을 제정해 "(율리우스 카이사르)에게 신과 인간의 모든 영광을 바쳤"으며, 그때부터 로마 제국의 평범한 사람들은 이 법령에 살을 붙여 그를 신으로 추앙했다고 서술했다. 수에토니우스는 예를 들며 "후계자 아우구스투스가 카이사르에게 헌사를 바친 첫 대회에서 7일 동안 매일 11시에 혜성이 떠올라 밤하늘에 빛났다. 혜성은 천국에 입성한 카이사르의 영혼이었다"라고 설명했다.

이 역사적 사례에서 메타버스의 독창성과 예술적 창의성의 차이를 명확하게 구별할 수 있다. 하늘이라는 다른 세계에 변화를 주어 새로운 신을 추가하는 것은 개인이 할 수 있는 일이 아니었다. 원로원의 권력과 민중의 합의가 있기에 가능한 일이었다. 이 정도의 변화를 제안하려면 기존의 규칙을 지켜야 했으며, 기적이나 표징을 만들어내서라도 기존의 질서 안에서 변화를 일으켜야 했다.

서로마 제국 기간에 수십 명을 신의 경지에 올린 로마인에게 가상 세계를 만드는 일은 흔한 일상이 되었다. 로마인은 자연 현상을 독창적으로 해석해 신격화의 정당성을 다지고 신전과 동상을 세워 제례 의식을 공유하고 공동체를 단합했으며, 신화를 더욱 확장할 수 있는 예술 작품까지 만들었다. 수에토니우스에 따르면 아우구스투스 카이사르 말년에 번개가 내리쳐 그의 동상에 새긴 'Caesar'중 'C'자가 떨어졌다. 이 사건은 "남은 글자 Aesar가 투스카니아 언어로 신이라는 뜻이니 아우구스투스가 죽으면 신으로 등극하리라는 뜻"이었다. 비록 신의 지위에 오른 건 황제들이었지만, 이들의 신성은 한낱 인간을 천상에 올려놓고 그들의 이야기를 재료 삼아 이 땅에 의미와 가치를 만들어가려던 수많은 보통 사람들로부터 생겼다. 그리고 로마 제국이 멸망하자, 죽은 황제들의 신성도 함께 추락했다.

여기서 살펴본 고대 메타버스가 화성과 금성 같은 행성처럼 실제 존재했다면 오히려 인간에게 훨씬 쓸모가 없었을지도 모른다. 제우스와 올림포스 신들이 직접 보거나 만날 수 없는 존재로서 적당히 거리를 유지할 때 신자들은 각자 나름의 방식으로 신을 이해하고 숭배할 수 있다. 그리고 여기서 신을 경배하는 이야기와 노래, 미술 작품, 인간 사회의 규칙, 역사에 남는 문화유산이 탄생한다.

그러나 만약 제우스가 현실에 생생하게 존재했다면? 매주 화요일마다 아테네에 내려와 제사를 요구했다면? 아마도 이 생생함 때문에 신화로서 실용성이 뚝 떨어졌을 것이다. 아테네 공동체에도 신을 근거로 전조를 해석하고 사회에 변화를 일으키는 역량이 사라졌을 것이다. 감히 상상의 나래를 펴자면, 만약 신이 현실에 존재했다면 사람들은 **또 다른** 신을 새로 만들어 공동체의 목적을 이어가려 했을 것이다.

마찬가지로 미래 메타버스가 그저 비디오 게임이거나 누군가가 정해준 세계였다면, 참여자들이 메타버스를 더 확장하기 위해 새로운 경험을 만들어낼 필요도 없어질 것이다. 개발자들이 처음부터 끝까지 알아서 만들면 사용자 경험이 더 매끄러워질 수는 있겠지만, 그 경험의 의미를 결정하고 가치를 현실화하는 주체도 개발자들일 것이다. 이런 세상이 굳이 메타버스일 이유는 없다.

메타버스는 홀로 존재하는 전설이나 관습이 아니라 독창성을 뼈대로 내부 세계를 한데 아우르고 각 세계의 독립성을 지키면서 세계 간 가치와 의미의 교환을 촉진하는 연결 구조이다. 연결 구조를 따라 메타버스 안에서 가치가 전달되므로 연결 구조의 폭과 깊이, 강도가 중요하다. 연결이 튼튼하고 탄력적일수록 메타버스의 의미와 영향력도 커지고, 창출할 수 있는 경험도 늘어나며, 더 많은 사람이 참여해 메타버스의 범위를 더욱 확장할 수 있다.

위 전제를 바탕으로 우리는 다양한 관점에서 메타버스의 가치를 평가하고, 해로운 외부 요인과 초기 시행착오를 피할 수 있을 것이다. 가장 바람직한 메타버스는 가치 창출과 세계 간 가치 이동이 자유로운 곳으로서, 한 곳에서 발생한 가치가 다른 곳에도 영향을 미치는 곳이다. 이 메타버스에서는 경험을 만들고 의미를 부여하는 일을 소수가 독차지하지 않고 다양한 참여자가 아이디어를 모아 할 수 있을 것이다. 민주적인 원칙에 따라 운영하고 사람들의 참여를 이끌어 결국 메타버스와 현실 사회 모두에 도움이 될 것이다. 메타버스 안에서 가치를 창출하고 보유하는 사람이 많아질수록 그 가치를 소비하고자 하는 사람도 늘어날 것이다. 그쯤 되면 메타버스에 한번 투자해볼 만하다.


## 메타버스를 두 문단으로 정의하기

지금까지 탐색한 내용을 모아 메타버스를 제대로 정의해보자. 메타버스는 '기초'를 이루는 현실 세계와 사회가 의미를 부여하는 가상 세계들을 모두 포함한 여러 현실의 모음이다. 메타버스 내 여러 세계에 다양한 일과 사물, 행위자가 존재하고 서로 영향을 주고받는다. 다양한 세계 안에서 얼마나 의미 있고 만족스러운 경험을 할 수 있는가에 따라 메타버스의 쓸모를 정의할 수 있다. 세계 간 가치 이동은 사회 구성원의 화합, 문화유산 생성, 상거래 등 다양한 방식으로 일어난다. 메타버스를 꼭 VR 등 첨단 기술로 구현할 필요는 없지만, 이런 최신 기술 덕택에 경험을 소비하거나 경험의 생성에 참여할 방법이 다양해지면 여러 가상 세계의 가치가 더욱 높아질 수 있다. 다수의 세계가 상호 작용하고 그에 따라 가치를 창출하고 전달하는 것이 가상 사회의 토대다.

하지만 아직 중요한 부분이 빠졌다. 지금까지의 정의만으로는 아름답고 극사실적이고 몰입감 넘치지만 완전히 쓸모없는 세계를 만들 수도 있다. 만약 전달할 만한 사건이나 사물, 경험을 생성하는 참여형 의미 연결망이 작동할 수 없다면, 혹은 사회 구성원 대다수의 참여를 이끌지 못한다면 그 메타버스는 전혀 쓸모가 없어질 것이다. 반대로 그래픽 품질은 「해비타트」만큼 초보적이어도 그 안에서 개인과 공동체가 보람을 얻고 가치를 창출할 수 있는 토대를 제공하는 세계는 경제적 가치가 높을 것이다. 4장에서 설명했듯이 「마인크래프트」가 매우 간단한 그래픽으로도 요즘 어린 세대의 삶에 중요한 자리를 차지했다는 사실에 주목할 필요가 있다.

## 메타버스의 비교 척도

메타버스가 무엇인지, 메타버스 내에서 가치가 어떻게 생성되는지 정의했으니 이제 메타버스의 진가를 알아보고 제대로 활용할 차례다. 가상 사회의 성숙 단계를 어떻게 나눌 것이며, 어떻게 하면 미래를 합리적으로 예측할 수 있을까? 나는 소비에트 연방의 천문학자 니콜라이 카르다쇼프가 고안한 카르다쇼프 문명 척도를 무척 좋아한다. 카르다쇼프 척도는 사회의 발달 정도를 극도로 단순화한 다음 총 에너지 사용량으로 나타내려는 척도이다. 카르다쇼프의 분류에 따르면 모든 문명은 현대 사회에서 시작해 우주의 에너지 총량을 모두 이용할 수 있는 이론상의 문명까지 3가지로 나눌 수 있다.

여기서는 카르다쇼프의 아이디어를 응용해 특정 문명이 가상 현실을 창조할 수 있는 능력이 있는지 단순하게 측정해 볼 척도를 제안하려 한다. 어떤 메타버스를 어떻게 만들지 구체적으로 알 수는 없지만, 메타버스의 발전 경로에 놓인 굵직한 단계를 예상해볼 수는 있다. 이 척도의 각 단계를 다음과 같이 정의해보자.

**1단계 가상 사회**는 현재까지 경험한 모습으로서, 말과 생각으로만 다른 세계를 표현하고 탐색하는 문명이다. 종교와 스포츠, 문화의 가상 세계가 개인의 삶을 풍성하게 만들고 경제 범위를 확장하며 사회적 결속을 높인다. 이런 사회에서는 평범한 사람이 가상 세계의 전개 방향에 영향을 줄 수는 있지만 진정한 의미의 참여는 해당 분야의 엘리트를 중심으로 이루어진다. 종교가 성립하려면 신자가 많아야 하지만 제례 의식을 거행하는 주체는 사제인 것처럼 말이다.

대중 매체의 발달로 우리는 더 쉽게 가상 세계를 시각화하고 가상 세계의 이야기를 더 생생하게 전할 수 있게 되었다. 매체마다 상호 작용 방식이 발달해 마치 가상 세계가 실제 존재하고 우리 삶에 중요한 부분을 차지하는 듯 느낄 수 있지만, 영화나 「월드 오브 워크래프트」에서 벌어지는 일이 우리 삶에 직접 영향을 주기는 어렵다. 지금 단계에서는 가상 세계를 '꿈꿀' 수는 있어도 가상 세계가 삶의 일부가 아닌 일탈의 수단일 뿐이다. 가상 세계와 현실 세계를 연결해주는 실질적인 의미의 연결고리가 없기 때문이다. 「월드 오브 워크래프트」가 재미있기야 하지만 특별히 사회의 핵심 구성 요소는 아니다.

**2단계 가상 사회**는 앞으로 수십 년 동안 전개될 모습이다. 기술 발달로 거대한 가상 세계가 독립적으로도 존재할 수도 있고 가상 세계의 디지털 자산과 디지털 신분, 디지털 경험이 현실 세계와 상호 운용성을 갖춘 경제 요소로서 일상에 영향을 주는 단계이다. 이런 변화에 따라 사회 구조도 크게 변할 것이다. 기술이 중재하는 가상 세계 안에서 일반인들은 전에 없이 여러 경로로 직접 참여해 이야기를 바꾸고 실제 재산을 일구거나 잃기도 하고 중요한 인간관계를 맺기도 할 것이다. 2단계 가상 사회에서는 현실 세계가 아직 가장 중요하지만 '저쪽'에서 벌어지는 일이 사회와 경제, 정치 질서에 큰 영향을 줄 것이다.

2단계 가상 사회 구성원들은 1단계 가상 사회의 삶의 질이 지금보다 훨씬 낮았다고 생각할 것이다. 2단계 가상 사회는 몰입감을 높이는 기술도 발달하고 가상 사회의 구조도 복잡해지겠지만 아직 화면상으로만 접속할 수 있는 디지털로 구현된 세계일 것이다. 이 단계는 가상 세계와 현실 세계를 나누는 익숙한 물리적 경계가 아직 존재하는 사회이다.

내 생각에 1단계와 2단계 가상 사회를 구별하는 가장 선명한 경계선은 메타버스가 현실 경제에 차지하는 비중일 것이다. 메타버스에만 존재하는 직업에 종사하는 사람이 일정 수를 넘어서고 가상 세계의 제품과 서비스가 현실 경제에 큰 부분을 차지하게 될 때 우리는 2단계 가상 사회에 진입할 것이다. 1단계에서는 복잡한 가상 사회가 많이 구축될 수 있어도 현실 세계의 경제 활동에 핵심 역할을 하지는 않는다.

**3단계 가상 사회**는 대규모 인원이 실제로 가상의 현실로 이동해 그곳에서 말 그대로 거주할 수 있는 사회이다. 이런 완전한 가상 사회 거주는 뇌와 컴퓨터를 직접 연결하는 뇌·컴퓨터 인터페이스 발전이나 처음부터 컴퓨터 코드로 태어난 존재의 분화, 또 그밖에 상상하기 어려운 존재 방식의 발달로 현실화될 것이다.

**어떻게** 현실화하는가는 크게 중요하지 않다. 그저 이런 새로운 존재 방식이 사회를 완전히 바꿀 것이다.

3단계 가상 사회는 직접 만든 메타버스 안에서 문명을 이어나 갈 것이다. 어떤 삶이 될지 상상조차 힘들다. 세계마다 시간이 다른 속도로 흐를지도 모른다. 어떤 세계에서는 1년이 흐를 때 다른 세계에서는 수백 년이 흐를 수도 있다. 오래전에 쓰러뜨린 용의 동굴에서 수백만 명에게 역사의 영웅으로 추앙받으며 살아볼 수도 있다. 3단계 가상 사회는 가능성이 무궁무진한 시대로서 문화 자산과 경제 규모 혹은 주민의 수만으로도 2단계 가상 사회를 훌쩍 넘을 것이다. 오로지 디지털로만 존재한다면 물리적으로 존재하는 것보다 에너지도 훨씬 적게 필요할 것이다. 따라서 3단계 사회에서는 전 세계 인구가 수조 명을 넘어선다 해도 세계가 큰 어려움 없이 수용할 수 있을 것이다.

3단계 사회에서는 한 개인이 수천 가지 삶을 동시에 살 수 있을 것이다. 또 물리적인 제약 없이 어떤 방식으로든 모이고 협업할 수 있을 것이다. 이런 사회는 태양계 전체의 자원을 모두 동원해도 유지하기 어려울 정도로 문화 자산과 경험, 기회가 폭발적으로 늘어날 것이다. 우리가 자원 확보를 위해 태양 에너지를 전부 빨아들이고 광물의 성분을 전부 추출한다 해도 부족할 것이다. 제약이 많기 때문에 발전이 느린 현실 세계는 오직 가상 사회에 필요한 자원을 모으는 곳이 될 가능성이 크다. 무엇보다 3단계 가상 사회는 에너지 자원의 제약만 없다면 개인에게 기회도 무궁무진할 것이다.

궁극적으로는 우리 사회가 이런 큰 그림에 도달하겠지만, 지금 실제로 만들 수 있는 수준과는 차이가 크다. 물론『나니아 연대기』처럼 옷장을 통해 다른 세계에 온전히 몰입했다가 저녁 식사 시간에 맞춰 지구에 돌아올 수 있는 메타버스에서 살 수 있다면 즐겁겠지만, 이 정도 먼 미래는 이 책에서 다룰 주제는 아니다. 이 책 마지막 장에서 3단계 가상 사회의 가능성을 다시 다루겠지만, 우리가 먼저 만들어야 하는 건 2단계 가상 사회이므로 6장부터 8장까지는 2단계 가상 사회에 도달하려면 어떻게 해야 할지 살펴보고자 한다. 6상에서는 메타버스를 어떻게 개발해야 할지, 또 이해관계자들이 어떻게 해야 메타버스를 모두에게 가장 의미 있고 가치 있는 곳으로 발전시킬 수 있을지 탐색하고자 한다.

# 6장

• • •

# 바람직한 메타버스 건설

이 책과 이 장의 바탕을 흔드는 주장일 수도 있지만, 사실 가상 세계를 현실 세계와 연결하는 일은 그리 어렵지 않다. 우리는 오랜 세월 동안 가상 세계를 만들어왔고 지금도 디지털 세계에서 벌어지는 일로 현실 세계에 영향을 받고 있다. 온라인에서 고의로 퍼뜨리는 허위 정보disinformation가 세계 곳곳의 선거에 직접 영향을 준 일을 떠올리면 된다. 그러나 메타버스가 물고기 반 쓰레기 반 떠다니는 오염된 강처럼 아무것이나 흘려보내는 곳이 되도록 내버려 둘 수는 없다. 우리의 목표이자 가장 어려운 과제는 혜

라클레스가 아우게이아스의 더러운 축사를 청소하기 위해 알페이오스 강과 페네이오스 강의 흐름도 바꿨듯이 현실 세계를 발전시키는 널리 이로운 메타버스를 만들기 위한 인식의 전환과 강한 행동력이다. 우리 사회도 헤라클레스의 능력이 필요하다.

5장에서 메타버스를 정의하며 현실 세계와 하나 이상의 가상 세계를 연결하는 의미와 영향력의 연결망으로서 세계 내, 그리고 세계 간 가치를 창출하고 가치가 이동할 수 있는 곳이라고 설명했다. 미래 디지털 메타버스는 창작과 시장의 원리가 작용해 다양한 창작자와 투자자 집단이 함께 개발할 것이다. 메타버스를 구축하는 사람의 배경도 각양각색이어서 바람직한 메타버스를 만드는 목표를 향해 각자 다른 전문성으로 다양한 일을 소화할 것이다.

첫 단추로써 가장 기초가 되는 작업은 실제 가상 세계를 구현하고 유지하고 각 가상 세계를 연결할 수 있는 하드웨어와 소프트웨어 인프라를 구축하는 것이다. 인프라 구축을 위한 초기 기술 개발에는 돈이 든다. 아주 많이 든다. 따라서 불가피하게 개인과 기관 투자자의 자본이 들어갈 것이다. 인프라를 실제로 만들고 보완하는 일은 거대 IT 기업과 스타트업, 개인 개발자들이 맡을 것이다. 투자자와 개발자는 투자 비용을 회수하려 할 것이고, 여기까지는 당연하다. 중요한 것은 이들이 투자 비용을 회수한다는 명목으로 메타버스 장악력이라는 지나치게 큰 보상을 차지하지 않도록 감시하는 일이다.

인프라를 구축한 뒤에는 메타버스의 내용을 채워야 할 것이다. 창작물의 저작권을 보유한 사람들은 새로 생겨나는 가상 세계에 창작물을 어떻게 활용할지 고민하고, 또 미술가와 작가, 음악가, 영화 창작자 등 콘텐츠를 만드는 사람들은 메타버스라는 새로운 무대에서 새 작품을 선보일 방법을 고민할 것이다. 한편 사용자들은 예측하거나 통제할 수 없는 갖가지 방법으로 메타버스의 반경을 점점 확장하고 메타버스 내의 경험을 발전시킬 것이다.

콘텐츠만큼 서비스도 중요해질 것이다. 소규모 기업과 창업자는 가상 세계 경험을 강화해주는 제품과 서비스를 개발함으로써 메타버스 내의 여러 가상 세계를 더욱 유용한 곳으로 발전시킬 것이다. 메타버스의 규모와 중요도가 커지면서 이 기업들도 점차 현실 세계처럼 실물 경제를 구성할 것이다. 마지막으로, 콘텐츠와 서비스 다양성이 커질수록 가상 세계마다 각자 다른 개성을 키워 다양한 모습으로 발전할 것이다. 모두 판에 박은 듯 똑같으면 정말 지루하고 칙칙한 메타버스일 것이다. 환경의 생김새도 각자 다르고 구성원이 중요하게 생각하는 요소나 관습, 세상을 보는 관점도 다를 것이다. 이런 개성은 모두 사용자에 따라 결정될 것이며, 메타버스가 사용자들의 참여를 허용하고 유도한다면 이런 창조 행위가 자연스럽게 일어날 것이다.

어떤 메타버스든 함께 개발하는 이해관계자들의 선택에 따라 다른 모습을 띨 것이다. 그중에는 합리적인 것도, 비합리적인 것도 있을 것이다. 선택의 주체도 개인이나 기업, 혹은 공익을 위한 큰 연합이 될 수도 있다. 대부분은 모두에게 이로운 메타버스를 만들려는 선택이겠지만, 메타버스에 대한 이해가 부족하거나 혹은 처음부터 개인이나 회사의 이익만을 좇는 악의적, 이기적인 선택도 있을 것이다.

이 장은 모두에게 사회적, 경제적, 심리적으로 이로운 메타버스를 만들고 경험하려는 독자를 위해 썼으며, 이들이 더 나은 선택을 하도록 돕고자 했다. 우선 메타버스를 만드는 사람들이 왜 구조물을 세우는 엔지니어가 아닌 생태계를 가꾸고 보살피는 정원사가 되어야 하는지 설명하고자 한다. 또 메타버스 네트워크가 자연스럽게 자라나도록 조율하는 여러 가지 방법을 살펴볼 것이다. 그 뒤 바람직한 메타버스는 어떻게 구성되어야 하는지, 또 각 부분을 누가 책임져야 할지 설명하고 각 주체가 어떻게 서로 맞물릴지 이야기하고자 한다.

이미 설명했듯이 메타버스는 사회가 함께 수행하는 게임이다. 다만 현실 세계에 실제 영향을 주고 현실 도피가 아닌 충족감을 얻는다는 면에서 일반적인 게임과 다를 뿐이다. 또 메타버스는 가상 세계라는 개념을 토대로 만든 생산적인 게임이다. 사회가 함께 수행하는 생산적인 게임이 되려면 이 게임이 실제 사회라는 합의가 구성원 사이에 먼저 이루어져야 한다. 구성원 각자가 이익을 추구하면서도 함께 힘을 모아 전체 가상 세계를 만들고 확장해 나가는 데에 각자의 개성을 보탤 때 메타버스에서 느끼는 만족감은 자연스럽게 생성될 것이다. 모든 구성원이 메타버스의 성장과 성공에 울고 웃을 때 비로소 메타버스는 우리의 삶을 더 풍요롭게 변화시킬 것이다.

## 발생적 복잡성

기술적으로 설명하자면 메타버스는 거대하고 복잡한 실시간 시뮬레이션의 집합이다. 점차 여러 시뮬레이션을 조율하는 경제적·사회적 장치, 또 NFT나 블록체인 등 가치를 저장하고 전달하는 장치도 추가될 것이다. 이 정도 복잡한 메타버스를 실제로 널리 이롭게 만들려면 여러 분야가 긴밀하게 협업해야 한다. 뛰어난 프로그래머와 디자이너, 엔지니어는 물론이고 경제와 조직 행동, 사회적 행동, 윤리 분야의 전문가도 필요하다. 저명한 예술가와 신진 예술가도 고루 필요하다. 각 정부와 지도자의 협조도 필요하다. 이 모든 사람을 모아 설득한 다음에는 어마어마한 구조를 실제로 만드는 일이 남았다.

일반적으로 기능적인 물건은 무엇이든 설명서대로 정확히 만들어야 한다. 집이든 자동차든, 컴퓨터나 이케아 가구든 원래 의

도대로 작동하려면 만드는 과정에서 즉흥적으로 바꾸면 안 되고 설계도를 한 치도 어긋나지 않게 정확히 따라야 한다. ('이케아 조립 실패'를 검색하면 간단한 가구조차도 설명서를 따르지 않았을 때 얼마나 황당한 모습으로 완성되는지 확인할 수 있다.)

메타버스의 인프라를 구축할 때는 구체적인 방침을 세워 정확히 따라야 한다. 메타버스의 바탕이 될 하드웨어와 소프트웨어를 설계하는 기술 사양서와 협업 규약은 명확해야 하며, 부정확하거나 모호한 면이 있으면 안 된다. (이런 사양과 규약을 누가 결정할지는 이 장 후반부에서 살펴보고자 한다.) 이 영역에서만큼은 '즉흥'을 권하지 않는다. 사용성과 상호 운용성에 심각한 문제가 발생하기 때문이다.

메타버스의 기반 구조는 중앙 집권적이어야 한다. 전선을 설치하는 데 온 동네가 모여서 의논할 필요는 없다는 뜻이다. 누군가는 만들어야 하고, 누군가는 비용을 대야 한다. 앞서 언급했듯이 만드는 자와 돈을 대는 자는 투자를 회수하고자 할 것이다. 그러나 이런 기반 구축 단계가 끝난 다음부터는 메타버스가 인위적으로 개발되기보다 자연 발생하게 될 것이다. 마치 예술 사조처럼 예측이나 통제가 불가능한 방식으로 발전해 나갈 것이다. 누구든 모두에게 이로운 메타버스를 만들고자 한다면 기술적 기반을 구축한 사람이 마치 자신에게 권리가 있는 것처럼 메타버스의 내용까지 지배하려 들지 않게 설계해야 할 것이다.

메타버스의 기반을 구축하는 길이 좁고 명확하다면 메타버스의 내용을 만드는 길은 정반대이다. 게임 프로그래머 존 카맥은 메타버스를 임의로 조성하려고 하면 반드시 실패한다고 말했다. 이 말을 해석하자면, 메타버스의 문화와 내용을 만드는데 상세한 설계도가 필요 없기도 하고 자칫하면 설계도 때문에 일이 엉뚱한 방향으로 흐를 수도 있다는 뜻이다. 디지털 메타버스는 수정과 보완을 반복해가며 자연스럽게 발전할 것이다. 전반적인 문화가 충분히 무르익고 외부 조건이 맞으면 된다. 메타버스 구성원 각자의 선택이 모여 자연스럽게 발전할 때 모두에게 이로울 것이다.

**발생적 복잡성**emergent complexity이라는 철학적 개념은 복잡한 시스템(구성 요소가 서로, 그리고 외부 환경과 예측할 수 없는 양상으로 불규칙하게 상호 작용하는 시스템)의 구성 요소가 처음부터 예측할 수 없는 양상으로 발전하는 성질을 말한다. 예를 들어 2015년에 자유도가 높은 시뮬레이션 게임 「드워프 포트리스」에서 사용자들이 게임 환경 여기저기서 죽은 고양이를 무더기로 발견했다. 토사물로 뒤덮인 사체도 많았다. 한참 후에야 사용자들은 고양이들이 맥주가 쏟아진 술집 바닥을 돌아다닌 후 몸을 닦으려 발바닥을 핥다가 뜻하지 않게 맥주를 먹게 되었고 그 결과 알코올 중독으로 죽었다는 사실을 알게 되었다. 한 시스템 내에서 사람들이 각자 자율적으로 움직일 때 (그러면서 이따금 조직적으로 행동하고 서로 영향을 주고받으면서 함께 변화하고 성장할 때) 때로 예측하기 어려운 결과로 이어지기도 한다. 어떤 일이 벌어졌는지는 전체 그림을 보아야만 드러나기도 한다.

비행기 안에서 도시를 내려다보면 자동차와 사람들의 움직임과 거리의 이어진 모습, 그리고 건물과 동네를 새로운 눈으로 볼 수 있다. 길 건너편에서 우리 집 마당을 본다면 마당 안에서 토마토를 가꿀 때는 보지 못했던 것들이 새롭게 드러난다. 시스템의 구성 요소 수가 늘어날수록 복잡성도 늘어난다. 구성 요소가 자유롭게 상호 작용하고 스스로 성장 방향을 정할 수 있으면 그 시스템의 깊이와 의미가 커진다.

발생적 복잡성은 행동주의와 대립한다. 가장 엄격한 행동주의는 시스템의 입력값을 엄격히 통제했을 때 결과물도 엄격히 통제할 수 있다고 믿기 때문이다. 발생적 복잡성은 우리 시대 산업 생산성의 대명제와도 대립한다. 생산성 규칙은 일정한 시간까지 일정한 일을 일정한 방법으로 완수해야 하고, 그 과정에서 즉흥성은 용납하지 않기 때문이다. 그러나 요즘 가장 잘 나가는 소프트웨어의 핵심은 발생적 복잡성이며, 앞으로도 발생적 복잡성 없이는 가상 사회를 이루기 어려울 것이다.

소프트웨어 사용자들은 복잡한 애플리케이션이나 프로그램도 개발자가 전혀 의도하지 않고 예측하지도 못한 방식으로 사용하는 경우가 많다. 예를 들어 트위터는 처음에 사용자가 친구 몇 명에게 문자 메시지로 자기 위치를 알리던 서비스에서 출발했다가 점차 전 세계인이 사용하는 마이크로 블로깅 서비스가 되어 좋든 나쁘든 정치와 행정, 경제와 떼려야 뗄 수 없게 진화했다. 또 비디오 게임에서 게임의 스테이지를 경쟁적으로 빨리 정복하는 플레이 방식인 '스피드런'은 게이머들이 최단 시간을 기록하기 위해 경쟁하는 놀이가 되어 탄탄한 커뮤니티까지 형성할 정도이다. 아마도 1980년대 「슈퍼 마리오 브라더스」의 개발자들은 출시 후 수십 년 뒤, 마치 올림픽 육상 단거리 선수처럼 게임 스테이지를 초고속으로 클리어하며 희열을 느끼는 집단이 생길지 꿈에도 몰랐겠지만, 이제는 예전 닌텐도 게임 전체를 고작 4분 55초 만에 끝내는 세상이 되었다. 소프트웨어가 아주 재미있다면 사용자들은 개발자의 계획을 무시하고 자기만의 방식으로 사용한다.

모두에게 이로운 메타버스도 비슷한 모양새로 발전할 것이다. 메타버스는 개발자가 감독하고 사용자는 지시에 따라 움직여야만 하는 제품도, 책 표지의 제약에 갇힌 정해진 이야기도 아니다. 각자 생명력이 있고 자율성이 있는 아이디어 모음이다. 메타버스의 '저자'는 초기 규칙만 정하고 그 뒤에는 어떤 일이 벌어질지 정해주지 않는다. 그 결정은 우리 모두의 몫이다.

그렇다고 해서 메타버스를 조직하고 운영하는 사람들이 전선만 깔아놓고 가상 세계가 자연스럽게 발달할 때까지 뒷짐 지고 기다려야 한다는 뜻은 아니다. 정원사 비유를 이어가자면 소담스럽게 가꾼 정원은 잡초가 무성한 공터나 식물 모양을 인위적으로 다듬은 토피어리 조각상과 다르다. 공터는 아무도 가꾸지 않아 잡초가 제멋대로 자라 뒤엉키고 결국엔 버려져 점차 엉망이 된다. 토피어리 조각상은 자연을 사람이 원하는 모양에 억지로 맞춘 결과이다. 물론 아름답기는 하지만 정원사가 주도면밀하게 만든 인공물이다.

그러나 소담스러운 정원은 자연의 법칙에 따라 스스로 자라나고 공터의 부랑자나 비밀 정원의 귀족이 아닌 대다수 사람이 그 아름다움을 감상하고 이용할 수 있다. 버려두거나 통제하지 않고 가꿨기 때문이다. 만약 메타버스를 조직하고 운영하는 사람들이 메타버스의 가치를 높이고 싶다면 그 가치가 자연스럽게 발생하도록 가꿀 방법을 궁리해야 할 것이다. 가치가 발생할 수 없도록 버려두거나 우격다짐으로 가치를 만드는 것 모두 바람직하지 않다.


## 대기업형 메타버스를 반대한다

피라미드와 괴베클리 테페처럼 모두에게 이로운 메타버스는 한 문명을 대표하는 결과물이 될 수도 있다. 그러나 피라미드를 짓는 데는 수백 년이 걸렸고 괴베클리 테페도 1000년이나 걸렸다.

디지털 메타버스도 제대로 만들려면 그만큼 크고 어려운 과제이기 때문에 여러 세대에 걸쳐 진행될 것이다. 이런 엄청난 일을 누가 조율할까? 모든 사람이 원활하게 협업하고 각 부분이 상호 호환되도록 지원하는 사람은 누구여야 할까? 이처럼 긴 기간 사회의 관심을 유지하는 일은 누가 할 것인가?

메타버스를 개발하는데 필요한 조직의 구조를 생각한다면 먼저 다음과 같은 질문을 던져야 한다. 오랜 기간 동안 가장 많은 사람에게 의미와 가치를 창출할 수 있는 구조가 무엇일까? 메타버스를 건설하는 동안 개발자들은 항상 기술적·사회적 제약 안에서 우선순위를 정해야 한다. 당연히 몰입도immersion와 존재감presence, 접근성accessibility, 정확도fidelity, 의미의 크기bandwidth of meaning 중에 취사선택할 수밖에 없다. 이때 가장 유익한 선택을 내리도록 감시할 방법은 없을까? 그렇다면 이 감시 '주체'는 누구인가?

이미 몇몇 거대 IT 기업은 자사의 메타버스 비전을 떠들썩하게 광고하며 은연중에 메타버스를 건설하고 운영할 주인공은 자기 회사라는 뜻을 내비치고 있다. 이런 대기업형 메타버스를 편의상 페이스북형 메타버스라고 하자. 우리가 가장 많이 들어 제일 익숙한 형태이다. 특히 페이스북은 현재 인터넷을 장악하는 영향력 그대로 메타버스를 건설하고 장악하려는 계획을 공공연히 드러내고 있다. 메타버스 담론에 가장 앞장섬으로써 메타버스와 뗄 수 없는 관계를 맺고 자사의 장악력을 모두가 당연하게 받아들이게 하려는 속셈이다.

이런 구조를 메타버스 개발에 허용한다면 토피어리 조각상 같은 메타버스가 탄생할 것이다. 소수가 메타버스의 모습과 의미를 마음대로 결정한다면 나머지 대다수는 제한적인 역할에 그칠 수밖에 없다. 이런 메타버스라면 경제적 가치도 소수의 플랫폼 기업에 쏠려 나머지 대다수는 잔돈만 나눠 가져야 할 것이다.

거대 기업 하나가 앞장서서 메타버스 전체를 지배하다니, 어딘지 모르게 익숙하다. 오늘날 인터넷이 이렇게 돌아가기 때문이다. 오늘날 인터넷은 플랫폼 내 사용자 데이터를 모두 소유한 극소수의 수직 통합형 거대 플랫폼 기업이 지배하고 있다. 이런 기업이 판매하는 제품은 사용자 데이터이므로, 페이스북과 구글 등의 기업에서는 사용자가 곧 제품이다. 기업이 사용자 데이터를 더 축적하고 통제할수록 데이터의 가치가 높아지기 때문에 기업은 플랫폼을 계속 키우고, 또 사용자가 플랫폼을 이탈하거나 자율성을 발휘하기 어렵게 만든다.

인터넷 플랫폼에서 자율성을 발휘하기 힘든 건 개인 사용자만이 아니다. 힘이 없기는 기업도 마찬가지이다. 플랫폼에서 발생하는 수익 중 큰 비중을 플랫폼 기업이 좌지우지하므로, 스타트업 창업자가 충분한 기술 능력이 있다 해도 비용을 들여 플랫폼상에 기업을 설립할 이유가 없다. 물론 개인이 소규모로 온갖 사업을 운영하고 페이스북 마켓플레이스에서 운동화를 되팔거나 유튜브에 영상을 올리는 데는 초기 투자가 거의 필요 없다. 그러나 꿈을 안고 기술 스타트업을 차리려는데 그 스타트업이 더 큰 플랫폼에 종속되어 있다면 초기 투자 비용 회수가 불가능에 가깝다. 거대 플랫폼 위에 사업을 차릴 수도 있고 소셜 미디어 플랫폼을 마케팅에 활용할 수도 있지만 큰 기회는 처음부터 막혀 있거나 거대 기업이 순식간에 베낄 수 있는 한낱 작은 기능으로 전락한다.

지금은 '플랫폼을 지배하는 자 사용자를 지배한다'라는 사업 모델이 모든 IT기업이 따라야 할 실리콘밸리 성공 공식이 되었다. 수많은 창업자와 투자자가 독점만이 성공의 길이라고 굳게 믿는 안타까운 현실은 웹 2.0이 남긴 심리적 유산이다. 그러나 메타버스에서는 이러한 통제식 사업 모델이 그리 쉽게 통하지 않을 것이다. 메타버스의 속성 때문이다. 기업 주도형 메타버스는 사용자 대다수가 굳이 참여하거나 건강한 생태계 구성에 이바지할 이유가 없어 사용자를 끌어들이는 데 한계에 부딪힐 것이다. 그러니 무엇보다 메타버스의 전체 파이를 키우지 못할 것이다.

오늘날 거의 모든 인터넷 플랫폼은 피라미드형 수익 구조를 유지하고 있다. 수익이 가장 집중된 피라미드의 꼭대기층은 플랫폼이 차지하고 있다. 반면 크리에이터는 피라미드의 가장 아래층에 위치하며 이들의 수익은 전체에 비해 미미한 수준이다. 크리에이터들은 사업의 사활이 좌우될 정도로 플랫폼에 크게 의지하고 있다. 가장 소득이 높은 유튜브 크리에이터나 인스타그램 인플루언서도 상대적으로는 피라미에 불과하다. 수익 면에서도 플랫폼이 버는 금액에 비하면 이들이 버는 금액은 미미하지만 그럼에도 감히 독자적인 플랫폼을 시작할 엄두도 내지 못한다. 인플루언서 제이크와 로건 폴 형제도 폴튜브를 만들겠다고 유튜브를 떠나지는 못할 것이다. 폴튜브가 기존 플랫폼에 개설하는 복싱 유료 시청 서비스라면 몰라도(폴 형제는 프로 복싱 선수로도 활동함 - 옮긴이), 폴 형제가 아무리 인기가 많아도 새로운 플랫폼을 차릴 만한 자원은 없을 것이다. 부유한 가문 출신에 사업 수완과 대범함까지 갖추지 않는 한 크리에이터가 거대 소셜 인터넷 플랫폼에서 독립하는 건 이카루스가 태양을 향해 날아오르는 것과 같다.

그러나 메타버스의 작동 방식은 인터넷과 전혀 다를 것이다. 만약 메타버스가 직접 체험할 수 있는 가상 세계의 모음이고 메타버스 내의 경험이 좋은 컴퓨터 게임과 비슷하다면, 이런 경험을 만드는 데는 인스타그램에 밈 하나 올리기보다 훨씬 노력이 많이 든다. 물론 메타버스에서도 개인은 여전히 초기 비용이 많이 들지 않는 저해상도의 가벼운 경험을 만들 수 있을 것이다. 그러나 이런 가벼운 경험 말고도 사용자들은 가상 세계에 더 높은 복잡도 묵직한 경험도 바랄 것이다. 메타버스에 정교한 경험을 출시하는 데에 괜찮은 게임 하나 개발하는 정도의 노동이면 충분하다 해도 개발자는 초기 비용을 수천만 달러씩 들여야 할 수도 있다.

유튜브가 콘텐츠 제작을 개인 크리에이터에게 맡길 수 있는 이유는 영상 제작 비용이 싸기 때문이다. 영상 하나에 고작 47센트를 들여 제작하고도 바이럴 영상이 될 수 있으니 **누구나 한 번쯤** 꿈꿀 정도로 진입 장벽이 낮은 셈이다. 그러나 메타버스에서는 경험을 제작하는 비용이 많이 든다. 메타버스 플랫폼은 기업이 참여하여 사업을 차릴 맘이 들도록 이익 구조를 바꿔야 할 것이다. 지금 같은 피라미드 구조로는 어려울 것이다. 기업으로서는 투자해봐야 투자금을 회수하거나 수익을 내기 어렵다는 사실이 빤히 보이기 때문이다.

메타버스가 시간 낭비가 되지 않을 정도로 괜찮은 경험을 넉넉히 담는 곳이 되려면 역피라미드 구조를 띠어 기반 구조를 구축한 기업이 수익을 가장 적게 가져가고 나머지 수익 대부분은 크리에이터에게 모여야 할 것이다. 그렇지 않으면 메타버스를 구축한 기업이 콘텐츠를 전부 제작해야 하는데, 제아무리 페이스북이라 한들 양질의 메타버스 경험 제작을 의뢰하는데 매년 2000억 달러씩 지출할 재력은 안 될 것이다.

기업형 메타버스의 장점도 있다. 기업형 메타버스는 버그도 별로 없고 사용자 경험(사용성)도 물 흐르듯 매끄러울 것이다. 사용성은 소셜 웹의 가장 큰 강점이었다. 거대 IT 기업들은 기존 인프라를 활용해 인터넷에서 메타버스로의 이행을 쉽게 만들어줄 수 있다. 이런 기업은 이미 자본도 충분하므로, 메타버스를 짓는 비용을 대기 위해 새로 투자를 끌어온다고 고생할 필요 없이 그 냥 **만들면** 된다. 게다가 남들보다 훨씬 신속하게 만들 수 있을 것이다.

그러나 페이스북 같은 기업이 메타버스를 빠르게 개발할 수는 있어도 제대로 만들지는 못한다. 이 책을 집필하는 현재 페이스북은 메타버스 의미를 깊이 이해하지 못해 메타버스 내 여러 가상 세계를 모두 통합적인 시선으로 보고 있다. 페이스북 관점에서는 메타버스의 '나'와 현실 세계의 내가 동일 인물이다. 아마도 페이스북이 구축할 메타버스에서는 우리가 현실의 정체성을 그대로 가진 채 지내게 될 것이며, 따라서 페이스북이 꿈꾸는 메타버스는 고대 메타버스의 순기능이었던 반 구조를 허용하지 않는 메타버스이다. 또 페이스북은 메타버스에서의 존재감보다 몰입도를 중요시해 VR 헤드셋 개발에 집착하고 있다. 그러나 4장에서 언급했듯이 현실과 구별이 어려운 실감 나는 가상 환경을 구축한다고 해서 메타버스의 가치가 높아지는 건 아니다.

우리가 가상 경험에서 가장 중요하게 생각하는 가치는 충족감이다. 우리가 경험하는 곳이 바람직한 메타버스라면 다양한 기기와 인터페이스를 통해 이런 만족스러운 경험을 할 수 있을 것이다. 언젠가는 우리도 멋스러운 최첨단 고글을 끼고 디지털 메타버스를 오갈 수 있게 될까? 아마 그렇겠지만 고글이 필수는 아닐 것이다. 꼭 현실과 똑같은 몰입감을 자랑하는 값비싼 VR 헤드셋 없이도 이 책에서 설명한 경험이 전부 가능한 메타버스를 만들 수 있다.

참고삼아 페이스북의 이상향을 「포트나이트」 개발사 에픽게임 즈가 제시한 메타버스 비전과 대조해보자. 에픽게임즈가 제시한 메타버스는 몰입감이 아닌 존재감을 목표로 삼았다. 「포트나이트」 게임부터도 접근성을 중요시하는 무척 바람직한 행보를 보인다. 그러나 이 게임 역시 메타버스의 가치 교환을 깊이 이해하지 못하고 있다. 게임 세계에 여러 브랜드를 끌어들이고는 있지만 여기서 특별히 가치를 창출하지는 못하고 있다. 「포트나이트」에서 벌어지는 일은 현실 세계와 별 관련 없다. 2020년 4월 래퍼 트래비스 스콧이 「포트나이트」 세계 안에서 콘서트를 열어 홍보 효과를 톡톡히 보았지만 색다른 행사 정도에 그쳤다. 물론 가상 세계의 경험 대부분이 이런 색다름에서 시작해 점차 경제적 가치를 갖게 될 것이다. 그러나 가치 이동 경로가 명확하지 않다면 실제 경제적 가치를 얻기 어렵다. 「포트나이트」에서 벌어지는 일이 현실 세계와 아무 관련이 없는 이유는 「포트나이트」와 현실 세계 사이에 접점이 전혀 없고 현실 세계와 가치나 의미를 교환할 방법도 전혀 없기 때문이다.

겉보기에는 게임이 가상 세계와 비슷하니 언뜻 훌륭한 게임이 진화하면 완전한 가상 세계가 되고, 더 확장되면 메타버스가 되리라고 생각할 수도 있다. 그러나 이 경로는 생각보다 실현하기 어렵다. 우선 기술적인 난관이 생각보다 많다. 보통 한 가지 목적으로 개발한 기술은 사후에 다른 용도로 바꾸기 어렵다. 자동차와 고속 모터보트는 둘 다 엔진이 있는 이동 수단이지만 자동차를 몰아 호수에 뛰어드는 순간 그 둘이 얼마나 다른지 실감할 수 있을 것이다. 게임도 마찬가지여서 자사의 게임을 메타버스로 둔갑시키고 싶은 개발자도 용도의 전환을 시도하는 순간부터 기술 결함을 비롯해 여러 가지 문제로 고생할 것이다. 게임과 메타버스는 서로 존재 이유와 행동 규칙이 전혀 다른 목적을 향하기 때문이다. 메타버스 개발을 꿈꾸는 게임 개발자는 훨씬 더 큰 구조를 밑바닥부터 새로 지어야 할 것이다.

페이스북과 에픽게임즈가 제안하는 메타버스 둘 다 만족감과 유용성이 아니라 플랫폼 개발사의 이익을 높이는데 최적화되어 있다. 이들의 제안은 메타버스를 만든 회사가 그 안의 경험까지 거의 모두 개발하고 운영하는 형태를 띨 것이다. 개별 크리에이터를 꾸준히 확보하고 지원할 역량과 평범한 사람에게 이로운 가상 세계를 지으려는 사명감이 없다면 기업형 메타버스는 빛 좋은 개살구에 그칠 것이다. 시각적인 몰입감은 있겠지만 심리적, 영적으로 척박할 것이다.

기업형 메타버스는 개발사가 소유하고 통제하려 들 것이므로,

이 틀 안에서 민주적으로 운영하려 해봐야 갖다 붙인 듯 어색하게 느껴질 것이다. 기업의 경영자와 투자자, 주주의 이익을 충족하는 가장 중요한 목적에 비해 민주적인 운영은 들러리 같은 존재이기 때문이다. 대기업 주도형 메타버스에서 개별 크리에이터는 힘이 없을 수밖에 없다. 애써 만든 메타버스 경험에 대해 사실상 지분이 없고 메타버스 전체 생태계를 건전하게 만든다고 당장 이득을 보거나 건전성을 해친다고 손해를 보지 않기 때문이다. 개별 사용자와 그 사용자가 생성하는 데이터도 소수의 기업이 마음대로 주무르고 광고주에게 판매할 것이다. 그러나 기업들이 뭐라고 선전하든 기업 주도형 메타버스를 기정사실로 받아들일 필요는 없다. 대안은 반드시 있다.

## 탈중앙형 메타버스의 약점

기업형 메타버스의 정반대는 '탈중앙형' 메타버스이다. 탈중앙형 메타버스는 조화를 이뤄야 한다는 생각은 내던지고 전체 발전 계획이나 노동력을 중앙에서 조율하는 사람 없이 해커든 개인이든 스타트업이든 비영리 단체든 각자 직접 메타버스를 만드는 형태이다. 월드 와이드 웹 초창기 서로 어울리지도 않고 호환되지도 않는 개인 웹사이트가 얼기설기 얽혀 있던 시절과 비슷하다. 오폰 소스 소프트웨어도 마찬가지로 수익이 아니라 이상주의자들이 공동의 가치관을 구심점으로 뜻을 모아 운영 체제나 프로그램을 개발했고, 이렇게 개발한 오픈 소스 프로젝트나 제품은 인터넷과 소프트웨어 애플리케이션에서 금전적 이득을 취한다는 인식에 정면으로 맞섰다.

이런 형태는 가장 이상주의에 가까우며, 제대로 결실을 본다면 가장 다양한 경험을 접할 수 있는 메타버스가 될 것이다. 이미 이런 시도를 볼 수 있는데 2017년 출시한 가상 세계 플랫폼 「디센트럴랜드」Decentraland는 자칭 최초로 사용자들이 소유하는 가상 세계로서 NFT 기술을 적용해 가상 세계의 디지털 토지를 암호 화폐로 사고팔 수 있다. 게임 전문 기자 루크 윙키Luke Winkie는 『PC 게이머』 2020년 3월 기사에서 「디센트럴랜드」를 “「세컨드 라이프」Second Life(린든랩Linden Lab이 개발해 2003년부터 현재까지 이어지는 온라인 가상 현실 공간-옮긴이)와 자유주의의 결합”으로서 “게임의 콘텐츠를 처음부터 끝까지 사용자 손으로 만들어 관리하는” 세계라고 설명했다.

「디센트럴랜드」형 메타버스의 취지에 깊이 공감한다. 그러나 이런 메타버스도 기업형처럼 실패작이 될 가능성이 크다. 정원 가꾸기에 비유할 때 기업형 메타버스가 토피어리 조각상이라면 탈중앙형 메타버스는 잡초 무성한 공터이며, 아무 계획도 없이 무엇이든 마구 생겨나고 자라날 수 있어 결국에는 사용하기도 가치를 창출하기도 어려워진다. 기업형 메타버스는 지나친 하달식 통제와 조율로 배가 산으로 갈 수 있지만 탈중앙형 메타버스는 통제와 조율이 전혀 없어 어려움을 겪는다. 기업 자본이 넘쳐도 지나친 상업화와 이익 지상주의가 메타버스를 망치겠지만, 할 수 있다는 정신과 자발적인 참여, 간섭을 거부하는 자세만으로 만든 메타버스도 제 기능을 못 하기는 마찬가지이다. 메타버스를 만든 소수 전문가나 일부 마니아에게만 쓸모있을 것이다.

이처럼 뜻은 좋으나 활용도가 떨어지는 모습은 「디센트럴랜드」에 이미 나타났다. 흥미로운 사회적 실험이긴 하지만 이 책을 집필하는 현재 기준으로 썩 잘 돌아가지는 않는다. 루크 윙키의 말을 빌리면 수시로 "화면이 멈추"거나 "확대·축소할 때 그래픽이 깨지"고 "죽도록 긴 로딩 시간"이 드는 "삐거덕거리는 제품"이다. 그러나 기술적 결함보다 치명적인 건 가상 세계에서 할 게 없다는 사실이다. "「디센트럴랜드」에 머무는 내내 사용자를 하나도 만나지 못했다." 윙키의 설명이다. "박물관부터 해적의 만까지 정말 개미 새끼 하나 얼씬하지 않았다."

탈중앙형 메타버스에는 자칫하면 마치 담장을 친 것처럼 상호 운용성도 없고 서로 의미나 가치를 교환할 수도 없는 쓸모없는 가상 세계만 넘쳐날 수도 있다. 또 그렇게 형성된 메타버스는 외부와 단절된 국가가 모여 서로 입국이나 출국도 어렵고 자국의 화폐를 다른 곳에서 사용하거나 환전할 수 없는 곳이나 마찬가지다. 생기가 없을 정도로 상업적인 메타버스도 곤란하지만, 개별 세계가 서로 호환되지 않을 정도로 제각각인 메타버스도 문제다. 메타버스가 잠재력을 충분히 발휘하려면 메타버스 내 가상 세계가 서로 매끄럽게 연결되어야 하지만, 충분히 조율되지 않은 자원봉사 노동력만으로는 이런 매끄러움을 확보하기 어렵다.

탈중앙형 메타버스도 바람직하지 않고 하달식 기업형도 바람직하지 않다면 바람직한 메타버스의 구조는 무엇인가? 아마도 중간 어디쯤일 것이다. 기업과 개인 모두의 자원과 노력, 또 여러 주체의 협업이 필요할 것이다. 이런 절충형 메타버스에서는 체계적인 프로젝트 관리를 통해 기본 품질을 달성하면서도 다양한 관점을 수용해야 한다. 모두에게 널리 이로운 메타버스를 만들려면 이 절충안이 가장 바람직하다. 이 책에서는 '교환형'the Exchange 메타버스라고 부르겠다.


## 교환형 메타버스

교환은 장소가 될 수도 있고 활동이나 철학이 될 수도 있다. 장소로서의 교환은 상품을 거래하거나 생각과 경험, 대화를 나누러 가는 곳이다. 서로에게 가치 있다는 인식이 있어야 **교환**이 성립한다. 무언가를 교환하려면 꼭 붙잡으려는 생각을 버리고 세상에 내놓아야 한다. 교환은 의미와 가치, 영향력이 작용하고 발전하고 변화하고 진화할 수 있는 다리이다. 이 개념을 중심으로 메타버스의 구조를 계획할 수 있다.

교환형 메타버스에서는 기술과 사업, 게임 개발, 윤리, 정치, 미디어, 예술, 심리 등 다양한 전문성을 갖춘 이해관계자가 모여 컨소시엄을 구성할 것이다. 처음에는 (아마도 이 교환형 메타버스를 고안한 '창업자' 몇 명이 주축이 되어) 전문가별로 초청했다가 점차 많은 사람의 지원을 받아 컨소시엄을 확장하게 될 것이다. 모두에게 이로운 메타버스라는 정의와 목표, 원칙에 동의하는 사람에게 구성원 자격이 주어질 것이다. 메타버스를 만들려는 집단은 많이 있겠지만, 이 컨소시엄은 공동의 윤리 규범을 따른다는데서 다른 집단과 가장 큰 차이를 보일 것이다. 이들은 개인의 이익이 아닌 공익을 위해 모인 집단이다. 이 집단의 구성원은 자원과 전문성을 모아 메타버스를 만드는데 필요한 자금과 기술, 조직, 윤리 조건을 형성하려 할 것이다. (이 주장은 이론뿐 아니라 우리 회사에서 $M^2$ 메타버스 모델을 개발한 경험을 토대로 했다. 아직 시행 초기이지만 결과가 나쁘지 않다.)

모두에게 이로운 메타버스는 어떻게 이루어질까? 우선 이 장 초반에 설명했듯이 현실적으로는 기술과 인프라에 크게 투자해야 할 것이다. 이른바 최소 핵심기능 제품Minimum Viable Product 수준의 메타버스를 만드는데 필요한 COPS를 달성하는데도 상상을 초월할 만큼의 연산과 저장 능력이 필요할 것이다. 메타버스의 작동에 필요한 연산과 저장 능력을 안정적으로 공급하려면 세계적인 규모의 인프라가 필요할 것이다. 스토리지, 전력, 네트워크 인프라 같은 하드웨어와 사용자의 사회·경제·기술·일상의 요구를 충족할 수 있는 좋은 소프트웨어도 필요할 것이다. 교환형 메타버스의 '익스체인지 컨소시엄'은 기술 개발에 필요한 자금을 지원하고 메타버스가 따라야 할 표준 지침을 정할 수 있을 것이다.

이렇게 기술이 갖춰지면 경험과 가상 세계 개발이 탄력을 받을 것이다. 가상 세계와 경험에 관해서는 충분히 언급했지만, 메타버스의 실질적인 쓸모를 결정짓는 핵심 요소이다. 경험은 사용자의 내적 만족을 목표로 삼아야 하며, 가상 세계는 다양한 사람이 이 경험을 만들고 가치를 창출할 권한을 가진 곳이어야 한다. 경험은 상상 속 영웅이 되는 모험부터 실용적인 기술 습득까지, 가상 콘서트 관람부터 가상 술집에서 바텐더와 웃고 떠드는 것까지 각양각색이다.

익스체인지 컨소시엄은 이런 가상 세계와 경험 개발을 조율하고 추진하는 주체로서 가상 세계와 경험을 직접 만들 개발자와 디자이너, 예술가를 물색해 일을 맡길 수 있지만 이들 외에 더 다양한 사람들이 가상 세계에 가치를 창출하거나 더하고 적정한 대가를 받을 수 있어야 한다. 모두에게 이로운 메타버스는 개인이 쉽게 가상 세계 속 경험을 만들 수 있는 메타버스일 것이다. 그러므로 메타버스의 가상 세계는 개인이 데이터와 개발 도구를 이용하고 결과물에서 실제 수익을 낼 수 있는 곳이어야 한다. 익스체인지 컨소시엄은 이런 개인 참여의 가치를 이해하므로 개인이 효과적으로 참여하는 장치를 메타버스 설계에 반영할 수 있을 것이다.

또 다른 핵심 구성요소는 여러 가상 세계를 하나로 묶을 수 있는 사회적, 경제적 상위 가치이다. 만약 가치를 창출하고 저장하고 측정하고 교환할 수 있는 표준화된 방법을 정한다면, 가상 세계와 경험은 개인의 심리적 만족을 넘어서는 사회적 의미와 영향력을 지니게 될 것이다. 아마도 블록체인류의 장치가 가상 세계의 가치를 보증하는 독립적인 요소로써 필요할 것이다.

앞서 언급했듯이 메타버스에서 발생하는 경제적 가치가 개발자에게 집중되어서는 안 된다. 만약 수익이 소수에 집중된다면 오늘날 인터넷상에 존재하는 불평등이 더욱 공고해지고 메타버스에 투자할 의욕도 꺾일 뿐 아니라 사용자도 애착을 느끼지 못할 것이다. 기업형 메타버스든 탈중앙형 메타버스든 경제적 가치 창출에 제한을 받을 것이다. 기업형에서는 메타버스 개발사가 수익 대부분을 챙겨가고 탈중앙형에서는 가치가 이동할 방법이 명확하지 않기 때문이다.

그러나 익스체인지 컨소시엄이 분배 과정을 관리한다면 메타버스를 구성하는 여러 가상 세계가 서로 소통할 수 있을 것이다. 가치를 쉽게 창출·저장·전달할 수 있는 블록체인 기술을 가치 교환의 표준으로 정해 이를 바탕으로 가상 세계를 개발할 수 있다. 익스체인지 컨소시엄이 가치 교환 표준과 현실 세계를 연결하는 다리가 될 수 있다. 가치 교환 표준의 의미와 효용을 제대로 인식하고 통합하려면 현실 세계 구조를 이해해야 하기 때문이다. 가상 세계에서 생성된 가치와 의미가 현실 세계에 영향을 미칠 통로가 있어야 하고, 그러기 위해서는 각 세계 간에 안정적인 연결 고리가 필요하다. 이런 연결 통로는 기술적으로도 어렵지만 사회적으로도 만만치 않은 도전이다. 인적, 물적 자원을 갖춘 컨소시엄을 구성한다면 현실 세계의 은행, 기업, 정부, 인터넷 서비스 사업자, 비영리 단체 등 여러 이해관계자를 이끌어 이런 연결 통로를 구축하고 지속할 수 있다.

메타버스 내에서 가치 이동의 통로를 구축하려면 암호 화폐나 블록체인류의 기술이 꼭 필요하다. 이런 기술을 기반으로 개인이 각자 이익을 추구하면서 메타버스를 의미 있는 경험으로 채울 수 있다. 메타버스 내 의미 있는 경험은 각 기업과 개인이 만들어야 하고, 이들은 과연 비용을 회수하고 이익을 낼 수 있는지 궁금해할 것이다. 시간과 돈을 들여 경험을 개발할 만한 가치가 있는지 궁금할 것이다. 경험을 개발한 개인과 기업의 수익을 보장하려면 처음부터 메타버스의 중심에 투명한 공동의 금융 체계가 들어있어야 한다. 그래야 이들이 플랫폼 사업자에 휘둘리지 않는다.

이상적으로는 익스체인지 컨소시엄 회원들이 지적 재산권 보유자와 소통해 지적 재산권을 행사하지 않을 때 더 큰 기회가 열린다는 사실을 설득할 수 있을 것이다. 메타버스는 사용자 창작 콘텐츠와 사용자의 참여를 주축으로 만들어질 것이므로, 지적 재산권 침해에 대한 반감을 내려놓는 개인과 기업이 가장 크게 성공할 것이다. '스타워즈' 시리즈를 예로 들자면 디즈니는 자사가 보유한 캐릭터의 라이선스 계약에 보수적이다. 캐릭터와 줄거리가 자사가 의도한 대로만 흘러가도록 철저하게 관리하기 위해서다. 그러나 메타버스에서는 콘텐츠를 창작하고 다루는 방식이 다양해질 것이다. 메타버스에서는 모두가 이른바 '라핑'LARPing(Live Action Role Playing game을 동사화해 마치 온라인 롤플레잉 게임을 하듯이 주제를 정하고 캐릭터를 만들어 오프라인에서 기본 줄거리를 바탕으로 이야기를 연기하는 역할 놀이 – 옮긴이)할 것이므로 메타버스에서는 새로운 매체의 특성에 맞으면서도 창작자들에게 충분히 보상되도록 창작과 지적 재산권 이관의 개념과 규칙을 손봐야 할 것이다. 게임 업계의 숙제는 사용자가 **할** 수 있는 게임 개발에서 한 발 더 나가 게임처럼 점수를 따거나 레벨을 높이지 않아도 의미 있는 신개념 경험을 만들고, 동시에 수익 창출 방식도 바꾸는 일이다. 익스체인지 컨소시엄이라면 거시적인 눈으로 논하고 답할 수 있을 것이다.

모두에게 이로운 메타버스가 되려면 그에 맞는 투명한 관리 방식과 사회에 도움이 되는 올바른 행동을 촉진할 수단이 필요하다. 이 2가지는 서로 연결되어 있다. 메타버스 전체를 아우를 공통의 가치관을 정해 모두의 합의를 이끌어야 하고 이 가치관을 메타버스 개발에 반영해야 한다. 만약 이 두 가지를 이룬다면 메타버스의 이해관계자 (정부와 규제기관, 인프라와 경험을 개발할 기업, 재능 있는 콘텐츠 창작자 등) 모두 이 공동의 가치관을 기준 삼아 행동할 수 있다.

모두에게 이로운 방향으로 구조화되고 관리되는 메타버스는 국가와 비슷한 모습을 갖출 것이며, 8장에서 이 내용을 더 상세하게 다룰 것이다. 일단은 구글이나 페이스북 같은 기업이 이미 웬만한 국가보다 힘이 있고 어떻게 보면 주권 국가처럼 행동하고 있다는 사실을 생각해볼 필요가 있다. 지금 인터넷을 거대 기업이 전제주의처럼 통치한다면, 미래 메타버스는 민주주의의 모습을 띨 것이다. 그러나 메타버스가 민주적이려면 먼저 익스체인지 컨소시엄 같은 조직 구조에서 출발해야 한다. 무정부 국가는 성립할 수 없고 정부가 권력을 독점하면 독재 국가가 되지만 교환의 원리를 중심으로 구성된 국가 같은 곳이 있다면 최대 다수가 최장기간 최대 가치를 누릴 수 있다. 이 책에서 제안하는 익스체인지 컨소시엄은 공동의 가치관을 공유하고 가치관이 지켜지도록 관리·감독하지만 지나친 규제와 감시는 피해야 하며, 관리·

감독하느라 메타버스의 발전을 가로막아서는 안 된다.

## 믿음이 이어지려면

그러려면 모든 이해관계자가 일종의 메타버스 철학 협약을 공유해야 한다. 다시 말해 메타버스 프로젝트의 핵심 가치와 의미에 동의하고 이를 적극적으로 지켜야 한다. 메타버스 프로젝트가 중요하다는 인식은 컨소시엄의 초대 창업자와 투자자의 임기가 끝난 후에도 오래 이어져야 한다. 앞서 언급했듯이 모두에게 이로운 메타버스를 만드는 일은 여러 세대에 걸친 큰 과제가 될 수 있다. 역사에서 알 수 있듯 여러 세대에 걸치는 초대형 프로젝트가 성공하려면 세대를 초월한 굳건한 믿음이 뒷받침해야 한다.

고대 이집트 피라미드는 사회 구성원 모두가 메타버스 현실을 굳게 믿을 때 그 힘이 얼마나 강력한지 알 수 있는 대표적 기념물이다. 그러나 피라미드가 현실이 되기까지는 다음 세대에 피라미드 건설을 이어받은 후손의 후손까지도 피라미드의 가치를 믿어야 했다. 당장 먹고 사는 데 도움이 되지 않는 장기 프로젝트에 시간과 돈, 노동력을 들여야 한다고 믿어야 했다.

언뜻 실용성 없어 보이는 장기 사회 문화 프로젝트에 어떻게 하면 관심과 참여를 유도할 수 있을지는 고대 이집트만의 고민은 아니다. 2011년에도 미국 항공우주국과 국방고등연구계획국 DARPA은 100년 이내에 항성을 오가는 유인 우주선을 운항한다는 목표를 세우고 '100년 스타십 프로젝트'를 공동 출범했다. 이 프로젝트의 가장 큰 난관은 100년이라는 긴 시간 동안 꾸준히 관심과 투자를 유도하는 데 있다. 100년은 짧은 기간이 아니니 변화가 많을 것이다. 수많은 지도자가 부임했다가 떠나고 사회의 중요 과제도 바뀔 것이다. 스타십 프로젝트를 마무리할 무렵의 세상은 프로젝트를 시작할 때의 세상과 크게 다를 것이다. 그렇다면 스타십 프로젝트 같은 대형 과제에 대한 관심과 투자를 후세대까지 이어가려면 어떻게 해야 할까?

해답은 이 문제가 100년이 걸리는 한이 있어도 풀 만한 가치가 있다고 설득하는 데 있다. 고대 이집트에서도 파라오의 명령과 강제 노역만으로는 사막 한복판에 값비싼 장식용 삼각뿔을 차례로 건설하는 데 한계가 있었을 것이다. 그 정도 규모로 상상을 현실화하는 건설 프로젝트는 어떤 면에서든 사회적 공감대가 있어야 한다. 지도자만 마음먹어서 될 일이 아니었다.

피라미드와 100년 스타십 프로젝트처럼 이 장에서 설명한 메타버스도 수십억 시간씩 노력을 쏟아야 겨우 열매를 맺기 시작할 것이다. 아무리 개발 과정에서 가치를 창출할 수 있고 단계별로 나누어 개발할 수 있다 해도 엄청난 투자이다. 활발하게 돌아가는 가상 세계를 개발하고 각 가상 세계를 연결하는 경제 체제를 구축하는 것도 여러 세대에 걸친 장기 프로젝트이다. 그 정도의 시간과 비용을 들여 메타버스를 건설할 만하다는 사회적 합의가 있으려면 메타버스가 정확히 왜 필요한지 공감대가 있어야 하며, 이런 공감대는 다음 세대와 그다음 세대까지 설득할 수 있을 만큼 강해야 한다.

익스체인지 컨소시엄은 사회의 공감대를 높이고 메타버스가 사회에 해로운 생태계가 되지 않도록 윤리적 기반을 다질 수 있다. 그러나 언젠가는 가장 이상주의적인 컨소시엄의 회원도 아직 개발 중인 메타버스 모습에 실망해 '다 그만두고 내 일이나 잘하는 게 나은지' 고민하는 때가 올 것이다. **여부**가 아닌 **시기**의 문제이다. 따라서 각 개인이 이익에 따라 움직여도 전체의 윤리성이 유지되는 시스템을 미리 구축해 두어야 한다. 이 시스템은 소수의 개발자가 아닌 모두에게 이로운 가치를 창출할 수 있어야 한다. 가장 확실한 방법은 수익성 좋고 보람 있는 가상 직업이 넘쳐나는 가상 경제 구축이다.

# 7장

. . .

# 가상 직업과 보람 경제

현대 경제 체제의 근본 문제를 살펴보는데 디즈니 애니메이션 「백설공주」에 등장하는 〈휘파람 불며 일해요〉만한 사례가 없다. 노래에서는 일의 고단함을 덜기 위해 주의를 딴 데로 돌릴 대상을 찾으라고 권하고 있다. 휘파람을 불면 지루함을 잊을 수 있고 빗자루를 연인이라고 생각하면 바닥을 청소하기 싫다가도 좋아질 수 있다. 심리학에서 고통스러운 경험을 겪을 때 쓰는 이런 깜찍한 잔꾀는 일에서 보람을 찾을 수 없고 내적 만족을 느낄 수 없는 세상에서나 필요하다.

2장에서 이야기했듯 이것이 우리가 지금 사는 세상이다. 현대 사회는 생산성의 원리를 중심으로 움직인다. 한 국가의 경제적 번영을 헤아리는 가장 중요한 지표는 국내 총생산GDP이다. 말 그대로 생산을 많이 하는 국가의 경제가 가장 건실하다는 뜻이다. 우리는 아주 어릴 때부터 아무리 지루하고 하찮은 일이라도 불평하지 않고 오래 일하는 노동의 숭고함을 배운다. 우리는 고되게 일하는 것을 미덕이라고 생각하도록 길들었고, 이런 순진함을 연료로 경제가 발전했다. 생산성이 지상 과제가 되고 자동화가 빠른 속도로 퍼지면서 더 많이 일하고도 직업 만족도는 훨씬 떨어지게 되었다.

경제 관점에서는 이런 동향이 크게 이상하지 않다. 국가의 GDP 계산에 국민의 직업 만족도는 직접 영향이 없다. 고용주도 일터를 일부러 불쾌한 곳으로 만들 필요는 없지만, 굳이 인간적으로 만들 필요도 없다. 근로자의 내적 만족 따위는 안중에 없는 무심함은 아마존 종합 물류 센터 같은 저임금 직장에서 더 극명하게 드러난다. 엄중한 통제와 감시로 자율성은 없고 정기적으로 업무 평가 점수만 매겨진다. 이런 곳에서 근로자들은 주로 근무 조건과 임금을 이유로 파업하지만, 더 근본적인 부당함, 즉 일자체가 너무 단순해서 비인간적이라는 이유는 별로 언급하지 않는다. 이미 일은 불만족스럽기 마련이라는 생각이 깊이 뿌리내린 탓이다. 불만족스러우니 '일'이다.

그러나 잠깐 멈춰 돌아보자. 이 입장이 이상하지 않은가. 인생은 한 번뿐인데 우리는 이 삶의 대부분을 일하는데 보낸다. 기술이 아무리 발달해도 일이 주는 압박은 줄어들지 않고 오히려 더 강해졌다. 그런데도 우리는 깨어있는 시간의 대부분을 차지하는 일에서 심리적 만족을 얻어야 한다는 생각조차 하지 못한다. 지적 만족도가 높은 직업도 과로와 스트레스는 필수 요소이다. 예일 대학 교수 다니엘 마코비츠가 『엘리트 세습』에 썼듯 많은 화이트칼라 근로자들은 평생 훈련을 거쳐 일과 삶을 **동일시하고** 주당 90시간씩 일하면서 자녀 얼굴은 구경도 못 하는 삶을 당연하게 받아들인다. 사회는 원래 일에서 보람을 찾기 어렵다는 메시지를 암묵적으로 보내지만, 업무에 쏟는 시간이 점점 많아지니 다른 곳에서도 보람을 찾기 어려워진다. 이런 구조는 비인간적이다.

일은 유용한 경험일 수 있고, 유용한 경험이어야 한다. 일의 태생과 구조가 인간적이라면 일은 우리 삶에 방향성과 목적의식을 주는 고마운 존재다. 우리는 일을 통해 우리에게 딱 맞는 어려운 과제를 수행함으로써 활력을 얻고 우리 능력에 자신감을 느끼고 사회의 일원으로 참여한다는 자긍심을 느낀다. 그러나 우리 시대 고용과 보상 구조에서는 인간이 아닌 생산성이 우선이다. 이미 언급했듯이 이는 지속하기 어려운 전제다. 생태계 관점에서는 일을 통해 사회를 더 좋은 곳으로 바꾸지 못하고 생산성만을 추구하다가 기후 위기라는 인재를 일으켜 환경을 훼손하고 있다. 인류의 하나밖에 없는 서식지가 이처럼 빠르게 훼손되고 있는데 생산성 제일주의가 크게 잘못되었다는 증거로서 이만큼 확실한 게 있을까? 사회 관점에서는 생산성 제일주의 때문에 삶에 의미를 주는 목적의식의 위기를 맞고, 이런 목적의식의 위기는 세계의 안정을 위협하고 있다.

『불쳇 잡』에서 저자 데이비드 그레이버는 일을 불행하게 느끼는 사람이 이토록 많은 이유를 탐구해보았다. 가장 큰 이유는 우리 직업이 처음부터 인간의 보람과 성취를 염두에 두고 설계되지 않았기 때문이다. 그레이버가 말하는 '엉터리 일자리'에서 우리가 얻는 건 변변찮은 월급뿐이다. 엉터리 일자리는 사회적 의미없이 근로자에게 지적, 감성적 자극을 주지 못하고 근로자를 고립시키며 자율성을 빼앗는 일자리이다.

엉터리 일자리에서 오는 무기력과 불만은 독성이 강하다. 이런 감정은 특히 사회 불안 연구에서 불만의 기폭제라고 하는 젊은 미혼 남성Young Unmarried Men, YUM과 실업과 불완전취업에 시달리다 20, 21세기 극우 정치 운동에 앞다투어 가담한 중년층 사이에 강하게 나타났다. 물론 그중에는 악의적인 이유로 극우주의에 가담하는 사람도 있지만, 보통은 개인이 경제 구조가 불리하다고 느낄 때 과격한 정치 행동을 하게 된다.

그도 그럴 것이 지난 반세기 동안 생산성은 급격히 늘어난 반면 임금은 제자리걸음이었으니 이런 불공정함에 근로자들이 불만을 느낄 만하다. 철학자 존 롤스의 정의관에 따르면 자유주의 사회에서는 공정함이 곧 정의이다. 경제 관점에서는 공정함을 전적으로 소득 불평등의 문제라고 해석해 소득의 차이가 부의 차이를, 부의 차이가 **가진 자와 못 가진 자**를 나누는 사회 체제를 만들고 유지한다고 본다. 그러나 근본적으로 그 많은 사람이 가장 기본적인 심리적 만족도 느끼지 못하는 직업 구조가 부당하고 불공정하다. 기업은 산업 시대 대부분을 직원에게 휘파람을 불며 일하라고 지시하면서 인위적인 방법으로 일이 인간의 보람과 상관없이 만들어졌다는 사실을 잊으라고 했다. 가난하든 부유하든, 화이트칼라든 블루칼라든 일의 보람 면에서는 모두 못 가진 자이다.

이 장에서는 이 시대 자본주의의 위기를 메타버스가 어떻게 해결할 수 있는지 설명하고자 한다. 왜 가상 세계의 규모와 수용도와 의미가 커지면 개인의 보람을 극대화하는 건실한 가상 경제가 탄생하는지 살펴보겠다. 가상 세계 경제에서는 의미 있는 경험을 만들 수 있기 때문에 매력적이면서 수익성도 있는 일자리도 수없이 많이 생겨나므로 이 장에서는 바람직한 메타버스를 이루게 될 때 우리 사회도 생산 경제에서 보람 경제로 이동할 수 있다는 주장을 펼치고자 한다.

가상 세계에서 보람은 상호 보완적인 관계를 바탕으로 할 때 창출된다. 단순히 메타버스 직업이라는 이유로 보람 있다는 뜻이 아니라 인간의 노력으로 보람을 만든다는 뜻이다. 충분히 많은 사람이 가상 세계의 중요성을 믿고 가상 세계의 경험도 일부러 찾을 만한 가치가 있다고 믿어야 가상 세계가 실재하고 현실에 영향을 끼칠 수 있다. 이러한 믿음이 모두를 타인을 위해 가상 세계 경험을 개발하면 가상 세계의 가치가 높아진다는 결론으로 이끈다.

바람직한 메타버스는 이 가치를 객관적으로 수치화할 수 있어야 한다. 가상 세계 직업은 타인을 위해 유용하고 만족스러운 경험을 개발하며 수익을 창출할 것이다. 이것은 유토피아적 환상이 아니라 게임 업계의 장기간 시험으로 입증된 수익 창출 전략에 근거를 둔 주장이다. 게임은 사용자가 성취감을 느껴야 이탈하지 않으며, 가상 세계도 마찬가지다. 물론 가상 세계에도 비도덕적이고 해롭고 반사회적인 경험이 없을 수 없다. 그러나 성취감에 초점을 맞춘 수익 모델은 적어도 현재 소셜 미디어 플랫폼의 수익 모델보다는 가능성 있다. 수단 방법을 가리지 않고 사용자의 주의를 끌어 클릭을 유도하는 중독에 의존한 수익 모델보다 낫지 않은가.

가상 세계 내 경험이 더 생생하고 만족스러워질수록 (게임 산업에서 장기간 사용자 유지 효과가 입증된 그대로) 그 경험을 개발한 사람들은 돈을 점점 많이 벌 수 있다. 용 사냥꾼을 이끄는 직업이든 신기한 자동차 튜닝샵에서 가상 자동차를 개조하는 일이든 현실 세계에서 대다수를 차지하는 엉터리 일자리의 정반대일 것이다. 바람직한 메타버스에서는 인류 역사상 가장 인간적이고 창의적인 직업을 택할 기회가 열릴 것이다. 이런 새로운 직업은 오늘날 직업의 세계를 위협하는 목적의식의 위기를 극복할 열쇠가 될 것이다.

보람 경제를 구축하는데 가장 큰 장애물은 기쁨을 추구하는 행위에 죄책감을 느끼게 하는 무언의 압박으로, 이 압박감은 명백한 거짓이지만 끈질기게 우리를 괴롭힌다. 그러나 원하는 만큼 누리지 않는 삶에 무슨 의미가 있는가? 인간의 삶을 이롭게 하는 것이 아니라 해롭게 하는 경제 구조가 무슨 소용 있는가? 생산성은 특별히 좋거나 나쁘지도 않고 그 자체가 목적이 될 수도 없다. 일의 목적에서 보람은 곁가지가 되어서는 안 된다. 일의 목적이 곧 보람**이어야** 한다. 어느 사회든 비선호 직업은 있을 테고 가상 사회도 마찬가지다. 그러나 바람직한 가상 사회는 경제 체계 전체가 보람을 향해 흘러갈 것이다. 지루하고 괴로운 직업은 기본이 아닌 예외가 되고 괴로움을 감내하는 보상도 두둑할 것이다. 이런 사회가 어떻게 성립하는지 이해하려면 보람 경제를 상세히 살펴봐야 한다.

## 보람 경제

5장에서는 메타버스가 의미의 연결망이라고 설명했다. 바람직한 메타버스에는 가상 세계 참여자와 사회에 유용한 경험이 많아질 것이다. 참여자는 다양한 세계와 개인 간 가치 창출 및 교환을 위해 메타버스에 뛰어들 것이다. 지금까지는 메타버스의 가치를 주로 심리적·사회적 순기능 관점에서 이야기했다. 그러나 메타버스가 발달할수록 점차 경제적 가치도 창출할 것이다. 메타버스의 존재 이유가 의미 있는 경험을 제공하는 것이라면 그 경험에 가격표를 달 수 있을 것이다.

우리는 가상 경험의 금전적 가치를 가늠할 수 있다. 누군가 50달러를 들여 새 비디오 게임을 산다면 그 게임을 하는 경험이 못해도 50달러어치는 된다고 생각한다. 다중 접속 게임에서 기본 아바타를 바꾸는데 굳이 돈을 들이는 이유도 아바타에 멋진 옷을 사주는 경험에 그만한 금전적 가치를 매기기 때문이다. 따지고 보면 가상의 바지를 사는데 진짜 화폐를 못 낼 이유는 없다. 참여 자들은 가상 경험이라도 실제 만족감을 느낀다면 기꺼이 지갑을 열 것이다.

가상 세계가 점점 발달하고 커질수록 사용자가 직접 상품과 서비스, 경험을 제공하며 수익을 낼 기회도 점점 많아진다. 현실 세계에서는 분위기 좋은 카페나 시설 좋은 헬스클럽처럼 내 입맛에 딱 맞는 곳을 발견하면 같은 곳을 여러 번 가고 또 간다. 갈 때마다 기꺼이 돈을 쓰고 그만한 가치가 있다고 생각한다. 가상 세계라고 다를 바 없다. 가상 세계가 사용자 입맛에 맞춰 발전해 갈수록 사용자는 점점 더 자주 방문하며 맘에 드는 상품이나 서비스에 주저 없이 돈을 쓸 것이다.

만약 경험을 척도로 가상 세계의 가치를 매긴다면, 고품질 경험을 다양하게 제공할수록 가치 있는 가상 세계다. 그러나 메타버스 플랫폼 사업자들이 모든 경험을 하나부터 열까지 만들어내기는 어려우며, 자본도 부족하고 자칫하면 품질도 놓친다. 경험의 기획과 개발은 창업자, 예술가, 일반 사용자 등 유능한 외부 개발자의 몫이 될 것이다. 바람직한 메타버스에서는 플랫폼 사업자들만 독식하지 않고 쓸모 있는 똘똘한 경험을 개발하는 누구든 승자가 될 수 있다.

메타버스 내 직업도 창의적인 성격을 띨 것이다. 우선 현실 세계 직업에서 오랫동안 바로잡기 어려웠던 구조적 비효율도 메타버스 직업에서는 없앨 수 있다. 메타버스의 가상 직업은 진입 장벽이 낮다. 컴퓨터나 휴대 전화만 있으면 누구든 어디서든 원하는 일을 할 수 있다. 학습과 성장의 여지도 있다. 신입 수준에서 시작하더라도 역량을 늘려 부를 축적할 수도 있다. 노동의 결과물은 성취감과 보람이며, 보람을 창출할수록 수익을 내게 된다.

그러면서도 오늘날 현실의 일부 고소득 직종처럼 세상에 해악을 끼치지 않고 다른 사람을 해치거나 착취하지 않는다. 또 현실의 신입 사원과 달리 곧바로 창의적인 일에 착수할 수 있다. 경험의 생산자와 소비자가 상호 작용하는 행위가 곧 예술 작품이 될수도 있다. 그만큼 직업을 수행하는 근로자의 삶도 경험을 소비하는 사람의 삶도 나아지는 바람직한 직업이 된다.

이런 가상 직업을 필두로 가상 세계의 지식 노동 기회도 늘어나고, 이미 고소득 직종에 종사하는 초고학력자가 아니어도 더많은 사람이 원격 고소득 지식 노동에 종사할 수 있을 것이다. 저임금을 좇아 해외로 진출하는 기업이 악용하거나 국가가 이민 규제를 이용해 막는 세계화가 아닌 인간적인 세계화가 될 것이다. 이미 세계 어느 곳이든 일할 수 있지만 그리 쉬운 일은 아니다. 가상 직업이 등장하면 우리는 진정한 의미에서 기회의 세계화를 이룰 수 있다.

길게 볼 때 가상 사회가 오면 인간이 누구나 지닌 잠재력을 발휘할 수 있는 지속 가능한 창의 경제가 싹틀 것이다. 그리고 이변화는 현실 경제에도 눈에 띄게 영향을 줄 것이다. 물론 선택하기 나름이지만 메타버스에서는 누구든 창의력을 발휘하면 경제활동을 할 수 있다.

## 가상 세계의 가치 창출

가상 세계에서 가장 먼저 할 일, 즉 보람 경제의 첫발을 디디는 일은 가상 세계를 돌보고 가꾸는 것이다. 우리가 메타버스에서 벌어지는 일의 결과를 인정하고 관심을 가질 때 메타버스는 모두에게 이로운 곳이 된다. 메타버스는 의미의 연결망이니 더 많은 사람이 가상 세계에 관심을 둘수록 연결망인 메타버스의 가치도 높아진다. 바로 메타버스 가치 창출의 1단계이다.

돈을 벌지 않는 활동인데 어떻게 직업이 될 수 있을까? 답은 보람 경제에 있다. 보람 경제 내의 직업이 보람을 창출한다면 꼭 소득이 목적일 필요는 없다. 근로자 본인과 타인에게 보람을 주면 된다. 「로블록스」 같은 무료 MMORPG를 보면 사용자가 게임을 하러 접속할 때 가치가 창출된다. 상시 접속자가 많으면 많을수록 언제든 함께 게임 하고 상호 작용할 사람이 있다. 현재도 무료 게임에서 사용자 대다수가 한 푼도 쓰지 않지만, 유료 이용자들에게는 무료 사용자의 존재 자체가 가치 있다. 돈 들여 아바타의 외모를 멋지게 꾸며도 알아봐줄 사람이 없다면 말짱 헛수고일 것이다. 사용자가 많아야 무엇을 사도 더 값어치 있다.

가상 세계 안에서는 주의력과 노력이 이어질수록 가치가 발생한다. 처음에는 금전적 가치가 아니어도 사용자 중 그 세계에 공들이는 사람이 늘어날수록 소득 창출의 기회도 점점 많아질 것이다. 다만 현실 세계에서는 모든 것이 자동화되어 가는데 이미 태생부터 자동화되어 있는 디지털 세계가 이 흐름을 벗어나기는 어려워 보인다. 자동화 소프트웨어 솔루션을 쓸 수 있는데 인간 노동이 굳이 쓸모나 가격 경쟁력 있을까? 개발자로서는 좋은 경험을 제공하는 인공 지능 프로그램을 짜는 편이 더 쉽고 저렴하지 않을까?

그렇기도 하지만 아니기도 하다. AI 소프트웨어는 가상 세계의 인구를 늘리고 활기를 더하는데 매우 유용할 것이다. 그러나 가상 세계 가치와 의미는 다른 사람에게서 나온다. 사회가 형성되지 않으면 가치도 형성되지 않는다. '중세 세계'에서 용 사냥꾼으로 명성을 얻으려면 다른 사람들이 거리에서 마주칠 때마다 칭찬하고 상품 광고를 부탁해야 한다. (만약 AI 프로그램이 용을 단칼에 죽인다면 그만큼 가치 있을지 의문이다.) 가상 세계의 디지털 예술 작품도 가치를 인정할 사람이 있어야 가치가 상승한다. 인간의 참여가 있어야 메타버스라는 의미의 연결망도 작동한다.

물론 의미의 연결망은 다자간에 맺어야 하며, 여러 가상 세계가 서로 교류한다. 그러니 가치도 한 가상 세계 안에서만 유효한 것이 아니라 연결 고리를 따라 여러 세계를 순환한다. '중세 세계'가 충분히 커지면 뛰어난 용 사냥꾼의 명성도 세계 간 경계를 넘어 퍼질 것이다. 이 명성이 주는 가치는 다른 세계에서도 유효해서 한 세계에서 성공하고 유명세를 누리면 다른 세계에서도 이를 알아보고 인정할 것이다. 유명 유튜버가 복싱 선수로 뛰고 유명 틱톡커가 출판 계약을 맺는 시대이다. '중세 세계'의 유명 용 사냥꾼이 「더 투나잇 쇼 스타링 지미 팰런」에 출연해 지미 팰런과 모험담을 나누는 게 그리 먼 이야기일까?

뛰어난 용 사냥꾼이라는 명성이 높을수록 가치를 창출하는 이유는 타인이 그 명성에 의미를 부여하기 때문이다. 다른 사람의 참여가 있어야 가상 세계에 보람과 의미가 생기고 가상 세계의 상호 작용에 투자 가치가 생긴다. 자기 결정성 이론에서 주장하듯이 우리는 주변 사람들과 유대감을 느낄 때 행복해한다. 가상 세계에서도 만족감은 주변 사람들의 선택과 결정, 행동이 모여 발생한다. 각 사람의 선택이 모였을 때 가상 세계의 현실감이 커지고, 가상 세계의 현실감이 클수록 그 안에서 벌어지는 일도 더 중요해진다. 궤도가 정해진 테마파크 기구와 어디로 튈지 모르는 실제 경험을 구별하는 핵심 재료는 다른 인간의 참여이다. 인간의 참여가 있어야 가상 세계에 재미를 넘어 의미가 생긴다.

인간 참여에서 심리적 가치를 얻는다면, 경제적 가치는 어디서 오는가? 가상 세계에서 경제적 가치를 생성하고 그에 따라 건실한 메타버스 경제를 구축하려면 우선 메타버스 안에 일정하게 소득을 낼 기회가 있어야 한다. '소득을 낼 기회'란 이따금 들어오는 긱gig 노동도, 인터넷 중고 장터에서 의자 한 개 팔고 3년 후 자전거 한 대 팔아 푼돈을 버는 거래도 아니다. 자본을 들여 플랫폼을 개발해 언젠가 주식 시장에 상장할 수도 있는 미래 잠재 소득을 말하는 것도 역시 아니다. (이 경우는 가상 세계 안에서 돈을 버는 것이 아니라 가상 세계를 **만들어** 돈을 버는 것이지만.) 가상 세계의 경제적 파급 효과는 한 줌 남짓의 거대 기업이 개발하거나 호스팅해서 버는 돈이 아니라 가상 세계 주민 각자가 손에 쥘 수 있는 정기 소득에서 나온다.

가상 세계에서 돈을 벌 방법에는 크게 2가지가 있다. 하나는 가상 상품을 만들어 파는 방법이다. 이전 세대 가상 세계는 앞으로 개발할 가상 세계에 비하면 초보적인 수준이지만 이때 장기간 수집한 데이터를 보면 가상 상품을 기반으로 한 경제 구조도 실물 상품을 기반으로 한 경제 구조만큼 건실할 수 있다. 이미 수십 년 동안 가상 세계 사용자들은 체류 경험을 증진하고 만족감을 높이는 가상 상품에 기꺼이 돈을 지불해왔다.

경제학자 에드워드 카스트로노바Edward Castronova는 2001년 폭발적인 인기의 MMORPG 「에버퀘스트」의 급성장하는 경제를 분석한 논문을 발표했다. 카스트로노바에 따르면 당시 기준으로 게임 내 화폐 가치가 일본 엔화보다 높고 1인당 국민 총생산GNP이 세계 77위에 해당했다. 사용자들은 주저 없이 아이템 구매에 돈을 썼다. 카스트로노바는 다음과 같이 덧붙였다. "사용자는 지극히 평범한 사람들로서, 일반 온라인 상거래에는 불만이 많고 흥미를 잃었으면서도 아바타에 기반한 온라인 상거래에는 열정적으로 참여하고 있었다. 자동차 타이어는 마지못해 사더라도 아바타용 신발은 기꺼이 사러 나선다."

카스트로노바는 「에버퀘스트」 세계에 직접 뛰어들어 게임 내 경제를 장기간 연구했고, 본질이 현실 경제와 유사하다는 결론을 내렸다. "경제학자의 시선으로 볼 때 어디든 영토가 있고 노동 인구가 존재하고 국민 총생산과 환율이 있다면 경제 체계가 있다. 이 기준으로 볼 때 이러한 가상 경제는 어느 모로나 실재한다." 게임 곳곳에 아바타가 만나 가상 상품을 거래하고 흥정하는 상거래가 일어났다. 카스트로노바는 논문 곳곳에 「에버퀘스트」 경험 '일지'를 실었다.

미스티 에이콘(아이템 이름 - 옮긴이)으로 대박 났다. 미스티 덤불 숲 바닥에 흩어져 있어 그냥 주우면 된다. 어느 날 리버베일에서 어떤 여성이 하나에 8pp씩 내고 샀다. 꽤 큰돈이다. 하플링(종족 이름 - 옮긴이) 갑옷용이라나 뭐라나. 어쨌든. 그때부터 볼 때마다 조금씩 주워뒀다가 리버베일로 가서 부자들에게 팔았다. 이들은 에이콘을 일일이 주우러 돌아다닐 바에야 차라리 돈을 쓰는 게 낫단다. 딱 경제학 교과서에 나오는 그대로다! 내가 수렵 채집의 비교 우위에 있으니 교환이 성립했다. 이제 괜찮은 모자 하나 살 수 있겠군.

「에버퀘스트」만 유별난 것이 아니라 「울티마 온라인」 「이브 온라인」 「세컨드 라이프」를 포함해 이만한 규모와 복잡도를 갖춘 가상 세계에서는 어김없이 경제 체계가 생겼다. (우리 회사 공동 창업자 롭 와이트헤드Rob Whitehead도 십 대 시절 잠깐이지만 「세컨드 라이프」에서 무기상으로 활발하게 활동했고, 가상 무기를 만들어 판매한 수익으로 대학 등록금 일부를 대기도 했다.) 비록 이 세대의 가상 경제는 현실 경제에 큰 영향을 끼치지는 못했지만, 그렇다고 가상 경제의 본질이 엉성하다는 뜻은 아니다. 그보다는 아직 규모와 복잡도가 부족해 사용자 수가 상대적으로 적고 가상 세계와 현실 세계 사이에 가치 이동 수단이 별로 없었다는 뜻이다. 이런 기술적인 난관은 생각보다 빨리 넘어설 수 있다. 기술이 발달할수록 가상 세계의 품질과 가치도 좋아지고, 가상 상품도 훨씬 다양해질 것이다.

그런데 가상 상품의 가치는 어떻게 매길까? 첫째, 가상 세계 안에서 구매자에게 쓸모가 있어야 한다. 마치 라스베이거스에서 아무 기대감 없이 슬롯머신에 5파운드를 집어넣듯 호기심에 한번 정도는 사 본다고 해도 호기심은 금세 사그라진다. 그다음부터는 가성비부터 따질 것이다. 그러니 가상 상품이 어떤 방식으로든 의미와 쓸모가 있어야 한다. 팔리는 제품은 신선하거나 매력이 있어야 하는 법이다.

가상 상품이 경제적 가치가 있으려면 「에버퀘스트」에서 사냥에 쓸 무기나 「세컨드 라이프」에서 거주할 집처럼 쓸모가 있거나 특별한 매력이 있어야 하며, 둘 다 있으면 더 좋다. 이런 특성을 입히려면 창의력이 필요하다. 사람들이 사고 싶어 할 만한 가상 상품을 디자인하려면 가상 상품을 창의적 표현의 매체로 취급해야 한다. 가상 상품이 더 독특하거나 눈에 띌수록 가치가 높다. 언제 어디서든 특별한 물건이 있는 곳에 사람이 모인다.

현실 세계에서나 가상 세계에서나 가치는 희소성에 따라 매겨진다. 카스트로노바에 따르면 "(가상 세계)가 이토록 재미있는 이유는 희소성 때문이다. 아바타를 키울 때와 현실에서 발전하고 성장할 때 우리 뇌의 위험과 보상 중추에 같은 자극이 오는 듯하다 (…) 인간은 제약이 **없는** 세상보다 제약이 **있는** 세상을 선호하는 듯하다." 현실 세계에서는 희소성이 자연스럽게 발생해도 디지털 세계에서 희소성을 만들어내기는 까다로운 문제이다.

현실 세계의 웬만한 상품은 경합성rivalry이 있어 두 사람이 똑같은 물건을 동시에 소유하거나 소비할 수 없다. 현실 세계에서 하나뿐인 모자를 내가 쓰고 있으면 똑같은 모자를 동시에 다른 누군가가 쓸 수 없다. 친구가 비슷한 모자를 원하면 돈을 내고 산다. 모자를 만드는데 돈이 들기 때문이다. 만약 친구가 **내** 모자를 원한다면 내게 모자를 팔라고 하거나, 휙 벗겨가거나, 아니면 내가 질릴 때까지 기다리는 수밖에 없다.

반면 디지털 상품은 비경합성non-rivalry을 띤다. 이론상 디지털

'모자'를 만든 픽셀과 컴퓨터 코드는 추가 비용 없이 무한히 많이 복제할 수 있다. 디지털 상품 한 개를 추가로 생산하는 한계 비용 marginal cost을 0이라고 본다면 고전 경제학 관점에서 가격도 0이다. 이 논리에 따르면 디지털 상품의 가격을 높이려면 일부러 희소성을 만들어야 한다.

한편 가상 세계에도 드러나지는 않지만 희소성이 존재한다. 어느 이야기, 어느 세계든 항상 위계와 영향력이 있고, 능력과 권력의 차이라는 긴장감과 재미 요소가 있기 마련이다. 이런 극적 요소가 있다는 건 가상 세계를 이루는 원자재와 상품, 서비스에 희소성이 존재하고 그 희소성을 수치화할 수 있다는 뜻이다. '중세 세계'에서 왕의 궁전 가까이 살고 싶은데 궁전 근처에 단독 주택 부지가 딱 1000군데뿐이라면? 안타깝지만 1001번째 사람의 집을 이미 있던 집 위에 또 얹을 수는 없다. 왕과 엎어지면 코 닿을 거리에 꼭 살아야겠다면 그에 맞는 웃돈을 내야 할 것이다.

NFT는 이 같은 가상 공간에서 희소성과 가치의 문제를 풀 열쇠로 주목받고 있다. 원고를 집필하는 현재 기준으로는 아직 NFT를 어려워하는 사람이 더 많아 보인다. 아직 우리는 일생의 대부분을 현실 세계에서 보내고 NFT는 현실 세계의 문제를 해결하는 데 별로 쓸모 없어 보이기 때문이다. NFT를 둘러싼 담론은 기본적으로 NFT가 별 의미 없는 하찮은 기술이라는 전제를 바탕으로 하며, 현실 세계 관점에서는 그렇게 평가할 만하다. 쓰레기통을 찍은 밋밋한 사진 한 장이 NFT 거래소에서 25만 달러에 팔렸다는 소식에 어이없다는 듯 고개를 절레절레 젓는다고 해도 전혀 이상하지 않다. (급히 덧붙이지만 NFT는 분명 예술 작품으로서, 그리고 가상 세계 초기 화폐로서 의미 있다. 오해 말기를.)

그러나 가상 세계에서는 NFT 같은 블록체인 기반 기술을 활용해 디지털 자산을 발행하고 디지털 상품의 고유성을 보증할 수 있다. 블록체인의 특성을 활용해 감사가능성auditability과 상호 운용성interoperability 있는 규칙을 제정함으로써 공급을 제한하고 가치를 높일 수 있다. 그 과정에서 가상 상품 생산·판매 소득도 점점 늘어나 안정적으로 생계를 꾸릴 수 있을 정도가 될 것이다. 블록체인 기술로 디지털 상품에 불변성immutability을 주고 소유권을 보증할 수 있으면 이 상품은 생산자뿐 아니라 구매자에게도 가치가 높아진다.

블록체인 기술로 안정성을 확보하는 순간 가상 세계 상거래는 취미가 아닌 정식 직업이 될 수 있다. 이전 세대 디지털 가상 세계는 현실 세계와 접점이 별로 없었다. 그러니 열성 사용자라 해도 현실 세계 직업을 그만두고 가상 세계에서 긴 안목으로 사업을 차리기는 어려웠다. 앞으로 바람직한 메타버스는 개인이 부를 쌓을 수 있는 경제 구조가 되어야 한다.

그러니 플랫폼 사업자들이 메타버스 내 가상 세계의 수익 창출 기회를 독식하게 두어서는 안 된다. 우리가 만들 메타버스가 공정하고 민주적이며 의미 있는 곳이 되려면 노동과 창업에 자유와 공정성이 있어야 한다. 이런 꿈을 현실화하려면 메타버스의 기본 골격을 짤 때부터 경제적 가치의 획득·전달·저장 장치를 넣어야 한다. 이 작업은 블록체인 기반 기술의 강점을 살릴 수 있는 작업이고, 가상 세계 안에서 가상 직업이 발달하려면 꼭 필요한 작업이다.

## 가상 경험과 실질 화폐

지금으로부터 10년 후 어느 날이다. 현실 세계에서 고된 하루를 보낸 당신은 일을 마치고 아이들을 재우고 나니 익숙하고 편안한 공간에서 좋은 사람들과 어울려 쉬고 싶다. 그래서 헤드셋을 끼고 메타버스 단골 가상 세계인 '1990세계'에 접속해 단골 술집인 '로저스'로 향한다. 가상 술집은 늘 똑같이 유쾌한 분위기에 직접 가지 않아도 되니 아이를 봐 줄 사람을 구할 필요 없고, 다음날 숙취로 고생할 걱정도 없어 마음 편히 즐길 수 있다. 그러나 로저스의 가장 큰 매력은 주인장인 로저다. 포근한 플란넬 셔츠를 입은 마음씨 좋은 로저는 재치 있게 농담을 받아치다가도 손님의 말에 진지하게 귀 기울이고, 가끔 이야기보따리도 풀어 언젠가 커트 코베인을 만난 일화도 들려 준다.

로저가 늘 그 시간에 영업하는 이유는 당신이 돈을 내기 때문이다. 술집에 들르는 손님들이 로저와 어울리고자 돈을 내기 때문이다. 일주일에 6일, 오후 5시부터 새벽 2시까지 로저는 늘 그 자리에서 술을 따라주고 재미있는 이야기를 들려주고 손님을 서로 소개해준다. 이 일이 로저의 실제 직업이다. 로저는 이야기를 술술 풀고 사람을 자연스럽게 소개해주는 강점을 토대로 가상 술집을 운영하고 있다. 이 가상 술집 매출이 로저가 생계를 꾸리는 주된 수입원이다. 로저가 당신을 반기고 늘 앉던 자리를 내어주자 당신은 미소를 지으며 1990세계의 암호 화폐 '1990코인'을 송금한다. 이 돈이 아깝지 않을 만큼 즐겁게 어울릴 생각에 설렌다.

당신은 기꺼이 이용료를 내고 로저는 가상 세계에서 사업을 이어갈 수 있는 이유는 로저스가 의미 있는 공간이기 때문이며, 비록 술을 직접 마실 수는 없어도 이곳의 경험이 진짜이기 때문이다. 이 중요한 경험을 유지하려면 가장 좋아하는 술집이 늘 일정하게 문을 열고 언제든 들를 때마다 가장 좋아하는 바텐더가 그 자리에 있어야 한다. 그렇게 해서 당신은 로저가 주 6일 일정하게 접속하는 비용을 지급한다. 이렇게 얻는 편익과 비용 간의 관계가 보이는가? 로저스 술집처럼 재미있고 유용한 경험을 생산해 가상 세계에서 다른 사용자에게 판매함으로써 소득을 얻을 수 있다. 가상 상품의 판매에 이어 경험의 판매는 가상 세계에서 돈을 버는 둘째 방법이다.

로저스 같은 경험은 자동화로 만들 수 없다. 이 경험은 가상 세계에 참여한 사용자의 행동이 모인 결과이기 때문이다. 가상 세계를 시청각적으로 실감 나게 만드는 데는 프로그래밍이 필요하지만, 그 세계를 온전히 경험하려면 인간의 손길이 닿아야 한다.

지금도 최신 게임은 게임 세계를 자유롭게 탐험하며 그곳에 사는 갖가지 인공 지능 캐릭터와 상호 작용할 수 있는데 메타버스 가상 세계에서 비슷한 경험을 못 할 이유가 있을까? 물론 게임을 하는 동안 이런 NPC Non-Player Character(사용자가 직접 조종하지 않는 캐릭터 – 옮긴이) 인공 지능 캐릭터와 친해지고 도움을 받으면 재미있지만, 계속 만나기엔 지루할 것이다. 게임이 지닌 이러한 한계가 가상 세계의 출발점이 되어야 한다. 메타버스 내의 각 가상 세계의 겉모습이 비디오 게임과 비슷할 수 있지만, 그렇다고 메타버스가 비디오 게임은 아니다. 메타버스는 비디오 게임처럼 정해진 체계 안에서 혼자 활동하는 곳이 아니라 참여자 규모와 각 참여자가 경험하고 상호 작용으로 생산하는 만족감에 따라 가치가 결정되는 곳이다.

오늘날 게임 중 가장 압도적인 인기를 누리는 장르는 단연 다중 접속 게임인 것을 보면 게이머들이 다른 게이머의 존재에 얼마나 큰 가치를 부여하는지 쉽게 알 수 있다. 메타버스도 마찬가지다. 디지털 공간에 영혼 없는 컴퓨터 코드가 아닌 나와 같은 실제 사람이 있고 이들과 같은 사회 구성원이라는 의식을 공유할 때 메타버스가 만족스러워진다. 축구 경기장을 꽉 채운 NPC 수만 명과 함께 보는 축구 경기는 신날까? 인공 지능이 발달할수록 NPC도 사람과 흡사하게 행동할 수 있으나 축구장 NPC 관중이 얼마나 그럴듯하게 응원하는지는 문제가 아니다. 문제는 의미이다. 아무리 흥분한 표정으로 소리를 질러도 이 경기 하나만을 위해 존재하는 캐릭터는 시시하다. 경기장 밖의 삶이 없고 사회와 아무 관련이 없는 존재는 의미 없다.

당신이 신이 될 수 있는 세계를 하나 개발할 수 있다고 가정하자. 이곳 나름의 기준으로 **실제 사람**도 있어 당신이 지시하는 그대로 수행한다고 상상해보자. 만약 그 세계에 머물다가 현실의 일상으로 돌아왔더니 마음대로 되는 것이 하나도 없다면 어떨까? 다른 세계에서 아무리 전지전능했어도 현실에 아무런 영향을 못 준다면 얼마나 맥빠질까? 이런 세계 간 부조화는 처음부터 예고된 불행이나 다름없다. 두 세계가 의미를 중심으로 연결되지 않았기 때문이다. 전지전능의 세계 안에서는 내가 조종하는 존재들이 실제처럼 보이고 실제처럼 말하고 행동할 수 있다. 심지어 인공 지능의 발달로 인간 뺨치게 똑똑하고, 입체적인 성격에 풍부한 내면세계를 갖췄을 수도 있다. 그러나 당신의 삶 다른 부분과 연결 고리가 전혀 없고, 다른 세계와 연결 고리가 없다는 사실 때문에 메타버스 내에서 가치를 창출할 수 없다.

온라인 환경에서도 인간의 노동력과 상호 작용은 경험의 가치를 높인다. 아직은 자동화 프로그램이 감히 따라잡을 수 없다. 온라인 포럼에 탁월한 운영자가 있으면 소그룹이나 댓글 토의가 주제를 벗어나지 않고 서로 존중하는 분위기에서 생산적으로 마무리되어 포럼의 가치가 높아진다. 인간의 노동력으로 가상 경험의 가치가 높아지는 사례 중에는 게임 실력이 높은 플레이어가 실력이 낮은 플레이어 대신 게임을 해주거나 함께 게임을 해 순위를 높여주는 '부스터'Booster(국내의 '버스'와 '대리'에 해당 – 옮긴이)가 있다. 이런 '부스팅' 서비스를 꼭 새치기나 반칙이라고 볼 수만은 없다. 때로는 실력 있는 플레이어가 사정이 있어 한동안 게임을 못 할 수도 있다. 이 기간에 순위가 떨어지지 않도록 실력이 비슷한 부스터에게 비용을 내고 대리로 게임을 부탁할 수 있다. 혹은 친구들이 오래 해온 게임에 뒤늦게 합류하는 입문자가 있다면, 친구들과 함께 어울려 게임을 하기 위해 부스터를 써서 게임 내 순위를 빠르게 높인 뒤 게임을 시작하려 할 수도 있다. 부스터는 목적지에 혼자 힘으로 가기 어려운 사람들도 갈 수 있도록 도와주는 디지털 세계의 셰르파와 같다.

더 넓게 보아 인간이 창작한 이야기에 우리가 빠져드는 이유는 이야기가 생산되는 사회적 맥락 때문이다. 보드게임 「던전 앤드래곤」Dungeons & Dragons(이하 「D&D」)의 인기가 수십 년 동안 식지 않는 이유도 사람이 함께 모여 이야기를 지을 때 작은 게임 하나도 끝없이 큰 세계가 되기 때문이다. 「D&D」는 아날로그 게임이지만 이야기 요소가 있어 웬만한 디지털 게임보다 더 복잡하고 정교하다. 모두가 공유하는 「D&D」 규칙서와 주사위를 기본 틀 삼아 게임 모임을 짜고 각자 캐릭터를 창조한 뒤 이야기를 이끌어가는 사회자 혹은 심판인 던전 마스터의 안내를 따라 함께 게임을 풀어간다. 게임을 진행해 갈수록 캐릭터도 각자 변화하고 성장한다. 캐릭터 간에 다양한 관계가 생기고 이야기 줄거리도 발전해 간다. 참가자들은 문제를 함께 해결하고 실패의 아픔도 나눈다. 참가자가 정하는 대로 자유롭게 흐를 수 있는 열린 구조 때문에 모임이 원한다면 게임을 계속 이어갈 수도 있고, 실제로 게임 한 편이 몇 년씩 이어지기도 한다. 「D&D」 창작자 개리 가이잭스와 데이브 아네슨은 모험의 내용과 레벨에 따른 난이도나 장애 요소, 최종 목표를 미리 정해놓고 목표를 달성하면 승자나 패자가 되는 구조 대신 참가자가 주인이 되어 게임 세계와 게임의 세부 사항을 정할 수 있는 열린 구조를 택했다.

이처럼 특별한 환경과 실제 인간의 상호 작용이 있을 때 가상 세계 경험의 가치는 얼마든지 커질 수 있다. 메타버스 어느 세계에서든 인간의 손길이 직접 닿는지 아닌지에 따라 사용자가 느끼는 가치가 크게 달라질 것이다. 만약 가상 세계를 기계에 비유하고 이 기계가 만족감을 생산한다면 생산성을 높이는 핵심은 인간의 창의적인 노동이다. 창의적 노동이 있으면 가상 세계에 멍하게 앉아 있는 따분한 경험 말고 흥미진진한 경험이라는 새로운 서비스 영역이 발달할 것이다.

우리가 범죄 영화에서 봤을 법한 치밀한 '한탕' 범죄를 계획부터 수행까지 경험할 수 있는 '한탕 세계'에 가입했다고 가정해보자. 이 범죄가 짜릿하고 다채로운 경험이 되려면 여러 요소가 맞물려야 하지만 가장 결정적인 재료는 바로 위험, 즉 경찰에 잡힐지도 모른다는 긴장감이다. 범죄를 계획할 때부터 성공하고 무사히 달아날 줄 뻔히 안다면 무슨 재미로 하겠는가? 그건 모험이 아니라 반칙, 치트 코드cheat code(게임을 쉽게 하거나 다른 사용자보다 우위를 차지하기 위해 비정상적인 방법으로 데이터를 조작하는 코드 – 옮긴이)이다. 한탕 세계를 한낱 게임이 아닌 진짜 세계로 느끼려면 경찰도 NPC가 아닌 실제 사람이어야 한다. 충분히 예측 가능한 행동만 하고 화면 한쪽 구석에서 움직이면 너끈히 피할 수 있는 경찰은 의미 없다. 한탕 세계 범죄 두목 경험의 참맛은 경찰 역할을 맡은 다른 사람들과 치열한 두뇌 싸움을 벌이는 데 있다.

이 전제에 동의한다면, 한탕 세계 속 도둑이 왜 가상 경찰을 고용하려 할지도 이해할 것이다. 실력과 열정을 겸비한 형사 팀이 있다면 도둑 팀의 경험도 더욱 풍성해질 것이다. 마찬가지로 한탕 세계의 가상 경찰도 가상 도둑에게 매주 새로운 범죄 계획을 의뢰하고 임금을 지급할 만한 이유가 충분하다. 적수가 될 만큼 실력과 열정을 겸비한 도둑이어야 잡을 맛이 나기 때문이다. 이렇게 한 가상 세계에 좋은 경험을 만들기 위해 돈을 낼 만큼 관심이 높은 사용자가 점점 늘면 이들을 둘러싼 경제 체계가 발달할 것이다. 가상 경찰과 가상 도둑, 가상 바텐더, 가상의 무엇이든 가능하다. 어쩌면 한탕 세계의 도둑 팀이 1990세계에 접속해 로저스를 털 계획을 짜고 한탕 세계 경찰도 이들을 추적해 1990세계에 들어올 수도 있다. 이런 식으로 각기 다른 주제로 개발한 세계도 서로 교류하게 될 수도 있다.

초기 가상 세계는 기술의 제약으로 규모와 경험의 깊이가 무척 제한적이었다. 그러나 기술의 급속한 발달로 가상 세계는 점점 많은 사람이 점점 많은 일을 할 수 있는 곳으로 발전하고 있다. 가상 세계의 규모나 복잡성이 커지고 수요가 늘수록 처음에는 가벼운 부업이었던 가상 직업도 점차 정식 직업이 된다. 로저스도 단골이 늘면 이들이 언제든 로저를 만날 수 있도록 로저스 전일제 영업을 추진할 수도 있다. 이쯤 되면 로저도 쇄도하는 요청 때문에 기분 날 때 접속하는 정도로는 부족할 것이다. 로저가 생산하는 가상 상품에 적정한 가치를 매기는 사람이 많으면 현실 세계 직업처럼 정규 영업시간을 정해 '근무'할 만한 경제적 보상이 될 것이다. 게다가 집에서 익숙한 의자에 편안히 앉아서 할 수 있어 현실 직업보다 매력적인 직업이 될 수도 있다. 바텐더로 일하면서도 현실에서처럼 끙끙대며 맥주 통을 교체하거나 취객을 상대하거나 하루에 10시간씩 서 있을 필요 없이 손님의 경험에만 집중할 수 있다.

지금까지는 가상 세계에서 손님과 일대일로 상품과 서비스를 직접 판매하는 '장인'형 노동을 살펴보았다. 그러나 가상 세계에서는 기획부터 실행까지 개인의 역량을 넘어선 큰 자본과 노동력이 드는 대규모 퀘스트나 모험, 축제, 환상적인 사건 등 복잡한 형태를 띤 경험 시장도 형성될 것이다. 기업이 큰 자본과 우수한 개발자를 투입해 실제보다 실감 나고 정교한 우주 모험이나 대규모 축제를 개발하면서 이 시장은 개인 아닌 기업의 각축장이 된다. 각 기업은 가상 세계 내 정식 사업체로서 가상 세계에서 정규 직원을 채용할 것이다.

가상 세계 안의 다양한 직업 기회는 사다리에 비유할 수 있다. 사람들이 가상 세계 안에서 시간을 보내고, 이 시간에 가상 세계를 더 가치 있게 만드는 노동을 수행한다. 초심자는 복잡한 경험을 만들 고급 기술이 없으니 사다리 가장 낮은 층에서 시작해 능력치에 맞는 직업과 경험을 거쳐 성장한다. 역량이 늘고 사다리 위층으로 올라서면서 경험을 직접 개발하거나 대규모 경험 안에서 큰 역할을 맡는 등 점점 더 복잡한 일을 할 수 있다.

가상 직업이 아직 우리가 사는 세상에서 경제에 별다른 영향을 주지 못하는 이유는 연결 고리 때문이다. 아직 가상 세계와 현실 세계 간, 또 가상 세계 간 강력한 연결 고리가 없어 가치가 오갈 일도 없다. 메타버스를 처음 구축할 때 각 가상 세계와 현실 세계를 연결하는 가치 전달의 '상위' 층<sup>meta layer</sup>을 만든다면 많은 사람이 '가상 직업'을 주된 생계 수단으로 삼을 수 있다. 그렇다면 가상 직업이 주 생계 수단이 되었을 때도 직업 만족도를 높게 유지하려면 어떻게 해야 할까? 장소만 바꾸어 자본주의의 한계를 되풀이하는데 그치지 않고 가상 경제가 더 나은 자본주의를 가꾸려면 어떻게 해야 할까?

## 새로운 가치

일의 가상화는 방향성이 **옳은지 그른지**의 문제가 아니다. 일의 가상화는 이미 일어나고 **있으며** 앞으로도 계속 진행될 것이다. 다행히도 아직 우리 손으로 직접 미래를 정할 수 있다. 가상 세계의 고용 원칙을 완전히 바꾼다면 오늘날 직업의 세계에서 우리가 느끼는 불만을 피할 기회가 있다. 구시대 노동 구조의 단점을 가상 세계까지 확장하지 않고 각 가상 세계의 맥락에 맞는 직업을 생성하는 새로운 노동 구조를 개척할 수 있다. 지금보다 나아진 가상 경제를 구축하려면 가상 세계에 맞는 새 구조를 만들어야 한다.

    굉장히 먼 미래 같지만, 따지고 보면 이미 우리는 가상의 세계에서 일하고 있다. 일의 성격이 컴퓨터 화면을 중심으로 재편되던 중에 코로나19 위기가 닥치며 우리 사회는 더욱 빠르게 원격 업무에 적응해 갔다. 원격 화상 회의 앱과 업무 효율을 올려 주는 소프트웨어, 메신저 서비스가 발달하고 기업마다 '원격 근무' 정책을 세우면서 이제 직장 동료를 직접 본 적 없거나 사무실에 가본 적 없는 사람, 회사 제품을 만져본 적도 없이 일하는 사람도 흔해졌다.

이 책 독자 중에도 출퇴근이 사라지는 날만을 기다렸거나 휴게실에서 직장 동료들과 수다 떠는 시간이 달갑지 않았던 사람도 있을 것이다. 이제 이 꿈이 현실로 성큼 다가왔는데, 왜 이리 허전한 걸까? 사실 최근 가상 공간으로의 업무 이전은 직장인들에게 대체로 불쾌한 경험이었다. 옛 방식에 새 매체를 억지로 끼워 맞추려다 벌어진 일이다. 업무 회의는 사무실에서도 별 효과가 없었는데 가상 공간으로 옮겨서도 회의가 줄어들지 않고 오히려 늘어나다니 말이 안 된다. 가정과 일터의 경계가 지워지니 업무 시간이 끝없이 늘어지고, 사무실을 나서면 업무도 끝나던 때보다 상황이 오히려 나빠진 듯하다. 가정이 사무실로 변하면서 여가에 쓰던 도구까지 생산성 도구로 전락했다. 가상 사회에 맞게 일을 새롭게 정의하고자 한다면 이대로는 곤란하다.

마찬가지로 이미 일터에서 가상 상품이라고 할 만한 것을 생산하는 사람도 많다. 앞서 언급했듯이 데이터 경제에서는 눈에 보이고 손에 잡히는 상품이 없다. 구글과 페이스북, 소프트웨어와 게임 회사, 온라인 콘텐츠 제작사의 생산품은 화면을 거쳐야 접할 수 있다. 모두 가상 상품을 파는 가상 기업인 셈이다. 그러나 메타버스에 생성될 가상 기업과 달리 이 기업들은 아직 현실 세계에 발을 딛고 있어 일터와 제품의 공간이 일치하지 않는 인지 부조화의 불편한 느낌이 있다.

오늘날 인터넷을 둘러싼 가상 직업은 판매자에게 구매자 연결, 브랜드 홍보 및 커뮤니티 형성, 현실 세계를 소재로 한 뉴스나 콘텐츠 제작·유통 등 현실 세계의 경제 활동을 촉진하거나 개선하는 일이다. 그러나 우리가 메타버스에 신설할 가상 직업은 단순히 현실 세계의 경제 활동을 돕는 일이 아니다. 메타버스에서는 현실 세계 기업과 전혀 다른 원리로 운영하는 기업이 성공할 것이다. 메타버스 가상 기업의 목적은 상품이나 데이터가 아닌 충족감 생산이다. 새로운 메타버스 기업이 출현하면서 경제 체제에도 21세기를 맞이할 때만큼의 거대한 지각 변동이 시작될 것이다.

20세기 말 세계 경제는 과거에 머물러 있었다. 1996년만 해도 포춘 500대 기업 1위는 제너럴모터스GM였다. 이 목록을 처음 발표한 1955년 당시와 똑같은 순위였다. 바로 뒤에는 포드자동차, 엑슨모빌, AT&T 등이 버티고 있었다. 하나같이 할아버지, 할머니도 아는 (자동차, 석유, 전화) 기업들이었다. 이들 기업이 주도한 20세기 말까지 세계 경제는 물리적인 상품으로 이루어졌다.

그러나 2021년까지 오는 동안 세계 경제는 크게 달라졌다.

2021년 포춘 500대 기업 1위는 월마트였지만 2위와 3위는 애플과 아마존이었고, 구글의 모회사 알파벳도 바짝 추격하고 있었다. (GM과 포드, 엑슨모빌과 AT&T는 각각 22위, 21위, 10위, 11위를 차지했다.) 시가 총액 기준으로 세계 최대 기업은 애플, 마이크로소프트, 알파벳, 아마존으로서, 테슬라와 메타가 5위를 두고 각축을 벌이고 있었다. 6개 기업 모두 수조 달러 가치를 자랑하고 그중 5곳은 새로운 데이터 경제의 모범 답안과도 같은 기업이다.

25년에 걸쳐 물리적인 경제에서 데이터 경제로 경제 구조가 바뀌면서 역사상 가장 큰 기업들이 새로 탄생했다. 이런 급격한 성장에 박차를 가한 동력은 인터넷의 발전이었다. 인터넷의 발전으로 새로운 수요와 기회가 생기고, 이 기회를 가장 잘 이해한 사람들이 보상을 두둑이 받았다. 1996년 세계를 호령하던 대기업들이 2021년에 사라진 것은 아니었다. 그러나 과거의 경제 구조에 뿌리를 두고 있기에 더는 주인공이 아니다. 인터넷의 등장으로 가치 개념이 완전히 바뀌었다.

마찬가지로 메타버스가 등장하면서 한 번 더 패러다임 전환이 일어날 것이다. 머지않아 메타버스와 가상 세계도 인터넷만큼 큰 지각 변동을 일으킬 것이다. 인터넷 발달로 데이터가 귀한 자원이 되어 데이터를 정리하고 검색하고 내세울 수 있게 되었듯이 메타버스 발달로 인간이 늘 추구했던 유용한 경험이 상품화될 것이다. 인터넷 발달로 새로운 형태의 기업이 자라날 비옥한 땅이 생겼듯이 메타버스 발달로 기업과 창업자가 꿈을 펼칠 만한 새로운 땅이 펼쳐질 것이다.

메타버스가 성장할수록 가상 세계 직업만으로 충분히 생계를 꾸리는 사람이 수없이 많아질 것이다. 그러나 안타깝게도 우리가 사는 세상의 법과 제도가 아직 메타버스 경제 체계까지 아우를 만큼 발전하지 못했다. 보통 새로운 기술이 등장한 뒤 정부 기관이 사회적 문제를 알아차릴 정도가 되면 때는 늦다. 오늘날 데이터 경제를 쥐락펴락하는 수조 달러 규모의 거대 기업들은 이제 대마불사too big to fail 정도가 아니라 절대 손을 댈 수 없는 존재가 되었다. 구글과 페이스북 같은 기업들은 세상에 미치는 영향 면으로 보나 그 영향력을 외부 간섭 없이 행사할 수 있는 정도로 보나 영락없는 자주 국가다. 각국 정부도 이제 이들을 관리·감독하기보다 외교적 관계를 맺고 있다.

메타버스에 맞는 규제의 틀을 짤 때도 이런 빅테크 기업과 정부의 역학 관계를 기억해야 한다. 보통 정부 규제가 기술 발전 속도를 따라가지 못하기 때문에 바람직한 방향은 현실의 법제가 메타버스에 영향을 주면서 6장의 익스체인지 컨소시엄 같은 단체가 메타버스의 독립적인 관리 체계를 수립하는 결합형 제도일 것이다. 메타버스가 자신의 세계를 스스로 관리할 수 있을 정도로 성장할 때쯤이면 정치와 민주주의, 자유 등에도 새로운 패러다임이 등장할 것이다. 그러면 각 가상 세계는 진정한 의미에서 가상 사회가 되었다고 할 수 있다. 그러나 그다음에는 어떻게 되는가? 가상 사회가 현실의 자본주의와 인터넷 경제의 잘못을 되풀이하지 않도록 메타버스 전체를 아우르는 규제 구조를 짜려면 어떻게 접근해야 할까? 이런 궁금증을 다음 장에서 풀어보고자 한다.

# 8장
· · ·

# 데이터 독재 제국과 공공재

후일 역사는 현대의 인터넷 시대를 암흑시대로 기록할지도 모른다. 오늘날 인터넷은 사용자 데이터를 부당하게 수집하고 이용해 이익을 내는 거대 기업들이 지배하고 있다. 빅테크의 네트워크 효과는 경쟁사가 감히 넘볼 수 없을 정도로 커졌다. 빅테크가 네트워크 효과와 데이터 독점으로 사용자와 콘텐츠 창작자, 신규 창업자에게 얼마나 큰 영향력을 행사하는지 보면 이들은 새로운 세상의 제국 정부나 마찬가지이다.

실리콘 밸리의 스타트업과 업계에 지각 변동을 일으키는 기업

이야기는 많고 많지만, 그중 가장 막강한 기업은 더 이상 기업이라 할 수 없고 심지어 독점 기업도 아닌 군대만 빼고 다 갖춘 글로벌 제국이 되었다. 구글의 시가 총액 추정치 1.8조 달러는 러시아의 국내 총생산보다 높다. 사실상 세계 11위의 경제 대국이다. 메타는 2021년 4분기 기준으로 페이스북과 인스타그램, 메신저, 왓츠앱의 일간 활성 이용자Daily Active Users, DAU를 28억2000만 명으로 집계했다. 중국과 인도를 합한 인구보다 많다.

인터넷 제국의 황제들은 새로운 땅을 차지해 영토를 넓히는 대신 수많은 백성, 즉 사용자를 디지털 노예화하기로 했다. 수많은 사용자가 올린 포스트나 사진, '좋아요', 그룹, 댓글이 없는 페이스북은 그저 그런 웹사이트에 불과하다. 마찬가지로 수많은 사용자가 자기를 표현하고 혹시 모를 바이럴 효과를 꿈꾸며 올린 영상이 없는 유튜브는 망한 비디오 가게일 뿐이다. 그런데도 정작 사용자는 이들 플랫폼에서 내는 수익 중 극히 일부만 가져갈 수 있다.

오늘날 빅테크 플랫폼 기업의 핵심 요소는 크게 2가지이다. 하나는 '재미 요소' 혹은 사용자 기능으로써 사진 필터나 '좋아요' 버튼, 메시지 등이다. 다른 하나는 플랫폼의 가치를 나타내는 거대한 자체 데이터베이스다. 사용자 기능은 사용자를 끌어들이고 거대한 데이터베이스는 플랫폼의 수익을 만든다.

페이스북과 기타 등등, 구글의 검색, 아마존, 텐센트의 위챗 모두 자체 데이터베이스를 바탕으로 한 서비스이다. 사용자와 웹사이트, 메시지 정보가 담긴 데이터베이스 덕택에 각 기업은 핵심 사업 영역에서 독보적인 위치를 차지할 수 있다. 사용자가 이 서비스를 사용할 때마다 데이터가 생성되고 각 기업은 이 데이터를 마음대로 수집해 자사에 유리하게 이용한다. 이 정보가 현재 우리 세계의 구조를 이루는데도 빅테크는 이 정보를 단단히 틀어막고 부를 독식한다.

이 책을 읽는 독자라면 이런 문제의식이 낯설지 않을 것이다. 그러나 이런 독식 과정에 악의가 없다는 데는 놀랄 수도 있다. IT 기업 초기는 살아남기 바쁘고, 투자를 유치한 뒤에는 물불 가리지 않고 성장해야 한다. 성장 가도를 달리기 시작하면 더 이상 창업자 의도대로 나아갈 수 없다. 스스로 성장하기 때문이다. 언젠가 한 IT 창업자가 내게 경험담을 들려주며 '시장 적합성'Product Market Fit이 어느 정도 적중하자, 그 뒤부터는 창업자로서 무슨 결정을 내리든 회사에 별 영향이 없어졌다고 털어놓았다. 결정이 옳든 그르든 회사는 그냥 성장했다. 네트워크 효과를 타기 시작하면 성장을 피할 수 없다.

그러나 기업 성장의 속사정을 미사여구로 풀어봐야 기업의 잇속만 차리는 일이다. 거대 기업은 늘 경쟁자를 물리치고 감시자를 따돌리기 위해 자기 정당성을 주장해왔다. 정부 규제는 본래 기업의 시장 지배력을 제한하고 사회적으로 책임 있는 성장의 틀이 되어야 한다. 수백 년간 우리 사회는 기업의 독과점을 막기 위해 독과점 금지법을 시행해왔다. 미국 식품의약국FDA 같은 감시 기관은 제품이 안전하고 효능이 있는지 검증한 다음에야 시장에 출시할 수 있게 규제한다. 자본주의 사회에서 규제를 통한 공익추구는 정부의 가장 중요한 역할이다. 작은 정부론의 기수 밀턴 프리드먼조차도 극단적인 자유 시장 경제를 주장한 저서 『자본주의와 자유』에서 보건과 환경 같은 공공 영역에서는 기업 활동의 부정적 외부 효과를 막고 사회를 보호하는 규제의 필요성을 인정했다. 그러나 지금껏 다른 영역에서 제 역할을 톡톡히 하는 (적어도 선진국에서는) 규제 기관도 거대 인터넷 기업의 고삐를 조이는 데는 실패했다.

지난 25년간 스타트업이 일단 당장 만들고 보면서Move fast and break things(페이스북 초기 내부 모토 - 옮긴이) 기업 가치를 수억·수조 달러씩 달성하는 동안 규제 당국은 경제 구도가 어떻게 변하고 있는지 감을 잡지 못하고 있었다. 특히 입법자(국회)는 대부분 빅테크와 다른 기술 기업을 가르는 결정적 차이가 무엇인지 파악하지 못했고, 왜 빅테크가 축적한 엄청난 양의 사용자 데이터를 독점하고 통제하게 두면 안 되는지 생각하지 못했다. 페이스북 창업자 마크 저커버그는 회사 설립 14년 뒤, 기업 가치가 5000억 달러에 근접한 2008년에야 미국 국회 증언대에 섰다. 국회의원 대부분이 인터넷을 얼마나 모르는지가 이 공청회에서 여실히 드러났다. "사용자가 서비스를 무료로 이용하는데 사업을 어떻게 유지합니까?" 80대의 고령 국회의원 오린 해치Orrin Hatch의 질문은 페이스북을 기존 기업과 똑같이 생각해야만 할 수 있는 질문이었다.

거대 인터넷 기업은 단순히 서비스를 판매하는 여느 기업이 아니다. 또 이런 기업이 사회를 위협하는 이유도 미국 1800년대 말 도금 시대 독점 기업의 횡포처럼 단순히 규모와 효율로 경쟁자를 찍어누르기 때문이 아니다. 이들이 사회를 위협하는 이유는 새로운 디지털 공공재를 독점했기 때문이다. **공공재**는 본래 모두의 이익을 위해 모든 사람이 공동으로 이용할 수 있는 자원으로서, 이 책에서 말하는 디지털 공공재란 거대 인터넷 기업들이 장악한 전체 사용자 데이터를 뜻한다. 디지털 공공재를 구성하는 데이터는 수많은 사용자가 보통 무료로 생성한다. 이들 거대 인터넷 기업의 서비스 플랫폼에서 생성된 데이터 공공재는 이제 깨끗한 공기와 물, 도로와 항만, 국방처럼 우리 사회에 꼭 필요한 자원이 되었다. 이런 공공재는 세계 어디든지 정부에서 엄격히 통제해왔다. 정부가 공용 도로에서 운전 속도를 제한하고 산업 폐기물을 마음대로 강과 하천에 버리지 못하게 막을 수 있듯, 디지털 공공재 사용도 마땅히 정부가 통제해야 한다. 데이터에 누가 접근하고 어떻게 관리할 수 있는지, 민간 기업이나 민간인이 수익을 내는데 이용할 수 있는지, 공익에 어떻게 활용할지 정부가 결정할 수 있어야 한다. 이런 데이터는 오늘날 사회의 모습을 그대로 보여주는 귀중한 자원이다. 데이터는 정보를 생성하고 이용한 사람들의 현실을 나타내는 현재의 자원이자 미래 가상 사회를 지을 재료가 될 자원이다.

물론 이런 거대 인터넷 플랫폼 덕택에 사용자들은 더 넓은 세상과 교류할 수 있었지만, 현재는 이런 기업을 경영하는 소수가 별다른 견제 없이 전체 플랫폼의 모습을 일방적으로 결정할 수 있다. 만약 가상 사회 발전 과정에 지금의 인터넷 플랫폼 시대를 한마디로 정의한다면 독재 시대라고 해야 한다. 주민인 사용자는 권력을 빼앗겨 플랫폼의 행보를 결정하거나 플랫폼에 압력을 행사할 수 없다. 또 플랫폼이 어떤 원리로 작동하는지 밖에서는 전혀 알 수 없다. 사용자가 돈을 벌 수는 있지만, 플랫폼이 그어놓은 선 안에서 움직여야 한다. 그렇지 않으면 플랫폼은 언제든 어떤 이유에서든 사용자의 사업 전체를 무너뜨릴 수도 있다. 플랫폼 내에서 생성된 데이터를 기업이 너무나 빈틈없이 통제하기 때문에 사용자가 플랫폼을 옮길 자유도 없다. 플랫폼을 떠나려면 애써 일군 온라인 정체성을 포기해야 하기 때문이다.

이렇게 물을 수도 있다. 이런 통제가 우리에게 오히려 득이 될 수도 있지 않을까? 플랫폼 회사들의 막강한 권력이 아니었다면 제공할 수 없었을 사용자 혜택이 있지 않을까? 그러나 혁신 기업들이 공공의 이익을 위해 특권을 누릴 만하다고 주장한다면, 간단한 재무 분석만으로도 이 주장을 뒤집을 수 있다. 일단 이들은 환상을 좇는 사업에 때로 수십억 달러씩 쏟아부으며 돈을 낭비한다. 또 신제품을 직접 개발하지 못하고 다 된 제품만 인수한 지 오래지만, 독점적 지위를 누리는 핵심 사업에서 나오는 천문학적인 이익에 가려 이 혁신 가뭄은 잘 보이지 않는다. 공정한 경쟁이 아니라는 증거다.

비록 일부는 상장한 주식회사지만 지분 구조상 소수가 통제할 수 있어 일반 주주는 힘이 없다. 창업자는 최고 경영진과 최대 주주의 입맛만 맞추면 된다. 물론 창업자 통제권을 창업자인 내가 전면 부정한다면 매우 위선적일 테지만(나도 이 특권을 행사하고 있다) 플랫폼의 규모가 웬만한 국가 뺨칠 정도라면 이야기가 다르다. 이 정도 규모에서 선택의 여지 없이 창업자가 전권을 쥐고 있다면 문제가 심각하다. 인류 역사만 돌아봐도 감시 없는 절대 권력이 비극으로 끝난 사례는 차고 넘친다. 가장 낙관적으로 보아도 기업 통제권이 소수의 창업자 손에 집중되어 있다면 머지않아 전 세계가 왕권 승계 위기가 줄을 잇던 군주국 시대로 후퇴할 것이다. 사람 일은 모르니 가장 뛰어나고 충분히 자격이 있는 창업자도 어느 날 갑자기 사망할 수도 있다. 이때 이들이 지배하던 플랫폼에서 발생하던 수억, 수조 달러어치의 경제 활동과 경제 주체의 운명은 어떻게 되는가?

각국 정부는 빅테크를 규제하는데 느리기만 한 게 아니라 규제해야 할 대상의 범위와 중요성을 파악하는 것도 어려워하고 있다. 완전히 새로운 사업을 앞에 두고 규제 기관이 시대에 뒤쳐진 잣대로 판단한다면 규제는 실패할 것이다. 규제가 제 기능을 하지 못하자 이들 빅테크는 누구의 간섭도 받지 않고 제 손으로 직접 자신을 다스리게 되었다. 고삐가 느슨하다 못해 풀릴 수밖에 없다. 이제 전 세계의 정치, 사회, 문화는 이들 기업이 만들어가고 있다. 그리고 그 결과가 어떤지는 이미 목격했다.

오늘날의 디지털 암흑기에는 네트워크로 연결되지 않았던 과거보다 별별 괴이한 정치, 사회 소문이 빠른 속도로 유통되면서 세계 곳곳에서 선동가들이 득세하고 정치 질서가 흔들리고 있다. 폭력적인 행동을 하는 사람이 현실 세계 정체성을 의식해 주춤하리라는 기대와 달리 소셜 미디어 플랫폼에서는 이들이 오히려 더 대담하게 행동하고 폭력적인 행동이 힘을 얻는다. 그때마다 플랫폼 차원에서 이런 위험한 행동을 저지하려고 노력하기는 하지만 별로 일관성도 효력도 없어 보인다. 인터넷에서는 건전한 토의와 토론이 불가능하다. 인터넷이라는 네트워크가 처음부터 시원찮았기 때문이다. 30년 전 이상론자들은 세계가 네트워크로 완전히 연결되면 지식 습득과 소통, 참여 민주주의가 폭발적으로 발전하는 제2의 르네상스가 온다고 믿었다. 그런데 세계가 네트워크로 연결되자 페이스북이 생기고 존 F. 케네디 대통령의 귀환부터 도널드 트럼프의 신성까지 가지가지로 믿는 음모론 집단인 큐어넌도 딸려 왔다.

메타버스는 인터넷보다 훨씬 실감 나며 생활에 중요한 부분을 차지할 것이다. 메타버스에서는 살아가는 방법도 다양해질 것이다. 다른 면에서 누구든 최악의 모습으로 변할 여지가 있다는 말이기도 하다. 지금 인터넷 밈과 소셜 미디어 포스트에 존재하는 큐어넌이나 음모론 세계관이 이 정도인데, 생생한 3차원의 큐어넌 음모론 가상 세계가 펼쳐진다고 상상해보자. 선의의 메타버스에서 차원이 다른 깊은 의미와 성취감을 경험할 수 있다면 악의의 메타버스는 개인과 사회에 차원이 다른 깊은 상처를 남길 것이다.

오늘날 인터넷을 지배하는 기업들과 인터넷의 힘을 이용해 폭력적인 행동을 일삼는 사람들은 기울어진 균형추를 메타버스에도 그대로 옮기고 싶어 할 것이다. 그들은 메타버스에서도 지금처럼 일반 사용자의 힘을 빼앗아 우위를 차지하려 할 것이다. 메타버스 경제가 수조 달러 규모로 성장한다는 예측은 어렵지 않다. 메타버스는 서비스와 경험을 제공함으로써 사용자의 삶에 현실 세계만큼 중요하게 자리 잡을 것이다. 다양한 상황에 대비하여 미리 규제의 틀을 넓게 잡지 않으면 이미 인터넷에서 국가 규모로 자라난 기업들이 가상 사회에까지 영향력을 넓혀 자사의 이익을 확대하고 나머지 대다수의 삶을 피폐하게 만들 것이다. 책임을 가볍게 무시한 기업들에게 메타버스의 미래를 맡기는 실수는 되풀이하지 말자.

우리는 진화에 제동을 걸거나, 인간의 본성을 바꾸거나, 기업의 성장을 막을 수는 없다. 그렇지만 패배주의에 빠져 메타버스에 선의와 선행의 길이 없다고 속단해서도 안 된다. 비록 지금 디지털 암흑시대에 살고 있을지라도 유럽 역사에서 이른바 중세 "암흑시대"(중세에 관한 연구가 진척되면서 요즘은 우리가 상상하는 모습만큼 그렇게 어두운 시대는 아니라고 알려져 있다) 다음에 르네상스가 왔듯이 우리에게는 자유 의지가 있다. 우리의 선택에 따라 인간의 능력을 키우는 환경 구조를 만들어 가장 좋은 메타버스를 만들 수 있다. 우리가 바라는 메타버스를 우리 손으로 만들 수 있다. 그러려면 먼저 인터넷 시대의 실패를 분석하고 배워야 한다.

## 탈중앙화의 그늘

흔히 허위 정보를 인터넷 시대의 문제점이라고 진단한다. 물론 허위 정보가 온라인의 고질병이고 이 때문에 전 세계가 피해를 봤지만, 나는 잘못된 정보가 질병의 원인이 아니라 증상으로서 구조적 실패의 결과라고 생각한다. 규제 실패도 문제지만 문제의 본질은 인터넷 네트워크 자체의 느슨한 구조이다. 인터넷 같은 탈중앙화 네트워크가 널리 보급되었을 때 경제적 유인이 어떻게 작용할지 예상하지 못했다. 인터넷이 처음 보급될 때는 탈중앙화 네트워크가 인류의 밝은 미래를 약속하는 희망의 샘이었다. 그러나 효율이 중요해지면서 인터넷은 처음의 탈중앙화가 아닌 완전한 중앙 집중을 이뤘다.

인터넷의 특성상 어떤 서비스든 널리 퍼지면 자연스레 중앙화로 흐르며, 암호 화폐도 예외는 아니다. 역사학자 니얼 퍼거슨은 『광장과 타워』에서 이 문제의 근본 원인을 명쾌하게 설명하며 역사 속 여러 사례를 들어 비슷한 문제가 되풀이되는 모습을 보여준다. 퍼거슨의 설명을 간추리면 네트워크는 효율을 추구한다. 물이 이미 흐른 자국을 따라 흐르듯이 네트워크는 중요한 노드 node에 모인다. 네트워크에서는 40가지 볼일을 40곳에서 처리하기보다 40개 모두를 한 곳에서 처리해야 훨씬 편리하다. 물리적 공간의 한계가 없는 정보의 세계에서는 규모의 경제 효과가 기하급수적으로 커진다. 아이디어의 파급력도 훨씬 커서 좋은 아이디어가 한 번 알려지면 불과 몇 년 뒤에 전 세계의 절반이 그 아이디어를 이용할 수 있을 정도이다.

이 말은 실제로 인터넷 정보 기술 기업이 전통적인 권력 구조를 해체하기는커녕 한 번 성공하면 너무나 막강해져 사실상 사회의 중심이 된다는 뜻이다. 새로운 **아고라**agora(개방된 소통의 광장-옮긴이)로 시작하지만 결국 새로운 **폴리스**polis(공식 중심지-옮긴이)가 되었다가 황제의 왕좌로 변한다. 현실 세계에서는 아무리 황제여도 권력을 감시하는 장치가 존재하고 백성들의 요구에 반응해야 했지만, 소셜 미디어 플랫폼은 눈치를 봐야 할 대상이 없다. 인터넷의 본성 때문에 온라인 세계에서는 권력이 집중될 뿐 아니라 진정한 의미의 협조와 연합도 필요 없어진다. 거대 기술 기업은 정부의 감시와 여론의 견제를 초월한다. 이대로 간다면 이 기업들은 자기 서비스를 이용해주는 사람들의 동의 없이 마음대로 행동할 수 있다.

탈중앙화 네트워크가 해결하려던 문제가 바로 이렇게 일반 사용자들이 자기 데이터에 관한 권한을 잃어버리는 현상이었다. 산업화 사회의 오프라인 세계에서는 지식의 생산과 유통이 소수의 출판사와 신문·방송사에 집중되어 있어 이들이 여론을 움직였다. 신문에 어떤 내용을 실을지는 신문사를 운영하는 사람들이 결정했다. 신문 독자가 의견을 내고 싶다면 이따금 독자의 소리에 투고하는 방법 말고 별다른 수가 없었다. 신문을 읽으려 해도 돈을 내야 했다. 구독료가 없으면 신문도 없었다. 이런 중앙화 구조 탓에 저명한 언론인이나 출판사와 방송사 경영진처럼 생산을 담당한 사람들이 엄청난 권력과 영향력을 쥐고 나머지 대다수는 뉴스와 지식을 수동적으로 소비했다. 주류에서 벗어나는 관점이나 생각이 소외되기도 했다.

인터넷이 등장하자 사람들은 인터넷 특유의 탈중앙화 구조 덕택에 산업화 시대의 권력 구도가 깨지리라고 생각했다. 탈중앙화 구조에서는 생산과 유통을 통제할 수 없고 권력이 네트워크상의 개별 노드로 분산된다. 인터넷상의 데이터도 단일 메인 프레임 컴퓨터가 아니라 세계 곳곳의 개인 컴퓨터에 분산 저장되어 있다. 이런 구조 때문에 인터넷이 복원성과 안정성을 유지할 수 있다. 네트워크의 건전성을 어느 한 노드가 좌우하지 않고, 또 이론상 어느 한 노드가 전체를 지배할 수 없기 때문이다. 사용자의 의지만 확고하다면 유료 웹사이트도 무료로 이용할 방법을 찾을 수 있어 정보의 고속 도로에서는 통행료 걷기도 만만치 않다.

초기 인터넷을 채운 이상주의자들은 이런 분산된 권력 구조로 더욱 평등한 소통과 거래 방식이 발달하기를 바랐다. 그러나 수십 년이 지난 지금, 인터넷은 탈중앙화 때문에 오히려 현실 세계의 양극화된 권력과 통제 장치를 그대로 본뜨게 되었다. 이 시각으로 인터넷의 시작점을 돌아보니 실패의 싹을 어렵잖게 찾을 수 있었다.

인터넷은 탈중앙화 구조 때문에 정보의 내용을 가리지 않는다. 그러므로 양질의 콘텐츠 생산과 도덕적인 행동을 장려할 피드백 장치도, 악질 콘텐츠 생산과 비윤리적인 행동을 막을 장치도 없다. 코로나19 백신 예약을 돕는 웹사이트나 코로나19 백신이 우리 몸에 작은 추적 장치를 삽입하려는 딥 스테이트Deep State(국가정책을 은밀히 혹은 직접 조종하는 군이나 정보기관 관료 집단 – 옮긴이)의 농간이라고 주장하는 웹사이트나 인터넷에서는 지위가 똑같다.

중립성이 바람직하지 않냐고 반문할 수도 있다. 특히 진정한 표현의 자유를 보장한다는 면에서 중립성이 필요하다고 생각할 수 있다. 현실에도 표현의 자유는 건전한 사회를 위해 없어서는 안 될 중요한 가치지만 가치 있는 참여가 보상을 받고 반사회적인 행동이 대가를 치르는 것 또한 중요하다. 그러나 온라인에서는 어떤 행동이 윤리적인지 기준이 없으니 '악용'의 개념도 각자가 속한 온라인 커뮤니티에 따라 얼마든지 바뀔 수 있는 상대적인 규범에 불과하다.

온라인 커뮤니티에는 개인이 온라인 정체성을 주도적으로 설계하고, 발전시키고, 안전하게 지킬 수 있는 통합 관리 체계가 없다. 일관된 정체성도 본래 인터넷에 없던 개념이다. 웹사이트 200곳에 사용자 프로필을 200개 만들어야 하는 세계에서는 프로필을 만들 때부터 자기 결정성을 발휘할 자리가 없고, 그렇게 마지못해 만든 자잘하고 무의미한 프로필에 굳이 정성을 들이거나 애써 평판을 관리할 이유가 없다.

온라인상의 반사회적인 행동은 이렇게 희미한 정체성에서 싹튼다. 많은 사람이 마치 거울 속 자기 모습을 알아보지 못하는 것처럼 온라인에 형성된 각기 다른 자기 정체성과 괴리감을 느낀다. 이렇게 시야가 좁아지면 타인에게 공감하는 능력도 떨어진다. 거대 인터넷 플랫폼상의 정체성을 개인이 주도적으로 관리할 수 없으니 이 정체성은 실제 인간으로서의 복잡다단한 인격을 담지 못한 조잡한 캐리커처가 되고 실제 모습을 가리는 가면이 된다. 인터넷에서 트롤링 등 악행이 벌어지는 이유는 가해자가 피해자를 실제 인간으로 인식하지 못하고 가해자 자신이 온라인에서 쌓은 정체성에도 인간성이 없기 때문이다. 시민 의식을 지켜도 뚜렷한 보상이 없고 온라인에서 평판을 관리해봐야 오프라인 평판에 별 영향이 없으니 차라리 악행을 저지르는 편이 쉽다.

허위 정보와 악행으로 인터넷을 도배해도 처벌 규정이 명확하지 않고, 그런 행동을 막고 결과물을 없애는 시스템도 빈약하다. 실제로 소매를 걷고 허위 정보와 악행을 막고 없앨 수 있는 주체는 허위 정보와 악행이 유통될수록 이익이 커지는 인터넷 플랫폼뿐이다. 그러니 통제와 이익 중 무엇을 택하겠는가? 인터넷은 스스로 유익하고 해로운 내용을 구별하거나 해로운 행동을 막을 수 없고 인터넷을 지배하는 기업은 그럴 이유가 없다. 허위 정보와 악행에 중독되기 쉬운 구조이다.

인터넷을 처음 만든 사람들은 여러모로 이상주의자였지만 네트워크의 뼈대에 윤리성을 보장할 장치를 설계해 넣지는 않았다. 그 결과 기업이 사용자를 마음대로 포획해 힘을 빼앗아도 막을 사람이 없어 인터넷은 비윤리적인 행동이 통하는 곳이 되었다. 행위자들의 옳은 행동을 장려하고 네트워크의 공공성을 보장할 구조가 없으니 규모와 자본이 가장 큰 행위자가 사실상 지배하게 되었다. 인터넷의 기틀을 닦은 이상주의자들은 인터넷이 인류에

밝은 미래를 가져온다고 생각했다. 그러나 아무리 혁신적인 기술이라도 기술만으로는 사용자의 몸에 밴 습관을 바꿀 수 없다.

## 스팸을 보내는 자가 (거의) 항상 승리하는 이유

새로운 정보 통신 기술이 등장하면 지식과 사상이 저절로 널리 퍼진다는 예측은 늘 빗나갔다. 발명가들은 다른 사람들이 자기와 비슷하다고 착각하며 새로운 물건을 주면 다들 의도대로 올바르게 사용하리라고 믿는다. 니얼 퍼거슨에 따르면 16세기 유럽에는 금속 활자가 도입되면 대중의 종교적 믿음이 한 차원 높아질 거라는 기대가 가득했다. 새로운 기술로 성경을 각국 언어로 인쇄할 수 있으니 성경 보급이 폭발적으로 늘고, 일반 신자들이 모국어로 인쇄된 성경을 읽을 수 있으니 유럽 전역에 신앙의 부흥기가 오리라는 예측이었다.

물론 글을 읽을 줄 아는 유럽인들은 제 나라말로 성경을 읽을 수 있어 신났지만, 인쇄기가 성경 보급에만 쓰인 것은 아니었다. 퍼거슨에 따르면 새로운 인쇄술 도입 후 첫 '베스트셀러'는『말레우스 마네피카룸(마녀 잡는 철퇴)』Malleus Maleficarum 으로서 사람들 사이에 숨어 사는 마녀를 색출하고 죽이는 방법을 설명하는 책이었다. 신성할 기회를 주어도 인성을 발휘하는 것이 인간이다.

월드 와이드 웹 개발자 팀 버너스리가 리처드 스톨먼Richard Stallman의 자유 소프트웨어 철학에 감명받아 발명자의 권리를 전면 포기하고 웹을 모두에게 개방할 때 그는 지식이 퍼지고 표현의 자유가 보장되는 황금 시대를 연다고 생각했다. 웹이라는 새로운 발명품의 사용법과 발명품에 참여하는 방법을 명시한 지침서가 없어서 오히려 사용자들이 창의성을 발휘할 여지가 많았다. 다양한 전문성을 지닌 사람들이 웹사이트를 개설하고 프로젝트에 참여하고 학력이나 출신 배경이 아닌 실력으로 평가받을 수 있었다. 그러나 감시하는 사람이 없으니 결국 야만인이 침입했을 때 내쫓을 방법이 없었다.

초기에는 인터넷의 가치관을 공유하는 사용자들이 자발적으로 나서서 가치관에 맞지 않는 내용을 걸러낸 덕택에 인터넷의 탈중앙적인 분위기가 무질서로 흐르지 않았다. 비슷비슷한 반문화counterculture를 공유하고 비슷비슷한 학교를 거친 초기 사용자들은 인터넷이 고대 알렉산드리아 도서관의 현대판이 될 수도 있겠다고 생각했다. 이들은 인터넷이 모두가 지식에 이바지하고 모두가 혜택을 입을 수 있는 지식의 전당이기를 꿈꿨다. 대부분은 인터넷이 협업과 표현의 새로운 역사를 쓰리라고 생각했고, 인터넷에서는 주류 사회의 제약 없이 사용자들이 각자 새로운 방법을 고안할 수 있다고 믿었다. 뒤따르는 모든 사용자가 자기 맘처럼 선의로 행동할 것이라고 믿던 선구자들의 이런 아름다운 이상에 누가 돌을 던질 수 있을까?

『스팸: 인터넷의 비밀스런 역사』Spam: A Shadow History of the Internet
의 저자 핀 브런턴에 따르면 1994년 최초의 상업적 스팸 메시지
는 변호사 2명이 유즈넷Usenet 뉴스그룹 수천 군데에 미국 영주권
취득 서비스를 광고하려 뿌린 메시지였다. 두 변호사 로런스 캔
터Laurence Canter와 마사 시걸Martha Siegel은 유즈넷이 상업 활동을
위한 네트워크는 아니지만 그렇다고 상업 활동을 하지 못할 이
유는 없다고, 기껏해야 온라인에서 욕먹는 게 전부일 거라고 생
각했다. 다른 사용자들의 분노라는 손해는 상업적 이득에 비하
면 아무것도 아니었다. (장기적으로는 이 예상이 빗나가긴 했다. 캔터는
1997년 변호사 자격을 잃었는데 온라인 광고도 자격 상실 이유 중 하나였
다.) 이 2인조가 두 번째 스팸을 뿌리자 사상 최초의 스팸 대응책
이 탄생했다. 스팸 메시지를 받고 짜증이 난 프로그래머가 모든
그룹에서 이 메시지를 지우는 프로그램을 개발했다. 별 소용은
없었어도 시도는 좋았다. 인터넷의 오염을 막기 위해 디지털 세
계의 이상주의자들이 사사로운 이득을 바라고 악용하는 세력과
끝없는 소모전을 펼쳐야 하는 미래의 신호탄이었기 때문이다.

캔터와 시걸의 행동은 비윤리적이었을까? 어떤 면에서는 그렇
다. 뉴스그룹 사용자들은 읽기 프로그램이 쓸데없는 내용으로 꽉
들어차는 것을 원하지 않았을 것이다. 뉴스그룹 대화에 광고가
끼어드는 상황을 겪어보지 못한 상태에서 스팸 메시지가 뉴스그

룹의 규칙을 무시했으니, 옳지 않은 행위였다. 스팸 메시지는 개인의 이익을 추구하느라 공동체의 암묵적 규칙을 위반했으니 비윤리적이라고 할 수 있다.

그러나 결국 규범은 규범일 뿐이다. 법으로 명시하지도 않고 강제력도 없고 유즈넷의 구조와 따로 노는 헐렁한 규칙이었다. 모든 사용자가 자발적으로 동의해야만 효력이 있었기에 단 한 명만 위반해도 전체 시스템이 무너져 내렸다. 윤리성 기준을 집단마다 임의로 결정하는 시스템에서 개인의 이익을 추구하는 행위를 과연 비윤리적이라고 할 수 있는가? 인터넷 같은 느슨한 구조를 지닌 시스템에서는 이런 행동을 피할 수 없다.

네트워크의 기본 철학을 무시하는 사람들을 벌하거나 제거할 방법도 없고 금전적 이익을 위해 악용하는 행위를 막을 방법도, 사회에 유익하고 옳은 행동을 보상할 방법도 없으니 결국 인터넷은 데이터를 정제하고 공유하기보다 독식하고 악용하려는 사람들이 차지했다. 악용하는 사람들도 초기 이상주의자의 말투를 흉내 내어 자사 제품이 있으면 사람들이 유용한 정보를 쉽게 찾고 나눌 수 있어 세상이 더 좋아진다고 선전했다. 초기에는 그래도 약속을 지키는 편이었다.

지금 어둠의 길로 빠진 웹사이트나 인터넷 애플리케이션도 한 때는 유용하고 매력적인 서비스였다. 구글은 인터넷에 있는 정보를 검색하기 유용했고 페이스북도 서로 멀리 떨어진 사람들이 쉽게 옛 친구를 찾고 새 친구를 사귈 수 있게 도와주었다. 이들 기업은 사용자의 진입 비용을 낮추거나 없애면서 기능을 개선하고 사용자에게 도움이 되는 가치를 제공했다. 그러나 수익과 성장의 압력 앞에 사용자 가치는 힘을 잃었고, 이들은 어김없이 공익보다 회사의 이득을 앞세웠다.

앞서 언급했듯이 이들 기업의 인터넷 지배력은 다양한 사용자 프로필부터 상품, 메시지 등 온갖 정보가 든 거대한 데이터베이스를 독점하고 접근 권한을 통제한다는 데 있다. '탈중앙화'를 꿈꾸며 출발한 인터넷은 얄궂게도 고도로 중앙화된 시스템의 집합소가 되었다. 대안인 분산형 데이터베이스가 더 시원찮았기 때문이다. 여러 기업과 개인이 공유하는 공공재를 분산된 데이터베이스로 떠받치는 구조가 문제를 더 많이 일으켜 실용성이 없었다. 가장 큰 어려움은 공공재를 마음대로 하려는 사람들을 어떻게 막는가였다. 보통 탈중앙화된 시스템은 각 노드가 전체 네트워크에 이익이 되는 방향으로 행동하게 이끌지 못해 어려움을 겪는다. 컴퓨터 공학 분야에서는 이 문제를 비잔티움 장군 문제The Byzantine Generals' Problem라고 한다.

비잔티움 장군 문제는 레슬리 램포트Leslie Lamport와 로버트 쇼스탁Robert Shostak, 마셜 피스Marshall Pease가 1982년 처음 언급했으며, 비유에 뿌리를 두고 있다. 고대 비잔티움 제국군 여러 부대가 각각 다른 위치에서 적국 도시를 포위하고 있다. 각 부대 지휘관은 서로 떨어진 상태에서 교신하며 공격 계획을 함께 세워야 한다. 그러나 전체 장군 중 배신자가 있을 수도 있고, 배신자가 일부러 허위 정보를 교신할 가능성도 있다. 비잔티움 장군 문제는 이때 전체가 어떤 규칙에 따라 교신해야 충직한 장군들이 공격 계획에 합의할지, 혹시 모를 배신자의 허위 정보를 받아들일 위험을 없앨 수 있을지의 문제다. 네트워크를 설계할 때 특정 노드가 장애를 일으켜도 전체 네트워크가 견딜 수 있으려면 어떻게 설계해야 할까? 구성 부분의 장애를 여러 번 겪어도 무너지지 않는 시스템, 개인의 이익만 챙기는 자들의 위험을 견디면서 원활하게 작동할 수 있는 강인하고 안정적인 시스템을 만들 수 있을까?

이런 비잔티움 장애 허용-Byzantine Fault Tolerance 시스템은 일부 신뢰할 수 없는 행위자가 있어도 전체의 목표를 달성할 수 있도록 전체가 공동의 목표나 전략에 합의하고 실천하는 시스템이다. 따라서 구성 부분 중 일부가 장애를 일으키거나 악의적인 행동을 해도 계속 작동할 수 있다. 이 딜레마를 해결하는 방법은 여러 가지지만 가장 메타버스 친화적인 방법은 블록체인류 기술이다.

블록체인은 거래 명세를 공개 분산 장부에 기록해 함부로 바꿀 수 없는 비잔티움 장애 허용 기술이다. 블록체인류의 시스템은 감사가능성과 상호운용성이 있어 어느 한 기관에 권력을 모을 수 없다. 장기적으로 협력과 합의, 참여를 장려할 수 있다. 따라서 한 노드가 훼손되거나 소실되어도 작동에 지장이 없는 시스템을 만들 수 있다. 어떤 의미에서는 인터넷 시대가 지향하던 탈중앙형 권력 구도를 블록체인이 계승한다. 기존과 전혀 다른 보상체계로 작동하기 때문이다.

무엇이든 첫 버전은 변변찮기 마련이고, 요새 미디어를 도배하는 암호 화폐와 블록체인 기술도 그다지 쓸모 있어 보이지 않는다. 암호 화폐는 투기와 권력의 집중화, 돈세탁의 수단이 되었다. 세계 최대의 NFT 거래소 오픈시Open Sea 같은 곳은 페이스북이나 구글 같은 빅테크에 견줄 만큼 크고 막강해졌다. 오늘날 암호 화폐는 범죄자와 사회 부적응자, 해커, 사기꾼, 과시를 일삼는 부주의한 사람들의 온상이다. NFT로 돈을 많이 벌기 무섭게 코앞에서 다른 투자자들에게 털릴 수도 있고 돌멩이 하나를 수천 달러씩 주고 살 수도 있다. 그렇지만 탈중앙화된 밝은 미래를 믿고 헌신하는 이상주의자와 협력하는 사람, 조곤조곤 설득하는 사람도 그만큼 많다.

블록체인을 활용하면 전체 참여자에게 도움이 되면서도 독점자가 나머지의 피를 빨아 전체를 지배하지 않는 구조를 만들 수 있다. 거대 IT 기업의 핵심 경쟁력인 거대 데이터베이스도 블록체인의 세계에서는 여러 기업이 공유하고 협업할 수 있는 공공 서비스가 된다. 블록체인은 처음부터 협력을 위해 만든 구조이므로 협력이 쉽고, 엄청난 비용이 드는 계약도 간단하게 공공 장부에 기록할 수 있다. 마법의 검 판매 수익을 거래가 발생할 때마다 세세하게 나누고 싶은가? 문제없다. 기업이 사용자 정보를 공공 데이터베이스에 추가할 때마다 보상하고 싶은가? 하면 된다. 다른 기업의 플랫폼에서 사업을 차리고 싶은가? 상의할 필요 없이 그냥 하면 된다.

인터넷 시스템에서는 스팸을 보내는 자와 배신하는 장군이 이기게 되어있다. 현재 데이터 경제를 주도하는 기업들은 이 사실을 잘 알고 있으면서도 공익이 아닌 자사의 이익을 선택했다. 그러나 블록체인 세계에서 성공하려면 웹의 세계에서 성공할 때와는 전혀 다른 역량이 필요하다. 구글이 언제 알고리즘을 바꾼다고 설문 조사라도 한 적 있는가? 이더리움이나 비트코인은 업그레이드를 진행하려면 보유자의 합의를 거쳐야 한다. 블록체인류의 시스템은 기업의 독재를 막고 투명성을 촉진할 유력한 대안이다.

블록체인류 시스템이 투명성과 민주적인 합의 체계를 갖췄어도 외부 감시는 필요하다. 사회 차원에서 권력의 집중을 막고 공정성과 경쟁, 민주적인 운영을 장려하는 장치를 만들어야 한다. 기술적 개입뿐 아니라 실용적, 사회적 개입이 필요하다.

## 가상 세계 내 규제의 틀

인터넷에 데이터 공공재가 대량으로 쌓였듯 메타버스에도 경험과 서비스의 재료가 될 데이터가 대량으로 축적될 것이다. 메타버스의 데이터 공공재는 현재 인터넷에 축적된 정보와 가상 세계 고유의 정보를 모두 아우를 것이다. 기술적 관점에서 메타버스는 가상 경험을 할 수 있는 공간 모음이며, 시각 예술과 디자인을 포함하여 경험의 내용을 구성하는 온갖 데이터가 이 구조를 떠받치고 있다. 소프트웨어 서비스 형태를 띤 게임 같은 경험의 연속이기도 하다. 일상을 대규모로 시뮬레이션할 때 필요한 사용자와 온라인 정체성, 거래 시스템으로 이루어졌다. 메타버스는 단지 영상과 이미지, 대화뿐 아니라 실시간으로 벌어지는 상호 작용의 연결망이기도 하다. 이런 데이터 공공재가 지금 인터넷에서보다 훨씬 증가할 것이므로 특정인의 소유가 되어서는 안 된다.

성장에만 치우친 사회에서는 새로운 산업이 등장할 때 규제 기관이 성장의 발목을 잡지 않으려고 규제의 고삐를 느슨하게 한다. 이런 철학에 분명 장점도 있지만, 인터넷에서는 빅테크 기업이 보잘것없는 스타트업에서 불과 몇 년 만에 역사상 전례 없는 거대 권력으로 성장하는 바탕이 됐다. 입법자들이 인터넷을 왜 규제해야 하는지는커녕 인터넷에 어떻게 로그인하는지도 모르는 사이 벌어진 일이다. 거대 인터넷 기업이 보유한 데이터 자원도 정부가 그런 게 있는지도 모르는 새 이미 충분한 양이 쌓였다. 현재 규제 기관은 새로운 기술이 등장했을 때 이 기술이 세상을 어떻게 바꿀지, 이 기술을 어떻게 관리해야 하는지 포착하지 못할 때가 있다.

입법자들도 현대 사회에서 정부의 역할을 지극히 아날로그적인 시각으로 이해하고 있다. 정부가 고속 도로를 짓고 세금을 걷어 건설 비용을 충당하는 데는 이의를 제기하지 않던 사람도 정부가 페이스북을 감시하거나 페이스북 복제판을 공공 서비스로 운영한다면 거부할지도 모른다. 정부는 구조상 빠른 의사 결정이나 대규모 정보 기술 서비스 운영에 적합하지 않다. 정보 기술이 정부의 전문 영역 밖이라는 착각에 빠져있기 때문이다. 그러나 정보 기술이 경제와 사회, 국방까지 관통하는 세상에서 기술을 다스릴 줄 모르는 정부나 정치인이 과연 쓸모 있을까?

사고방식을 바꿔야 한다. 적극적이고 지능적인 규제가 없다면 기업은 공익을 외면하고 자사의 이익을 챙길 것이다. 인터넷 초기의 이상주의 그대로 기술 혁신만 있으면 발전은 저절로 따른다고 생각해서는 위험하다. 또 사용자가 개인 데이터를 내려받을 수 있거나 쿠키를 거부할 수 있게 해주는 단편적인 변화로 갑자기 디지털 암흑시대를 벗어나 이상향을 맞이하리라고 생각해서도 안 된다.

메타버스에서 개인 데이터를 가상 가방에 담아 어디든지 가져갈 수 있다고 해서 개인이 권력을 얻는다고 볼 수 없다. 물론 본인의 데이터를 직접 관리하려는 사용자가 있다면 최대한 쉽게 할 수 있도록 해야겠지만, 실제로 관리하려 드는 사람은 별로 없을 것이다. 일반 사용자는 편리함을 추구하고 기술을 단순한 도구로 여기는 성향이 있다는 것을 파악하고 그것을 만족시킬 현실적인 방안을 세워야 한다. 정보 기술 제품의 알고리즘 공개 법안으로 기술 전문성이 높은 사용자 집단의 자유로운 활용을 도와야 하고 거대 기업의 대안으로서 오픈 소스 제품 개발 활성화도 중요하다. 그러나 기술 전문성이 매우 높은 극소수만이 이러한 방법의 효과를 체감할 것이다. 아마추어 해커의 취미 활동을 돕는다고 사용자 권한 부재의 문제가 한순간에 해결되지 않는다. 기술 전문성이 높은 사용자는 전체 중 극히 일부이기 때문이다. 메타버스에서는 가장 평범한 사용자도 데이터에 권한을 행사할 수 있도록 지능적인 규제가 필요하다. 어떤 식으로 규제가 이루어져야 할지 살펴보자.

인터넷의 역사에서 힌트를 얻어 메타버스의 탄생 과정을 예측한다면, 아마도 처음에는 여러 창업자가 각각 소규모로 가상 세계를 개발하고 메타버스의 기반이 될 플랫폼을 구축하려 할 것이다. 이런 초기 플랫폼은 비교적 단순한 게임식 경험을 지원하는 수준일 것이다. 그중 한두 곳이 아마도 알 수 없는 이유로 크게 인기를 얻을 것이다. 비슷비슷한 제품 중 왠지 모르게 '한탕 나라'가 아닌 '한탕 세계'에 사용자가 몰릴 것이다. 비슷한 메시지 서비스들 중 유독 와츠앱이 창업자의 능력과 운이 따라 폭발적으로 성장한 원리와 똑같다.

초기 메타버스에서는 가상 세계 한둘이 인기를 끌고 사용자층이 일정 이상 넓어지면서 개발자들은 다양한 사용자의 취향을 고려하여 다양한 기능을 개발할 것이다. 이때부터는 각 가상 세계에 메타버스 고유의 특성이 드러날 것이다. 사용자가 참여해 창의성을 발휘하고 부가 가치를 높일 수 있고 크리에이터는 콘텐츠에 정당한 보상을 받을 수 있다. 이런 단계별 발전 과정은 깔끔한 직선이 아니라 큰 방향은 예측할 수 있어도 상세 경로는 도무지 알 수 없는 복잡한 곡선으로 진행될 것이다.

이 초기 단계에서는 지나친 규제가 오히려 해롭다. 이 단계에서는 초기 기업과 네트워크가 장애물 없이 과감한 시도를 하고 사용자층을 넓힐 수 있도록 안전하고 유연한 규제 환경을 조성해야 한다. 그러나 어느 시점에는 가장 큰 사용자층을 확보한 곳이 초고속으로 성장할 것이다. 등록 사용자 수나 가상 세계 내 일일 거래 건수가 어느 기준을 넘어서면 그 가상 세계는 자유로운 샌드박스(오픈 월드) 단계를 졸업한다. 이 시기에는 가상 세계 운영 주체가 구축하고 다양한 개인과 기업이 이용하는 중앙 데이터베이스에 정보가 충분히 축적되었을 것이다. 이때부터는 규제 환경이 달라져야 하며, 성숙기에 접어든 가상 세계는 수도·전기 같은 공공사업으로 취급해야 한다.

　규모가 큰 플랫폼은 데이터베이스에 민감한 정보를 많이 담고 있을 것이다. 사용자 프로필 정보를 저장하고 보호하며, 거래를 운영하고 재무 정보를 관리할 것이다. 또 현금과 자산을 보관할 것이다. 이 정도 규모가 되면 각국 정부가 모든 내부 활동을 감시하고 규제해야 한다. 사용자 프로필 같은 정보는 메타버스의 존속에 가장 중요한 정보이므로 규제 기관은 기업을 관리·감독해 각 가상 세계 간 프로필의 상호운용성을 확보하고 최소한 중소 사업자가 가상 세계 안에서 사업을 시작하려 할 때 비용과 규제의 불이익을 당하지 않도록 해야 한다. 상호운용성이 클수록 기회가 늘고 권력의 지나친 집중을 막을 수 있다.

　성숙기에는 가상 세계 운영사들이 수익성을 높이기 위해 사용자 행동에 영향을 끼치려 할 것이다. 가상 세계의 인기를 유지하기 위해 사용자를 장기간 유지할 수 있는 전략을 취할 것이다. 이런 과정이야말로 메타버스 사업의 핵심이다. 기업들은 자사 의도에 맞춰 사용자의 행동을 바꾸려 들 것이다. 규제 기관은 기업의 전략이 심리적 착취가 아닌지 살펴야 한다. 플랫폼이 일정 규모를 넘어서면 행동에 영향을 주는 전략을 실행하기 전 정식으로 조사를 받고 심리학 등 관련 분야 전문가의 감사를 거쳐야 한다.

　또 규제 기관은 플랫폼 사업자가 손쉽게 수십억 사용자의 행동에 영향을 주지 못하게 고삐를 잡아야 한다. 제약 회사가 신약 출시를 단독으로 결정하지 않고 규제 기관의 점검을 받듯이, 수많은 사용자의 행동에 영향을 줄 알고리즘을 적용할 때도 플랫폼 사업자가 단독으로 결정할 수 없어야 한다. 플랫폼 사업자들이 알고리즘을 변경할 때마다 사용자 수백만 명이 정서적으로 불안해지는 일이 없도록 규제 기관이 감시해야 한다. 가상 세계가 일종의 보건 의료 사업이라면 소비자의 건강을 해치지 않게 기관이 감시해야 한다.

그러나 현실 세계에 이미 존재하는 규제를 메타버스 사업자에 적용하는 모습은 쉽게 그려져도 가상 세계 안에 존재하는 기업과 근로자 관계를 어떻게 규제할지는 확실치 않다. 가상 세계 경제를 규제하는 일은 까다롭겠지만 중요한 일이다. 메타버스 초기에는 가상 세계 고용인과 피고용인이 격식에 얽매이지 않는 편안한 사이일 것이다. 중고 거래 사이트에서 의자 하나 사는데 계약서 사본 3통에 안전 거래 계정까지 갖추자고 하면 지나친 느낌이 들 듯, 메타버스 초기 단계에서는 엄격한 고용 계약이 오히려 거추장스러울 수 있다. 틀에 얽매이지 않는 편안함이 오히려 거래가 이루어지게 하는 동력이다.

가상 세계가 진화하고 더 많은 사람이 가상 세계 안에서 사업을 시작하고 경력을 쌓을수록 규제의 어려움이 커진다. 당신이 한탕 세계에서 최고의 고양이 도둑으로 월 1만 달러를 번다면 고용주가 누구인가? 기업인가? 한탕 세계의 기업이 현실 세계에서도 존재하는 기업인가? 의료 보험료는 누가 내야 하는가? 가상 세계의 소득에는 세금을 어떻게 매기고 과세 권한은 누구에게 있는가? 만약 영국에 등록하고 에스토니아에 서버를 둔 가상 세계 안에서 한국에 사는 사람이 창업했으나 법인 등록은 안 한 회사에 미국에 사는 근로자가 근무한다면, 그리고 임금은 어디에도 속하지 않으면서 어디든 속하는 암호 화폐로 받는다면 이 회사와 근로자들은 어느 나라에서 관리·감독해야 하는가?

이런 새로운 경제 패러다임에 기존 법률 체계는 잘 맞지 않는다. 기존 법률 체계를 메타버스에 적용하면 잘해야 단기적으로 어설픈 임시방편이고 장기적으로는 작동하지 않을 것이다. 메타버스 내 다양한 노동과 다양한 의무 관계를 구별할 수 있는 새로운 법률 체계를 설계해야 하며, 새 패러다임이 닥치기 전에 미리 준비해야 한다.

그러기 위해서는 6장에서 언급한 익스체인지 컨소시엄 정신을 담아 메타버스 안에서 고용 및 근로의 의무와 권리를 정할 수 있는 실무 협의체를 꾸리고 메타버스에 맞는 체계를 만들어야 한다. 국제기관이나 비영리 기관 내에 구성할 수도 있고 민간 산업 단체에서 시작했다가 나중에 각국 정부에 인계할 수도 있다. 이 협의체는 긱 경제의 비극을 교훈 삼아 새로운 고용 제도를 만들어야 한다. 가상 세계 직원도 현실 세계와 형태는 다를지언정 권리를 누려야 한다. 가상 세계 고용주는 직원을 개별 사업자로 뭉

뚱그리지 말고 직원의 권익에 어느 정도 책임을 져야 한다. 마찬가지로 어느 메타버스든 금전 거래가 많이 이루어져 자체 금융 시스템이 필요하므로 이에 따른 가상 경제의 규제 체계가 필요하다. 현실 세계 경제와 공존하면서 세금, 회계의 규칙이 서로 통할 수 있는 규제 체계여야 한다.

읽으면서 정말 복잡하고 규제도 많다고 생각했다면, 맞는 말이다. 더 나아가 결국 '누가 관리와 감독의 책임을 질 것인가?'라는 민감한 물음을 던질 수 있다. 현실의 사회 기관이 메타버스라는 독립적인 사회의 행동을 결정해도 괜찮은가? 아니면 가상 사회가 점차 독립적인 체제를 이뤄야 할까?

메타버스에 만들어질 가상 사회는 어느 한 국가에 속하지 않으므로 참여권 형태도 2가지뿐이다. 하나는 익스체인지 컨소시엄처럼 외부에서 전체를 운영할 대형 국제 기구이다. 가상 사회 초기에는 이런 기관이 필요하지만, 가상 세계의 규모와 복잡성이 커질수록 어느 한 기관이 여러 세계를 관리하기 어려울 것이다. 결국에는 메타버스 내에 따로 국가가 발생하고 각 가상 세계가 스스로 운영할 수 있어야 한다.

현실 사회와 가상 사회 운영을 분리하지 말아야 할 이유는 없다. 기업도 마치 국가처럼 투표권을 행사하는 사용자를 기반으로 운영하고, 수익 창출과 공동체 운영 기능을 분리할 수 있다. 이미 법적으로 기업이 법인 설립 목적이 수익이 아닌 형태도 있으며, 신탁 기금이 소유하는 기업이나 공익을 추구하는 기업이 존재한다. 미국에서는 기업을 설립할 때 사회적으로 유익하면 꼭 수익을 최우선시하지 않는 저수익 유한 책임 회사Low-Profit Limited Liability Company, L3C 형태를 택할 수 있다. 영리와 공익을 모두 추구하는 조직이 이미 존재한다는 뜻이다. 메타버스를 운영하는 일이 행정부 하나를 운영하는 수준으로 점점 복잡해지면 새로 조직하는 단체와 기관도 제대로 형태를 갖춘 국가의 모습을 닮을 것이다.

인터넷에서는 우리 모두 사용자 권한 부재를 기정사실로 받아들였다. 그러나 메타버스에서 같은 실수를 되풀이해서는 안 된다. 메타버스에서는 모든 사람이 온라인에서 자기 삶을 주도적으로 선택할 수 있어야 한다. 그러려면 선거와 투표, 정치 책임 같은 민주주의 원칙에 입각한 투명하고 윤리적인 사회 경영이 필요하다. 메타버스에서 권력 중심이 기업에서 사용자로 순조롭게 이동하면 각 가상 세계가 독립 국가처럼 작용할 수 **있다.** 가상 세계의 맥락이 현실에서 분리되어 독립적인 가치를 지니게 되고, 언젠가는 가상 세계가 현실 세계의 통제 없이 스스로 통치해야 더 효과적인 시기가 올 것이다. 누군가에게는 가상 세계의 의미가 커져 현실 세계만큼 실재하게 될 것이다. 이때 우리는 메타버스 종種이 분화하는 첫걸음을 뗄 것이다.

# 9장

••••

# 새로운 종의 탄생

아주 어릴 적 우리 부모님은 플라톤의 동굴 이야기를 들려주셨
다. 평생을 동굴에 묶여 빈 벽에 비친 그림자만 쳐다보고 지내야
하는 사람들이 있었다. 이 사람들에게 현실은 동굴 안 그림자가
전부이다. 이들은 바깥세상이 존재하는지 모르기에 보이는 것이
실제가 아닌 벽에 비친 그림자인지도 모른다. 이 좁은 세상이 전
부이므로 불행하지도 않았다.

　그러다가 어느 날 동굴인 한 명이 풀려나 동굴 밖으로 나오게
되었다. 그는 동굴 밖 넓은 세계의 **풍요로움**에 놀라 당황한다. 처

음에는 위험하다고 느껴 안전한 그림자 세계로 돌아가려 했다. 그러나 밝은 빛에 눈이 적응하자, 예전의 삶이 얼마나 불완전했는지 깨달았다. 동굴에 묶여 있는 동안은 자연스럽게 바깥세상도 똑같은 동굴에 똑같은 벽, 똑같은 그림자가 더 있을 뿐이라고 생각했다. 그러나 실제로 접한 바깥세상은 과거 경험의 연장선이 아니었다. 바깥세상은 경험의 정의가 완전히 다른 곳이었다.

어떤 면에서 동굴 비유는 메타버스의 이상을 잘 요약했다. 우리도 머지않은 미래에 2022년의 삶을 돌아볼 때, 마치 동굴에 묶여 그림자를 바라보던 사람들처럼 우리 경험이 얼마나 협소한지 미처 몰랐다고 회고할지도 모른다. 이 책에서 여러 차례 언급했듯 메타버스 내 서로 연결된 가상 세계에서는 이미 해본 경험이 더 확장되는 정도가 아니라 아직 해본 적 없거나 아예 상상조차 못 해본 경험을 할 수 있다.

우리는 경험의 산물이며, 경험의 폭이 넓어질수록 인간으로 산다는 것이 어떤 의미인지 새로 정의하게 될 것이다. 어린 시절, 언어나 수학, 논리를 모르고 경험이 별로 없을 때를 돌아보자. 그때는 시간을 무한정 길게 느끼고 작은 자극에도 격하게 반응했다. 마트에 갔다가 초콜릿은 안 된다는 말을 들었을 때 얼마나 속상했던가? 어릴 때는 감각과 인식의 범위가 작은 만큼 경험할 수 있는 세계도 작고, 경험 하나하나에 크게 영향받는다. 그 시절 초콜릿이 그렇게 중요했던 이유는 당시 알고 있던 세계에서 가장 강렬한 기쁨을 주는 대상이었기 때문이다. 이해력만 부족한 것이 아니라 신체 능력도 부족했다. 실제로 지금보다 미숙한 모습이었다.

인간의 발달은 더 완전한 존재로 성장해가는 과정이다. 아기는 단순히 작은 어른이 아니라 대상 영속성object permanence(물체가 가려져 있어도 거기 존재한다는 개념 - 옮긴이)도 모르고 마음과 행동의 관계theory of mind도 이해하지 못한다. 까꿍 놀이가 재미있는 이유는 아기가 상대를 볼 수 없을 때 상대가 어디 갔는지 모르기 때문이다. 유명한 '루주 실험'(아기 코에 몰래 립스틱을 묻히고 거울을 보여주는 실험 - 옮긴이) 결과에 따르면 아기는 생후 만 2년쯤 되어야 거울 속에 비친 모습을 자기 자신이라고 알아볼 수 있다. 아기가 자라면서 아기의 세계도 커진다. 몸과 마음이 발달하고 행복의 개념도 확장된다. 성장하고 어른이 될수록 내적·외적으로 더 알고 더 경험한다. 메타버스는 바로 이 풍요를 제대로 누리는 곳이다.

살면서 진정한 영웅이 될 기회가 얼마나 되며, 모험을 찾아 미지의 세계를 항해하거나 신발을 갈아 신듯이 손쉽게 다양한 존재가 되어보거나 여러 시대를 살아볼 기회가 얼마나 될까? 머지않아 이런 경험이 일상화될 것이다. 가상 사회가 오면 우리 삶도 더 확장되고 풍성해진다. 의미 있는 경험도 큰 깨달음도 현재보다 훨씬 많아질 것이다. 머지않아 우리는 동굴에서 나와 바깥세상으로 뻗어 나갈 것이다.

한 번 동굴을 벗어나면 다시 돌아올 수 없다. 동굴 안에만 머무는 사람들은 동굴 안이 안락하지만, 넓은 세상을 본 사람은 동굴 안에 머물기 괴롭다. 플라톤의 비유에서 동굴을 떠난 사람은 바깥 세계만이 아니라 내적 세계도 넓어졌다. 사물을 인식하고 생각하고 이해하는 능력이 달라졌다. 세상을 향해 나가는 행위만으로 우리는 완전히 다른 사람이 되어 과거의 제한된 삶에 더는 만족할 수 없다.

그러나 만일 몸과 뇌의 생물학적 구조가 우리의 한계라면? 생물학적인 한계로 경험에 제약을 받는다면 어떻게 되는가? 이런 의문이 든다면 이 책에서 설명했던 메타버스의 범위를 더 확장해보자. 화면이나 VR 헤드셋으로 접속할 수 있는 가상 세계 개념을 잠시 접어 두고 우리 정신과 직접 소통할 수 있는 가상 세계를 상상해보자. 이를테면 눈이 보는 범위를 넘은 완전히 새로운 시각 경험을 시신경에 직접 전달한다면 어떨까? 말 그대로 지금은 볼 수 없는 새로운 세상이 보일 것이다.

머리말에서도 설명했듯이 미래에는 우리 정신이 몸의 한계를 충분히 넘어설 수 있다. 뇌를 기계에 직접 연결해 정보를 처리할 수도 있다. 아직 초기 단계이지만 뇌와 컴퓨터를 직접 연결하는 인터페이스도 이미 개발되어 있다. 여러 과학자와 개발자가 이 기술을 발전시켜 갈수록 우리는 경험의 차원뿐 아니라 **자아**의 차원까지 달라지는 시대에 살게 될 것이다. 이렇게 뇌·컴퓨터 인터페이스의 도움으로 행복한 경험을 생산하고 소비하면 점차 우리는 단일한 존재가 아닌 **다양한** 종으로 분화할 것이다. 인류의 등장부터 줄곧 우리를 제한해왔던 육체의 속박을 풀고 동굴에서 나와 새로운 삶을 누릴 수 있을 것이다.

이런 급격한 변화에 거부감이 들 수도 있다. 플라톤의 동굴 이야기에서도 동굴 안에만 머물던 사람은 아무리 밖으로 나가자고 해도 완강히 뿌리쳤다. 동굴 사람은 '더' 경험할 수 있는 세계를 싫어했다. 원래 머물던 그림자 세계보다 **부족하다고** 생각했기 때문이다. 그러나 근본적인 이유는 이미 익숙한 삶의 방식이 어떻게 달라질지 알 수 없어 두렵고 동굴 밖에 무엇이 있든 평생 벽 앞에 묶여 그림자만 쳐다보는 것보다 나빠질까 봐 걱정되었기 때문이다. 우리는 이미 알고 있는 지식에 매달려 다른 가능성을 보지 못한다.

미래의 디지털 세계를 소재로 한 영화나 소설은 대부분 우리 정신을 육체에서 분리하면 위험하다고 경고한다. 가상 세계도 해롭고 위험한 곳으로 그린다. 긍정적인 미래를 그린 이야기는 왜 이렇게 찾기 어려운가? 우리는 무엇을, 왜 두려워하는가?

우리가 가상 세계의 미래를 겁내는 이유는 급격한 변화를 겪다가 인간성을 잃어버릴까 걱정하기 때문이다. 그러나 우리가 태어나서 성장하는 동안 얼마나 많이 변화했는지 생각해본다면 근거 없는 걱정이다. 어린 시절 삶이 얼마나 단순하고 아름다웠는지 추억할 수는 있어도 아예 젖먹이 시절로 돌아가려는 사람은 별로 없을 것이다. 우리가 이제는 까꿍 놀이에 웃음을 터뜨리지 않는다고 해서 아기 때보다 인간성이 떨어졌다고 생각하지는 않을 것이다. 새로운 능력 개발은 하면 좋은 정도가 아니라 개인과 사회의 진화에 필수이다. 인류가 발전하고 번영하려면 두려움을 이겨내고 변화를 이어가야 한다.


## 우주 탐사와 내적 경험

인류는 계속해서 새로운 경험을 찾아 나서며 우주를 탐사하고 새 영토를 개척하는 꿈을 키워왔다. 미래를 향한 꿈은 하늘을 보고 꿈꾸는 인간의 본성일 수도 있고 어쩌면 오랜 세월 식을 줄 모르는 「스타워즈」나 「스타트렉」 류의 인기 때문인지도 모른다. 수백 년 동안 창의적이고 미래 지향적인 사람들은 호기심과 독창성이 우리를 은하계 너머 어딘가 다른 세계로 안내해 주리라고 생각했다.

우주로 날아오르려는 목표는 분명 멋지고 어쩌면 인류의 생존에 꼭 필요할 수도 있지만, 개인의 행복과 성취감, 삶의 질을 높이고 사회를 더 풍요롭게 만드는 데는 덜 중요할 수도 있다. 우주 개척 초기에는 오히려 인간의 경험이 단순화될 수 있다. 캄캄한

밤하늘을 올려볼 때는 깊이 생각하지 않겠지만 우주는 무척 휑하다. 모든 곳이 멀리 떨어져 어디로든 가는 데만 아주 오랜 시간이 걸린다. 인간이 다른 행성에 정착한다면 초기에는 삶이 더 팍팍해질 것이다. 미국 서부 개척자들이 종교와 영생의 사후 세계에 심취한 이유도 자고 일어나면 이웃이 늑대에게 잡아먹힌 소식을 듣기 일쑤인 삶이 무척 고단했기 때문이다. 우주 탐험가들은 삶의 의미를 찾기 위해 메타버스에 접속해야 할 것이다!

우주 탐사의 실용적인 목적은 인류의 존속을 위한 더 많은 자원 확보이다. 그러나 미래학자 로버트 J. 브래드버리Robert J. Bradbury는 별 하나의 에너지를 끌어모아 가상의 슈퍼컴퓨터 마트료시카 뇌Matrioshka brain가 끝없이 복잡한 시뮬레이션을 작동할 만큼 전력을 공급할 수 있다면 우주 탐사의 목적을 제대로 달성하리라고 주장했다. 고작 내면의 심연을 탐색하기 위해 우주 공간의 심연으로 나가다니 황당할 수 있다. 그러나 물리적인 세계의 마지막 미개척지가 내면의 미개척지로의 길을 열어준다는 은유는 의미심장하다.

새로운 영토를 개척하러 화성 너머로 떠나는 것과 비교하면 최첨단 컴퓨터 시뮬레이션은 그리 대단하지 않아 보일 수 있다. 그러나 물리의 법칙이 지배하는 은하계를 탐험하는 것이나 알고리즘의 법칙이 지배하는 시뮬레이션 세계를 탐험하는 것이나 질적 차이는 없다. 우리는 흔히 매트릭스 부류의 가상 세계로 들어

가면 현실과 분리된다고 생각하지만, 실제로는 시뮬레이션을 통해 현실 세계를 탐색할 수 있다. 물리적인 세계에서 일어날 수 있는 일은 거의 모두 시뮬레이션으로 구현할 수 있다. 작동의 규칙을 알면 된다. 더욱이 시뮬레이션 된 세계에서는 규칙을 조정해 현실의 물리 법칙을 초월할 수도 있으니 물리적인 세계에서 **불가능한** 경험도 할 수 있다.

지금도 최첨단 컴퓨터 시뮬레이션으로 현실 세계의 단면을 모형화할 수 있다. 이런 프로그램이 현실 **전체**를 모형화하는 데는 새로운 물리 법칙도 필요 없다. 컴퓨터 연산 능력만 차근차근 발전하면 된다. 현실 세계보다 더 의미 있는 경험을 가상 세계에서 할 수도 있다. 2장에서 트럭 운전자들이 퇴근 후 트럭 시뮬레이션 비디오 게임을 하며 여가를 즐기는 모습을 기억하는가? 컴퓨터 코드로 만드는 세계가 현실 세계만큼 생생하고 의미 있고 행복하다면 우리가 과연 두 세계를 구별할 수 있을까? 혹은 굳이 구별할 필요 있을까?

누군가는 멀쩡한 현실을 두고 시뮬레이션 된 세계에서 살아야 하는 것에 의문을 품고 깊은 거부감을 느낄 수도 있다. 그러나 거부감을 느끼려면 먼저 시뮬레이션 된 세계 안에 있다는 사실부터 인지해야 한다. 장담하건대 머지않아 (독자들이 생각하는 것보다 금방) 현실과 시뮬레이션을 구별하기 어려워질 것이다. 앞서 언급한 기술 발전이 일어나면 디지털 그래픽으로 구현한 가상 세계가 현실 세계와 똑같은 해상도를 자랑하지 않을까? 우리 뇌를 컴퓨터에 직접 연결할 때쯤이면 가상 세계에서 발가락을 찧을 때도 집에서 발가락을 찧었을 때와 똑같은 통증이 느껴지지 않을까? 경험의 질이 같다면 시뮬레이션인지 아닌지 굳이 구별할 필요 있을까? 구별할 수 있더라도 차이는 없을 것이다.

SF 영화나 소설에서도 간혹 컴퓨터로 구현한 가상 세계를 현실 세계보다 더 괜찮은 곳으로 그리기도 했다. TV 드라마 「스타트렉: 더 넥스트 제너레이션」의 배경은 수많은 행성에 갖가지 고등 생명체가 공존하는 미래 현실 세계이지만 피카드 함장과 엔터프라이즈호 선원들은 현실에 없는 새로운 모험을 위해 홀로덱을 찾는다. 은하계를 직접 탐사하는 물리적인 세계보다 가상 세계가 더 우월한 경험이다. 다만 피카드 함장이 선원들의 중독을 걱정하며 홀로덱 접속 시간을 제한하는 장면처럼 곳곳에 홀로덱을 플라톤의 동굴로 보는 시각이 드러나기도 한다. 어느 별, 어느 경험, 어느 시대든 생생하게 시뮬레이션할 수 있는 장치이지만 그들은 현실에서 멀어지게 하는 위험한 장치로 생각한다. 그러나 홀로덱은 **엔터프라이즈 호**가 탐사하는 어느 행성과 견주어도 손색이 없는 새로운 형태의 현실이었다.

알려진 세계인 우주에서 물리적인 영토를 개척하는 꿈은 '타당'하다고 느끼면서 왜 수천 년 동안 인간의 내면에 키워 온 세계를 구체화하는 일은 타당성이 떨어진다고 생각하는가? 우리가 어떤 관점으로 보는가에 따라 미래의 설계도가 달라진다. 만약 우리가 미래를 직선적인 전개에 규칙과 경우의 수를 어느 정도 아는 체스 경기라고 생각한다면 미래를 제대로 설계하기 어렵다. 알 수 있는 미래는 현재일 뿐이다. 체스 경기가 전혀 다른 게임으로 변할 때 우리는 비로소 현재가 아닌 미래를 볼 수 있다. 우리가 우주 탐사를 가장 확실한 미래라고 느끼는 이유는 과거의 연장선이기 때문이다. 결국, 우주 시대는 크게 보면 대항해시대의 현대판 아닌가? 그러나 현재의 눈으로 봐서는 미래를 제대로 이해할 수 없다.

우주 탐사가 필요하다는 주장에도 동감한다. 당연히 우주를 개척해야 하고 다른 행성을 탐사해야 한다. 그러나 은하계 어떤 행성도 우리 정신세계에 존재하는 행성만큼 다채롭지는 않으리라는 가능성도 받아들여야 한다. 이 책의 첫 장을 미래 예측으로 시작했으니 마지막 장도 미래 예측으로 마무리하려 한다. 꼭 지구에 작별을 고하고 우주로 나아가야만 미래가 열리는 것이 아니다. '현실 세계'의 중력을 뿌리치고(레이건 대통령의 챌린저 우주 왕복선 폭발 사고 추모 연설 – 옮긴이) 내부로 파고들어 우리가 직접 만든 가상 세계로 들어가는 데서도 미래를 개척할 수 있다. 만약 컴퓨터와 인공 지능으로 현실 세계의 참모습을 시뮬레이션할 수 있다면, 또 시뮬레이션한 현실이 있는 그대로의 현실보다 생생해질 수 있다면, 그때는 우리 각자와 사회를 위해서라도 새로운 디지털 세계를 깊이 파고들어야 한다.

1920년대 초반, 영국 탐험가 조지 맬러리George Mallory는 에베레스트산을 왜 오르려 하느냐는 물음에 짧게 답했다. "산이 있으니까." 우리 정신을 컴퓨터와 연결해 시뮬레이션 된 현실을 탐사하는 이유도 같은 논리로 설명할 수 있다. 시뮬레이션 세계로의 진입은 선택이 아닌 당연한 목표로서, 내가 나로서 존재하는 경험을 갈고닦는 인류의 꿈이 실현되는 순간일 것이다.

## 인간 이후의 포스트휴먼 미래

컴퓨터가 인류를 보조하는 미래를 꿈꾼 사람은 역사에 차고 넘친다. 그러나 이처럼 시대를 앞선 혁신가들도 현재 디지털 컴퓨터 발달 수준까지 이해했을 리 없다. 찰스 배비지가 1837년 최초의 프로그램 가능한 기계식 컴퓨터인 해석 기관Analytical Engine을 처음 설계했을 때는 뇌를 컴퓨터에 연결하는 장치는커녕 비디오 게임이나 인터넷도 생각하지 못했다. 우리는 구체적인 목적이 있어 도구를 발명하지만, 세상에 나온 도구는 마치 복잡한 생명체처럼 주변과 상호 작용해 전혀 예측하지 못한 새로운 방향으로 진화한다.

컴퓨터에 뇌를 연결해 가상 세계에 접속하는 포스트휴먼 시대라니 낯선 느낌이 들 수도 있지만, 이런 느낌은 지금껏 접한 영화나 소설의 영향일 수도 있다. 이 책을 쓴 이유는 우리 사회의 주류를 이루는 미래 청사진이 너무 소극적이라는 문제의식 때문이다. 미래를 소극적으로 그리는 이유는 인간이라는 종이 어떻게 진화하고 있는지, 이 진화의 결과가 어떨지 충분히 상상하지 못하기 때문이다. 우리 사회가 컴퓨터 시뮬레이션의 무한한 가능성을 제대로 이해하지 못하고 있기 때문에 개인들도 인간 내면세계의 무한한 가능성을 꿈꾸지 못한다.

미래의 인간과 컴퓨터의 공생 가능성을 두려워할 필요 없다. 분명 우리에게 가장 좋은 미래일 것이다. 포스트휴먼의 시대가 오면 행복과 지식 발전, 내적 성장의 기회가 상상할 수도 없이 큰 폭으로 늘어날 것이다. 포스트휴먼의 미래는 생태학적으로도 유리하다. 디지털로 구현한 사회는 현실보다 훨씬 단출하고 환경친화적일 것이다. 가상 세계에서 인간의 정신을 시뮬레이션하는데 드는 에너지는 현실 세계에서 인간이 생존하는데 필요한 에너지보다 훨씬 적다. 마트료시카 뇌의 성능을 완전히 끌어올려 거대한 슈퍼컴퓨터를 만든다면 현재 우리가 생존하는데 필요한 에너지의 극히 일부분만으로도 시뮬레이션 속에서 인류의 수천 배가 거주할 수 있다.

위의 미래상에서 자신의 뇌가 시뮬레이션에 연결됐는지 모르는 인간이 든 캡슐들이 끝없이 늘어서 있는 영화 「매트릭스」의 장면이 떠오를 것이다. 그러나 이 영화의 가장 어두운 면은 수많은 사람이 시뮬레이션 안에서 삶을 영위한다는 설정이 아니라 로봇이 시뮬레이션을 지배 도구로 악용해 인간을 강제로 몰아넣었다는 설정이다. 미래에는 자기 의지로 시뮬레이션에 연결해 풍성한 삶을 누리려는 사람도 많을 것이다. 그게 그렇게 걱정할 일인가?

현대 사회는 구조상 개인의 삶의 의미나 행복에는 별로 관심 없다. 물론 이제는 우리 삶이 옛날만큼 "고되고 야만적이며 짧"nasty, brutish, and short('만인의 만인에 대한 투쟁'을 이야기한 철학자 토머스 홉스의 대표 저서 「리바이어던」 구절 - 옮긴이)지는 않지만, 삶의 의미나 행복을 중요시하는 사람을 나약하고 제멋대로에 어딘가 모자란 사람 취급하는 사회 분위기는 여전하다. 이런 분위기는 사회적 조건화의 산물로서, 우리는 사회화 과정을 거치면서 고생을 목적의식으로, 결핍을 강인함으로 학습해왔다. 이런 연결 고리는 산업화 시대에는 말이 됐을지 모른다. 생산성 극대화라는 대명제를 이루기 위해 공장에 끝없이 노동자를 투입하니 우선은 생활의 질이 높아졌기 때문이다. 그때는 생산성을 풍요와 동일시할 수 있었고, 과연 생산성의 정신 덕택에 인간의 삶이 안락해졌다. 그러나 지금은 자원을 무한정 많이 소비할 수도 없고 물건이 많을수록 행복하다는 공식의 유통기한이 지났다. 어린 시절 그렇게 중요했던 초콜릿이 점점 시시해지듯, 우리 사회도 성장하면서 더 영양가 높은 음식을 섭취하고 더 상위의 목적을 추구해야 한다.

삶의 의미와 행복 극대화를 단순한 여가와 혼동하지 말자. 여가만 있는 세상은 극적인 요소도, 알맹이도, 성취도, 손실도 없는 세상이다. 삶의 의미와 행복이 극대화된 세상은 지금 아는 세상보다 극적인 요소가 **더 큰** 세상이다. 메타버스 안에서는 기쁨과 슬픔, 공포와 희열 같은 감정이 더 큰 폭으로 느껴질 것이다. 메타버스는 스포츠, 문화, 사랑, 상실, 전쟁, 시위와 제례 의식처럼 과거와 미래의 중요한 경험을 담는 그릇으로써 **영향력 있는** 곳이 될 것이다. 충족감은 말초적인 즐거움이 아니라 의미에서 찾을 수 있으며, 우리는 의미를 메타버스에서 새로 개척할 것이다.

그러나 가상 사회에서는 충족감만 새로 개척하는 것이 아니라 가상 사회이기에 가능한 새로운 존재 방식도 생길 것이다. 이런 새로운 존재 방식은 인간 삶이 지적으로 더 풍성해졌다는 증거일 것이다.

만약 시간이 서로 다르게 움직이는 세계가 공존해 현실 세계의 1시간 동안 100년의 삶을 압축적으로 경험해볼 수 있다면, 우리가 거위나 고딕 성당 지붕 위 석상의 일생을 살아볼 수 있다면, 또 완전히 새로운 차원의 경험을 해볼 수 있다면 인간의 삶과 진화 방향까지 달라질 수 있다. 나이를 거꾸로 먹는 가상 세계가 있다면 어떨지, 인간이 공중을 날 수 있는 가상 세계는 어떨지 상상해보자. 아침과 점심 식사 사이의 짬에 갈라파고스 거북이 되어

거북의 한살이를 초고속으로 경험할 수 있는 가상 세계를 상상해보자. 적절한 시뮬레이션 기술을 적용하면 이처럼 상상에나 존재하던 경험을 실제로 해볼 수 있다. 그리고 이 경험으로부터 의미를 찾고 새로운 존재 방식을 정의할 수 있다.

현실에서 불가능한 상황을 시뮬레이션함으로써 새로운 아이디어를 얻고, 예전에는 불가능하다고 생각했을 새로운 사회를 세울 수 있고, 지리적, 물리적, 시간상으로 전혀 다른 세계를 살아볼 수도 있다. 예를 들어 시간과 공간과 갖가지 거대한 물체가 초현실주의 규칙에 따라 움직이는 살바도르 달리의 작품 속 삶은 어떨까? 그 '달리 세계'에서 천체의 갈라테아Galatea of the Spheres로 살아볼 수 있다면 어떨까? 각종 환각으로 가득한 달리 세계에서 세상에 이런 곳이 있었나 싶은 감각의 향연을 경험한 뒤 색과 형태, 차원을 새롭게 인식하게 되어 이 관점으로 예술을 창작한다고 상상해보자.

메타버스 시대의 사회는 충족감과 깨달음을 생산하고 소비할 것이다. 그럼으로써 다름을 이해하고 개인의 삶을 더 풍성하게 가꾸는 사회가 될 것이다. 다양한 사람과 생각을 포용하는 사회는 선하고 정의롭고 건강한 사회이다. 사회가 다양한 사고방식과 배경, 의도를 수용하면 구성원은 날개를 단 것과 같다. 모두가 자기 결정권을 행사할 수 있는 사회는 구성원 각각이 창의력과 통찰력, 높은 생산성을 발휘하는 사회이다. 우리가 시뮬레이션을 통해 삶의 경우의 수를 폭발적으로 늘릴 때 사회 전체가 누리는 혜택도 함께 커진다.

그렇지만 이 갈림길을 따라 깊숙이 들어갈수록 사회의 기본 개념도 달라질 것이다. 각자가 선택한 가상 세계에서 시간을 더 많이 보낼수록 다른 가상 세계를 선택한 사람들과의 접점이 줄어들 것이다. 당신이 가상 세계의 접속을 해제하고 '현실 세계'로 돌아온 다음 '고전 세계'에서 고대 아테네인으로 지내는 친구와 만난다고 상상해보자. 친구와 당신 사이 통하는 구석이 있을까? 공통 화제는 어떻게 찾을 수 있을까? 만약 당신이 친구와 만나기 직전 1시간 동안 달리 세계에서 몸통과 분리된 머리로 10년을 살았다면 매일 토가를 입고 아크로폴리스에서 지내는 대학 친구와 무슨 이야기를 나눠야 할까? 물론 술 한 잔을 기울이며 모험담을 나눌 수 있을 것이다. 그러나 막상 대화를 나누면 두 사람의 경험이 확연히 달라 마치 다른 언어가 오가는 듯한 느낌이 들수 있다.

기술이 충분히 무르익어 가상 세계가 몰입감으로나 의미로나 현실 세계를 넘어서면 우리 사회도 언어, 맥락, 시간, 현실이 제각각 나뉘기 시작할 것이다. 이런 세분화는 나쁜 의미도 좋은 의미도 없는 **자연스러운 현상**이다. 가상 사회의 시대는 단일 사회가 아니라 여러 가상 사회가 각자 다른 규칙과 우선순위, 결과와 보상으로 작동하는 시대일 것이다. 수백, 수천 가지 서로 다른 세계가 각각 고유의 규칙으로 움직일 것이다. 그러다가 결국 우리 모두 현실 세계의 동굴을 나와 메타버스로 발을 내디딜 것이다. 그 다음에는 어떻게 될까?

## 인간 경험의 파편화

이 책에서 나는 현실 세계를 비중 있게 다루며 주로 과거·현재· 미래의 가상 세계와 비교했다. 가상 세계가 새로운 가치와 의미를 창출해 현실 세계를 더 나은 곳으로 만든다는 순기능을 설명하기 위해서였다. 가상 세계는 심리적, 사회적, 경제적인 가치를 창출해 사회를 통합하고 구성원의 삶을 풍성하게 만들 것이다. 이런 순기능을 주장한 이유는 가상 세계가 현실에 해를 끼치고 종말을 가져온다는 통념에 맞서기 위해서였다. 그러나 이 낙관적인 그림을 조금 복잡하게 꼬아 보자.

어떤 면에서는 이 그림에서 설정한 **가상**과 **현실**의 경계가 불분명하고, 이 경계도 시간이 흘러 메타버스가 발전할수록 점차 흐려질 것이다. 결국, 시뮬레이션으로 구현한 가상 현실이 실제 현실과 구별이 어려울 정도가 되면 '실제'와 '시뮬레이션'을 엄격히 나누는 의미도 없어진다. 그렇게 되면 시뮬레이션도 실재하는 현실 중 하나가 되어 우리는 각자가 선택하고 맞춤 설정한 시뮬레이션 안에서 현실을 탐색해가게 될 것이다. 시뮬레이션 현실이 동시에 여러 개 공존할 수 있다면 인간이 현실을 인식하는 맥락도 다변화하고 경험도 다양하게 분화될 것이다.

우리는 어떻게 현실을 현실이라고 인식하는가? 우리 정신이 현실 인식을 만들고 사회적 맥락이 현실 인식을 더 강화한다. 현실 세계가 어느 가상 세계보다 유독 중요한 이유는 모두가 어느 정도 수긍하는 틀이 있기 때문이다. 우리 모두 같은 입력값을 근거로 '현실'을 이해하고 경험한다.

아무리 환경과 문화가 달라도 같은 지구상에 사는 인간이라면 누구나 공유하는 현실 인식의 틀이 있다. 이를테면 계절의 변화와 달의 모양 변화, 시간의 흐름과 노화, 중력 등이다. 우리는 모두 이 인식의 틀을 바탕으로 다른 사람과 관계를 맺고 **지구와의 관계**를 인식한다. 지구상 어느 지역으로 가더라도 중력과 시간은 집에서와 똑같이 작용한다. (설령 우주로 나간다 해도 중력은 우주에 나간 모든 인간에게 똑같이 작용한다.) 현실이 현실인 이유는 모두에게 똑같기 때문이다. 우리가 사용하는 언어도 본질은 고대인들이 사용하던 언어와 같다. 우리 뇌가 크게 변하지 않았기 때문이다.

물리적인 맥락뿐 아니라 사회적으로도 누구나 똑같이 이해하는 맥락이 있다. 인간 사회라면 어디나 토지와 부, 가족, 건강, 사회 계층 간 이동, 문화를 생산하는 방식 등이 같다. 무엇을 더 중요하게 여기는지는 개인차가 있지만 모두 인간에게 의미 있는 사회적 맥락이다. 우리가 누구든, 어디에서 왔든 똑같은 물리적인 규칙에 따라 움직이고 사회적 가치도 통한다. 그러나 메타버스가 무르익기 시작하면 이 맥락도 무너지기 시작할 것이다.

지금쯤 독자도 책에서 제시한 메타버스의 기본 정의, 즉 메타버스는 여러 세계를 연결하고 상호 가치의 전달을 촉진하는 의미의 연결망이라는 정의에 공감했으면 좋겠다. 이 여정의 길잡이로서 장마다 메타버스가 어떤 의미인지, 왜 중요한지, 좋은 메타버스를 만들기 위해서는 어떻게 해야 하는지 관련 지식과 비교 기준을 제시했다. 그러나 이쯤에서 우리 이해 범위를 더 확장하기 위해 '현실 세계'에 사는 우리로서는 낯설게 느낄 만한 파격적인 주장을 하고자 한다. 머리말에서도 예측했듯 메타버스는 광범위한 경험을 수용할 수 있는 포스트휴먼 사회의 첫걸음이다. 무한히 다른 사회가 무한히 많이 존재하는 미래, **다양한 종으로 분화하는** 첫걸음이다.

비록 어떤 면에서는 메타버스라는 개념은 과거의 인류부터 지금까지 늘 친숙하던 가상 세계라는 개념이 첨단 기술의 발달로 새로워진 것이지만, 한편 우리 조상이 상상조차 하지 못했을 새로운 변화의 기틀이기도 하다. 바로 **종의 분화**speciation와 **트랜스휴머니즘**transhumanism(과학 기술을 이용해 인간의 능력을 높일 수 있다고 믿는 철학·과학 운동 – 옮긴이)의 두 줄기이다. 종의 분화는 진화 과정에서 새로운 종이 생기는 현상이며, 트랜스휴머니즘을 이 책에 맞게 해석하자면 미래가 천편일률적이지 않다는 사고방식으로 서, 인류의 삶이 다양하게 분화해 각자 다양한 가지로 뻗어갈 수 있다는 비전이다.

메타버스는 일종의 프리즘이다. 인류가 지금껏 공유해온 현실 인식이 이 프리즘을 만나 굴절되면 무한히 다양한 모습이 되어 무한히 다양한 방향으로 뻗어갈 것이다. 이 책의 주장대로 바람직한 메타버스의 정의를 확장한다면 인류가 당연하게 받아들였던 공통의 현실 인식도 자연스레 사라질 것이다. '파편화'fragmentation라는 말은 부정적인 맥락에 더 자주 등장한다. 우리는 경험의 파편화라는 말을 들으면 부자와 가난한 사람, 가진 자와 못 가진 자, 미래에 적응하는 자와 부적응자 같은 경제적, 사회적 격차를 생각한다. 전형적인 예는 허버트 조지 웰스의 소설 『타임머신』으로서, 빅토리아 시대 주인공이 시간 여행 끝에 802701년 미래에 도착했더니 사회가 지하 세계에 사는 몰록과 땅 위에 편안하게 사는 엘로이 두 계층으로 나뉘어 있었다는 이야기다. 웰스 시대의 노동 계급을 나타낸 몰록은 사납고 추악하며, 이들이 노동으로 떠받치는 엘로이 계급은 게으르고 제멋대로이다. (몰록은 엘로이를 잡아먹기도 했다. 웰스가 그린 미래에는 정말이지 승자가 없다.)

물론 디지털 격차가 벌어지고 미래 경험이 파편화되면 지금의 사회 격차가 더 벌어지지 않을지 어떤 새로운 격차가 생길지 미리 고민해야 한다. 가상 세계와 메타버스가 기존의 불평등을 이어가거나 악화시켜서는 안 되며, 이 책에서도 예방책을 몇 가지 제시했다. 그러나 현재의 눈으로 떠올릴 수 있는 미래에는 분명히 한계가 있다. 웰스는 소설에서 자기가 살던 시대의 계층 문제를 빗댔지 80만 년 후 삶이 어떨지 예측하지는 않았다. 우리가 먼 미래를 이야기할 때는 현재 중요하게 생각하는 요소를 투사하지만, 정작 미래 사회는 그게 무엇인지 알아보지도 못할 만큼 변할 것이다. 일단 **가진 자**와 **못 가진 자**의 개념부터 희소성이라는 과거의 맥락에 뿌리를 두고 있으며, 앞으로 메타버스가 확장하면 희소성이라는 전제도 의미를 잃을 것이다.

가치는 공동의 맥락에 따라 결정된다. 메타버스도 비슷하지만, 사용자가 속한 가상 세계마다 가치의 정의가 바뀌니 가치를 일대일로 비교하기 어려워질 것이다. 가치의 기준을 각기 다른 1천 가지 가상 세계 중에 선택할 수 있다면 (그리고 이런 세계에 실제로 거주하며 의미 있는 경험을 하고 직업을 영위하고 인간관계를 맺는다면) **가진 자**와 **못 가진 자** 같은 상대 비교 개념도 슬슬 해체될 것이다. 가치의 개념이 파편화되면서 인간이 공유하는 경험과 주변 맥락도 파편화될 것이다. 인간이 공유하는 맥락이 잘게 쪼개지는 과정도 종 분화의 형태로 볼 수 있다.

사실, 생리적으로는 현대인이나 중세 시대 사람이나 비슷하다. 물론 평균적으로 중세 사람보다 우리가 키도 크고 건강하고 오래

살지만 그래도 같은 인간이며, 불의의 사고로 우리가 중세 사람과 마주친다 해도 서로 같은 인간임을 알아볼 수 있다. 그러나 공통점은 딱 거기까지이다.

만약 중세 농부가 뉴욕 맨해튼 한복판의 고급 식품 매장 홀푸드 마켓에 뚝 떨어진다면 어떻게 될까? 농부는 홀푸드 내부의 수없이 많은 상품과 수많은 시각·후각 자극에 어떻게 반응할까? 다양한 직원과 방문객, 곳곳에서 들리는 다양한 언어를 듣고 어떻게 느낄까? 이런 '물 밖에 난 물고기' 상황은 영화나 TV 드라마의 단골 소재기도 하다. 그러나 실제 상황에서 이런 시간 여행 사고가 난다면 영화 「원시 틴에이저」의 브렌든 프레이저처럼 목욕하고 청바지를 입었다고 해서 예쁜 계산대 직원과 눈길을 주고받을 만큼 적응하지는 못할 것이다. 실제 상황이라면 중세 농부는 인지 부조화를 해소하기 어려울 것이다.

이런 인지 부조화가 발생하는 이유는 단순히 농부가 중세에는 구경도 못 해봤을 만큼 부와 물건이 넘치기 때문이 아니라 생활이 너무 **풍요롭기** 때문이다. 홀푸드는 그저 익숙한 세계인 고기와 생선, 채소와 통조림이 잔뜩 모인 곳 아니라 이해할 수 없는 낯선 경험과 사람들, 암묵지의 결합체이다.

행복에 관한 얘기가 아니다. 중세 농부가 홀푸드에서 장을 볼 줄 모른다고 해서 우리보다 불행하지 않다. 또 홀푸드 고객이 가진 자, 중세 농부가 못 가진 자라는 이분법도 우스꽝스럽다. 다만 현대인의 삶은 중세인의 삶보다 훨씬 복잡하다. 중세 농부나 우리나 생물학적으로 거의 차이가 없지만, 정신세계는 우리가 중세 농부보다 풍족하다. 그 시대보다 우리 시대에 훨씬 광범위한 경험을 할 수 있기 때문이다. 홀푸드 예시에서 중세 농부의 좁은 세계를 딱하게 느낀다면 우리 후손도 우리에게 비슷한 감정을 느낄 것이다.

메타버스의 시대가 열리면 인간을 하나로 묶어주던 현실 맥락이 여러 갈래로 나뉘고, 우리 역시 여러 갈래로 진화하게 될 것이다. 각자 원하는 대로 현실을 선택할 수 있는데 과거에 공유해온 맥락이라고 해서 미래에도 통하기는 어렵다. 서로 다른 민족과 서로 다른 종은 항상 경쟁해왔으니 미래에 차이가 더 벌어질 때 경쟁이 없을 수 없다. 그러나 득실을 종합하면 이런 종의 분화가 인류에게 큰 이득이다. 개인이 가장 행복할 때 타인의 다름을 이해하고 적극적으로 소통할 것이기 때문이다. 이런 미래가 오면 오늘날 만연한 탐욕도 수그러들지 않을까?

늘 공유해온 사회적 맥락이 해체된다 해도 메타버스 사회는 지금 사회보다 건실할 것이다. 미래의 트랜스휴머니즘 시대에는 가상 세계에서 새로 발견하는 행복이 현실 세계의 행복보다 중요해질 수도 있다. 또 미래가 현재의 연장선이라는 선입견을 버리고 완전히 새로운 미래를 만들 수도 있다. 미래를 설계하려면 실재감이 아니라 중요성을 따져야 한다. 이렇게 관점을 바꾸면 메타버스에 관한 고민 중 대부분은 자연스럽게 해결될 것이다.

오늘날 메타버스를 걱정하는 전문가들은 현실이 파편화되는 역동적인 상황이 아니라 고정된 상황을 가정하고 사회 불평등은 어떻게 해결할지, 아이들에게 괜찮을지, 사이버 범죄는 어떻게 예방할지 등을 지적한다. 당장은 고민해서 나쁘지야 않지만, 불변의 '우리'를 전제하는 허점이 있다.

메타버스의 미래에는 실용적으로도 윤리적으로도 지금으로선 생각하기 어려운 문제가 발생할 수 있으므로 미리 문제를 예측해야 한다. 사람 간 공통분모가 없을수록 한데 묶어 관리하기 어렵다. 서로 이질적인 집단을 묶는 **우리**라는 동질감이 사라지므로 유연하게 관리해야 한다. 우리가 생물학적으로 하나가 아닌 여러 종으로 진화하고, 한 사회가 아닌 여러 사회를 이룰 것이기 때문이다. 장기적인 안목으로 메타버스를 개발하며 장단기적 영향에 대비해야 한다.

종의 분화라니, 메타버스 투자자와 규제기관, 콘텐츠 개발자와 그밖에 메타버스 개발에 참여하려는 모든 사람에게 난감한 예측이다. 미래에는 관리라는 개념부터 해체될 것이다. 주민 수백만 명이 각자 다른 세계에 흩어져 사는데 총리를 선출한다는 개념부터 우스꽝스러울 수 있다. 그 총리에게 통치권은 누가 주며 도대체 이 총리는 누구를 대표한다고 말할 수 있는가?

메타버스를 인터넷 다음 단계쯤으로 쉽게 생각해서는 안 된다.

오히려 처음부터 인간의 정의부터 완전히 달라지는 미래를 예상해야 한다. 언젠가는 이른바 '진정한 현실 세계' 하나가 수없이 많은 가상 현실 세계를 지배한다는 개념이 우스꽝스러워지는 때가 온다. 그러니 메타버스 관리 체계도 '여러 개의 현실 세계'라는 틀에 맞게 미래지향적으로 구축해야 한다.

이런 미래를 두려워할 필요 없다. 메타버스가 활성화되면 우리 환경과 생활이 더 나아질 것이다. 우리가 더 많이 하고, 알고, 되고, 경험할 수 있기 때문이다. 인류는 예부터 더 성장하고 느끼고 배우고 관계를 맺고자 가상 세계를 만들어왔다. 이 오랜 여정의 절정기가 가상 사회이며, 가상 사회에서 우리는 어느 때보다도 본연의 모습에 충실하게 살아갈 수 있을 것이다.

우주를 배경으로 한 SF 작품에서는 인간이 여러 종의 생명체와 더불어 사는 미래를 그린다. 여러 종이 어울려 함께 일하고, 함께 살고, 짝을 이룬다. 완전히 잘못 짚지는 않은 것 같다. 물리학자 엔리코 페르미는 1950년 동료 과학자들과 은하계 탐사와 외계 생명체의 존재 가능성을 두고 토론을 벌이게 되었다. 그러다가 페르미가 "그러면 다들 어디 숨은 거지?"라는 질문을 던졌다고 한다. 정말로 고등 외계 생명체가 존재했다면 다들 **대체** 어디 있을까? 왜 아직도 못 만났을까?

이 질문은 페르미의 역설로 알려졌다. 이 책을 맺으며 나는 페르미의 질문에 인류가 다른 은하계에서 만나리라 생각했던 외계 생명체가 사실은 이미 지구에 있다는 말로 답하고자 한다. 이 외계 생명체는 수없이 다양한 현실을 살아가며 그에 따라 각기 다른 모습으로 진화할 미래의 우리다. 그래서 엔리코 페르미에게 답하고자 한다. 우리가 바로 외계 생명체라고.

## 1장 메타버스의 기원

Joseph Campbell, The Hero with a Thousand Faces (New York: Pantheon, 1949)

Julien d'Huy, "The Evolution of Myths" (Scientific American, November 2016)

Émile Durkheim, The Elementary Forms of the Religious Life (New York: Free Press, 1995, originally published in 1912)

David Gelernter, Mirror Worlds (New York: Oxford University Press, 1991)

David Graeber and David Wengrow, The Dawn of Everything (London: Allen Lane, 2021)

Yuval Noah Harari, Sapiens (New York: Random House, 2014)

Robert Lebling, Legends of the Fire Spirts: Jinn and Genies from Arabia to Zanzibar (Berkeley, CA: Counterpoint, 2010)

Claude Lévi-Strauss, The Raw and the Cooked (New York, Harper Torchbooks, 1964)


## 2장 일과 놀이, 여가의 의미

David Graeber, "On the Phenomenon of Bullshit Jobs: A Work Rant" (New Poetics of Labor, August 2013)

Abraham Maslow, Motivation and Personality (New York: Harper & Brothers, 1954)

Domènec Melé, "Understanding Humanistic Management" (Humanistic Management Journal vol. 1, 2016)

Bertrand Russell, "In Praise of Idleness" (Harper's, October 1932)

James Suzman, Work: A History of How We Spend Our Time (London: Bloomsbury, 2020)

Frederick Taylor, The Principles of Scientific Management (New York: Harper, 1911)

## 3장 더 좋은 경험으로 더 나은 삶을

Joseph Campbell, The Hero with a Thousand Faces (New York: Pantheon, 1949)

Gavin Mueller, Breaking Things at Work: The Luddites Are Right About Why You Hate Your Job (New York: Verso, 2021)

Richard Ryan and Scott Rigby, Glued to Games: How Video Games Draw Us In and Hold Us Spellbound (New York: ABC-CLIO, 2011)

Richard Ryan, Scott Rigby, and Andrew Przybylski, "The Mo\-tivational Pull of Video Games: A Self-Determination Theory Approach" (Motivation and Emotion vol. 30, 2006)

Ben Wilson, Empire of the Deep: The Rise and Fall of the British Navy (London: Weidenfeld & Nicolson, 2013)

## 4장 가상 세계의 복잡성

William Gibson, "Burning Chrome" (Omni, July 1982)

David Karpf, "Virtual Reality Is the Rich White Kid of Technol\-ogy" (Wired, July 2021)

Neal Stephenson, Snow Crash (New York: Bantam, 1992)

Rob Whitehead, "Intimacy at Scale: Building an Architecture for Density" (Improbable Multiplayer Services, June 1, 2021, ims.improbable.io/insights/intimacy-at-scale-building-an-architecture-for-density)

## 5장 의미의 연결망

Acceleration Studies Foundation, "The Metaverse Roadmap" (2007, www.metaverseroadmap.org/overview/)

Matthew Ball, "The Metaverse Primer" (June 2021, www.matthewball.vc/the-metaverse-primer)

Edward Castronova and Vili Lehdonvirta, Virtual Economies: Design and Analysis (Cambridge, MA: MIT Press, 2014)

Nikolai Kardashev, "Transmission of Information by Extrater\-restrial Civilizations" (Soviet Astronomy, September – October 1964)

Raph Koster, "Still Logged In: What AR and VR Can Learn from MMOs" (GDC talk, 2017, www.youtube.com/watch?v=kgw8RLHv1j4)

Kim Nevelsteen, "A Metaverse Definition Using Grounded Theory" (September 2, 2021, kim.nevelsteen.com/2021/09/02/a-metaverse-definition-using-grounded-theory/)

## 6장 바람직한 메타버스 건설

Raph Koster, "Riffs by Raph: How Virtual Worlds Work" (Play\-able Worlds, September 2021, www.playableworlds.com/news/riffs-by-raph:-how-virtual-worlds-work-part-1/)

Carl David Mildenberger, "Virtual World Order: The Econom\-ics and Organizations of Virtual Pirates" (Public Choice vol. 164, no. 3, August 2015)

Dan Olson, Line Goes Up — The Problem With NFTs (video essay, January 21, 2022, www.youtube.com/watch?v=YQ_xWvX1n9g)

Camila Russo, The Infinite Machine: How an Army of Crypto-hackers Is Building the Next Internet with Ethereum (New York: HarperCollins, 2020)

Laura Shin, The Cryptopians: Idealism, Greed, Lies, and the Making of the First Big Cryptocurrency Craze (New York: PublicAffairs, 2022)

## 7장 가상 직업과 보람 경제

Edward Castronova, "Virtual Worlds: A First-Hand Account of Market and Society on the Cyberian Frontier" (CESifo Work\-ing Paper No. 618, December 2001)

Kei Kreutler, "A Prehistory of DAOs: Cooperatives, Gam\-ing Guilds, and the Networks to Come" (Gnosis Guild, July 21, 2021, gnosisguild.mirror.xyz/t4F5rItMw4-mlpLZf5JQhElbDfQ2JRVKAzEpanyxW1Q)

John Rawls, A Theory of Justice (Cambridge, MA: Belknap Press, 1971)

## 8장 데이터 독재 제국과 공공재

Finn Brunton, Spam: A Shadow History of the Internet (Cam\-bridge, MA: MIT Press, 2013)

Julian Dibbell, "A Rape in Cyberspace, or How an Evil Clown, a Haitian Trickster Spirit, Two Wizards, and a Cast of Dozens Turned a Database into a Society" (Village Voice, December 21, 1993)

Chris Dixon, "Why Decentralization Matters" (One Zero, Feb\-ruary 18, 2018, onezero.medium.com/why-decentralization-matters-5e3f79f7638e)

Niall Ferguson, The Square and the Tower (New York: Penguin Books, 2018)

Milton Friedman, Capitalism and Freedom (Chicago: Univer\-sity of Chicago Press, 1962)

Scott Galloway, The Four: The Hidden DNA of Amazon, Apple, Facebook, and Google (New York: Portfolio/Penguin, 2017)

Katie Hafner and Matthew Lyon, Where Wizards Stay Up Late: The Origins of the Internet (New York: Simon & Schuster, 1996)

Leslie Lamport, Robert Shostak, and Marshall Pease, "The Byz\-antine Generals Problem" (ACM Transactions on Programming Languages and Systems, July 1982)

Steven Levy, Facebook: The Inside Story (New York: Blue Rider Press, 2020)

Carl D. Mildenberger, "The Constitutional Political Economy of Virtual Worlds" (Constitutional Political Economy vol. 24, no. 3, September 2013)

Thomas More, Utopia (1516)

Justin Peters, The Idealist: Aaron Swartz and the Rise of Free Culture on the Internet (New York: Scribner, 2016)

Matt Stoller, Goliath: The 100-Year War Between Monopoly Power and Democracy (New York: Simon & Schuster, 2019)

## 9장 새로운 종의 탄생

Aaron Bastani, Fully Automated Luxury Communism (London: Verso Books, 2019)

Nick Bostrom, Superintelligence (Oxford, UK: Oxford Univer\-sity Press, 2014)

Robert J. Bradbury, "Matrioshka Brains" (1997, www.gwern.net/docs/ai/1999-bradbury-matrioshkabrains.pdf)

David Eagleman, Livewired: The Inside Story of the Ever-Changing Brain (New York: Pantheon, 2020)

Max Tegmark, Life 3.0 (New York: Knopf, 2017)

H. G. Wells, The Time Machine (1995)

# 우리는 가상 세계로 간다

**초판 1쇄 인쇄** 2023년 9월 11일
**초판 1쇄 발행** 2023년 9월 21일

**지은이** 허먼 나룰라
**옮긴이** 정수영
**펴낸이** 유정연

**이사** 김귀분
**책임편집** 황서연 **기획편집** 신성식 조현주 유리슬아 서옥수 **디자인** 안수진 기경란
**마케팅** 반지영 박중혁 하유정 **제작** 임정호 **경영지원** 박소영

**펴낸곳** 흐름출판(주) **출판등록** 제313-2003-199호(2003년 5월 28일)
**주소** 서울시 마포구 월드컵북로5길 48-9(서교동)
**전화** (02)325-4944 **팩스** (02)325-4945 **이메일** book@hbooks.co.kr
**홈페이지** http://www.hbooks.co.kr **블로그** blog.naver.com/nextwave7
**출력·인쇄·제본** 삼광프린팅(주) **용지** 월드페이퍼(주) **후가공** (주)이지앤비(특허 제10-1081185호)

ISBN 978-89-6596-312-7  03300